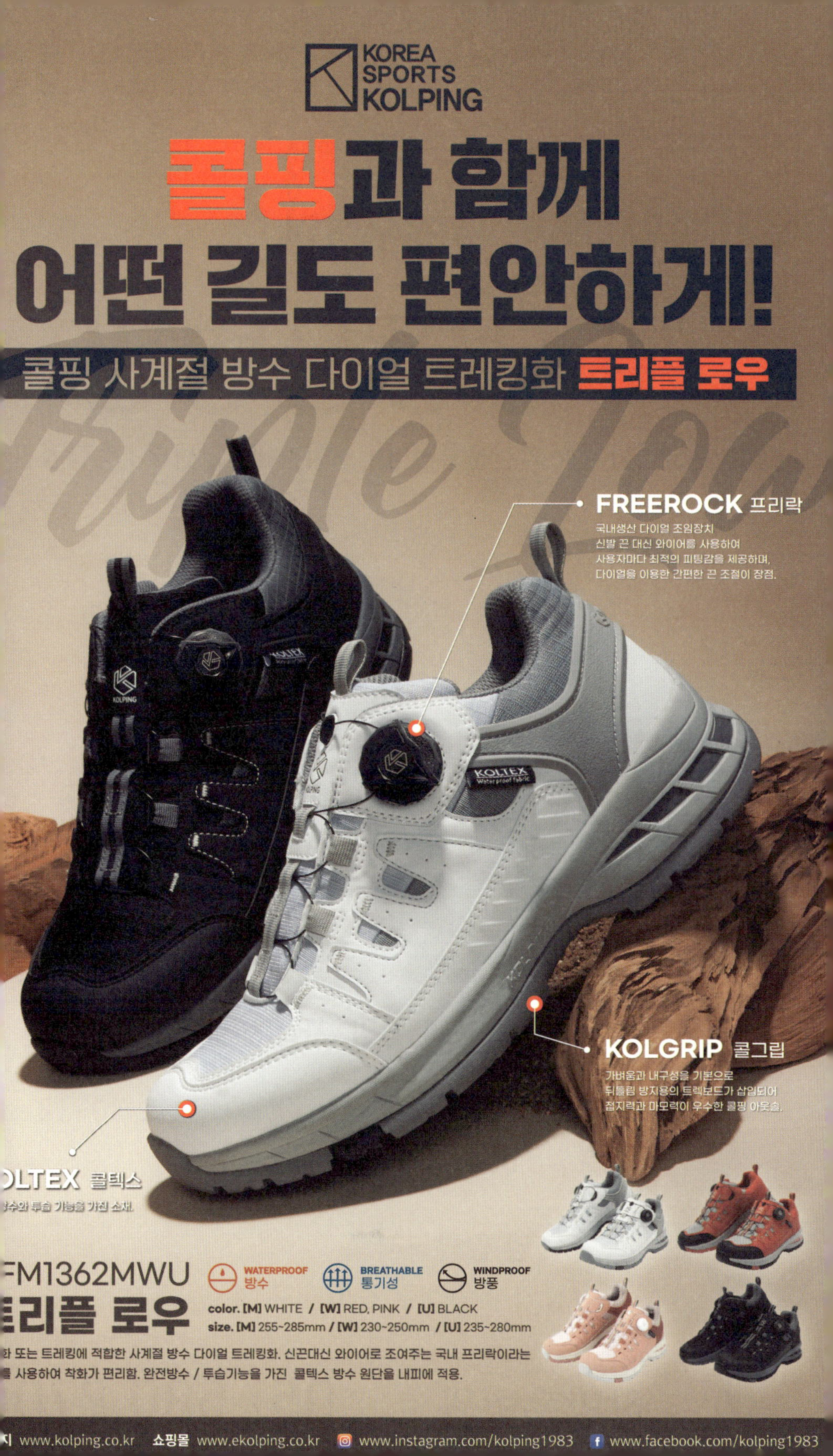

KOREA SPORTS KOLPING
콜핑과 함께
어떤 길도 편안하게!
콜핑 사계절 방수 다이얼 트레킹화 트리플 로우
FREEROCK 프리락
국내생산 다이얼 조임장치
신발 끈 대신 와이어를 사용하여
사용자마다 최적의 피팅감을 제공하며,
다이얼을 이용한 간편한 끈 조절이 장점.
KOLGRIP 콜그립
가벼움과 내구성을 기본으로
뒤틀림 방지용의 트렉보드가 삽입되어
접지력과 마모력이 우수한 콜핑 아웃솔.
OLTEX 콜텍스
수와 투습 기능을 가진 소재.
FM1362MWU
트리플 로우
WATERPROOF 방수
BREATHABLE 통기성
WINDPROOF 방풍
color. [M] WHITE / [W] RED, PINK / [U] BLACK
size. [M] 255~285mm / [W] 230~250mm / [U] 235~280mm
화 또는 트레킹에 적합한 사계절 방수 다이얼 트레킹화. 신끈대신 와이어로 조여주는 국내 프리락이라는
를 사용하여 착화가 편리함. 완전방수 / 투습기능을 가진 콜텍스 방수 원단을 내피에 적용.
지 www.kolping.co.kr 쇼핑몰 www.ekolping.co.kr www.instagram.com/kolping1983 www.facebook.com/kolping1983

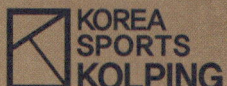

부산 유일 대장항문 전문병원

부산항운병원

대장항문클리닉 | 외과전문클리닉 | 소화기내시경센터 | 종합검진센

1등급 연속 유지
건강보험심사평가원
대장암 적정성평가
2012~2019

진료과목	대장항문질환, 대장암, 치질, 변실금, 복강경수술
진료시간	평 일 : 09:00 ~ 17:00 [점심시간 12:30~13:3 토요일 : 09:00 ~ 13:00
오시는길	**충렬사 앞 안락교차로** 부산광역시 동래구 충렬대로348번길 1

의료법인 파란시티의료재단
부산항운병원

051.580.270

대한민국을 넘어서 세계로

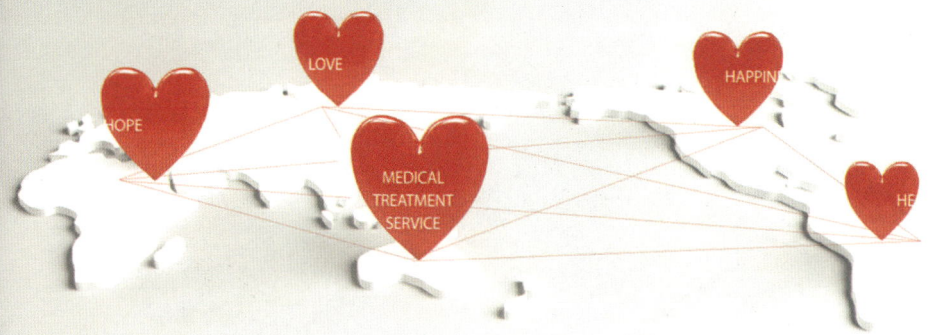

좋은병원들이 앞선 의학으로 사랑을 실천합니다.

좋은병원들은 환자중심의 진료, 선진의료기술 공유 및 협진 의료네트워크를 통해 체계적이고 과학적인 의료서비스를 실천하고 있습니다.
건강 · 행복 · 희망 좋은병원만의 특별한 진료 의료서비스의 새기준으로 여러분을 더욱 건강하고 행복하게 만들겠습니다.

1978 좋은문화병원
051-644-2002
www.moonhwa.or.kr

1995 좋은삼선병원
051-322-0900
www.samsun.or.kr

2005 좋은강안병원
051-625-0900
www.gang-an.or.kr

2006 좋은삼정병원
052-220-7500
www.sam-jeong.or.kr

2016 좋은선린병원
054-245-5000
www.goodsunlin.or.kr

2006 은애인요양병원
051-520-7700
www.aein.or.kr

2010 좋은연인요양병원
055-350-9988
www.yeonin.or.kr

2013 좋은리버뷰요양병원
051-995-0900
www.riverview.or.kr

2014 좋은부산요양병원
051-326-0900
www.busanhp.com

2014 좋은주례요양병원
051-325-0300
www.goodjurye.or.kr

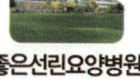
2016 좋은선린요양병원
054-245-6000
www.sunlinrmh.co.kr

좋은문화병원
좋은삼선병원
좋은강안병원
좋은삼정병원
좋은선린병원
좋은애인요양병원
좋은연인요양병원
좋은리버뷰요양병원
좋은부산요양병원
좋은주례요양병원
좋은선린요양병원

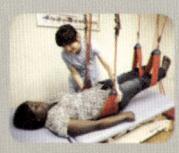

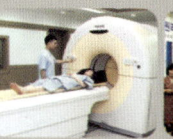

Pride of Hospital 앞선의학, 좋은병원 www.goodhospital.or.kr

건물일체형 태양광발전
기술을 선도하는 기업

남극 세종과학기지

건설신기술 제832호
abm◎

국내 최초 태양광발전 부문
국토교통부 **건설신기술** 취득

컬러모듈 BIPV 서울에너지공사  | 지붕형 BIPV 한국수력원자력 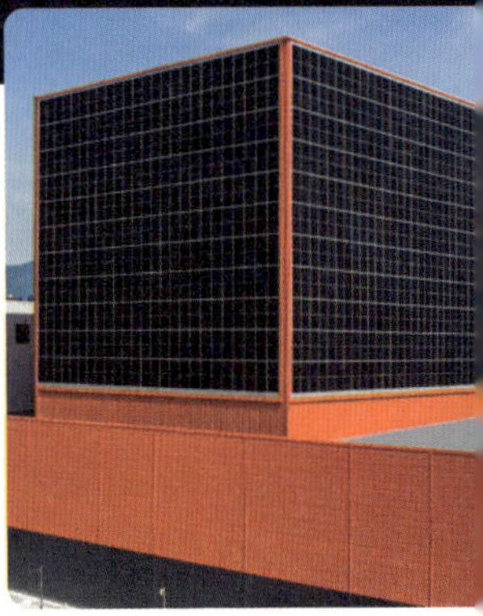 | 벽체형 BIPV 삼양식품

ESG, RE100경영을 선도하는 기업

www.abmarch.c

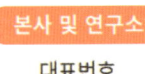
본사 및 연구소
대표번호
051-759-8632~4

서울본부
대표번호
02-6116-6665

공장
대표번호
055-351-2264

내 맘의

능선과 골짜기를 누비며 촘촘하게 엮은 근교산 길라잡이

국제신문 근교산 시리즈

능선과 골짜기를 누비며 촘촘하게 엮은 근교산 길라잡이

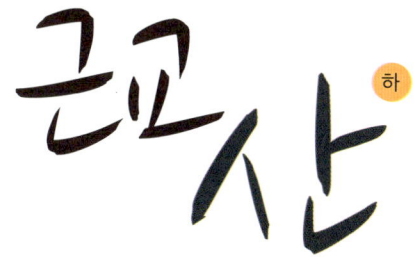

이흥곤 기자 지음
이창우 산행대장

 **머리말**

산은 저에게 정말 우연히 다가왔습니다. 고백건대 신문사에 입사하기 전까지 산에 가본 적이 없었습니다. 초등학교 때 곤충채집 방학숙제를 위해 매미 잡으러 갔을 때, 주말 아침 가끔 아버지를 따라 동네 뒷산 따라간 게 예외라면 예외지요. 또 있네요. 중고등학교 때 수학여행지 속리산 설악산에도 간 적이 있긴 하네요.

대학 때 친구들이 지리산 가자고 했을 때도 선뜻 내키지 않아 안 갔어요. 그저 힘들게 오르는 게 싫었거든요.

산에 왜 가게 됐냐고요. 어느 날 인사발령이 나 등산을 맡으라는 겁니다. 인기 연재물 '근교산 시리즈'도 제대로 읽은 적이 없는 문외한이 맡으면 신문에 누가 된다고 극구 사양했지만 한 번 발령난 인사는 돌이킬 수 없었습니다. 등산복 등산화 배낭 스틱 등 어느 하나도 없었습니다.

30대 후반에 등 떠밀려 시작한 등산은 처음엔 무척 고통스러웠습니다. 산행대장도 처음엔 군기 잡으려는 듯 6시간 이상의 난코스만 택하더군요. 아직도 기억이 생생합니다. 첫 산행 후 다음 날 아침 온몸이 아파 일어나지도 못할 정도였습니다.

세상사가 늘 그렇듯 세월이 약이더군요. 한 번, 두 번, 세 번 가다 보니 몸이 산에 서서히 적응하더니 차츰 산이 편한 친구처럼 다가오더군요. 일 년, 이 년, 삼 년 이렇게 지나니 산의 묘한 마력이 느껴지더군요. 조금 더 일찍 산을 알았다면 하는 아쉬움이 들더군요.

지금 생각해보면 산은 인간에게 많은 것을 일깨워줍니다.

우선 산은 인간의 모든 희노애락을 넉넉히 받아줍니다. 어머니처럼, 오래된 친구처럼. '산을 배우면서부터 / 참으로 서러운 이들과 외로운 이들이 / 산으로만 들어가 헤매는 까닭을 알 것 같았다'. 산꾼 시인 이성부의 싯구와 일맥상통하지요.

겸허함도 가르쳐줍니다. 조금이라도 자만심이 남아 있거나 정신줄을 놓으면 반드시 그에 상응하는 대가를 치르게 합니다. 아무리 작은 산이라도. 그 어떤 인생의 스승보다 더 깊은 가르침을 편견 없이 가르쳐줍니다.

산을 오르내리면서 정말 즐겁고 행복했습니다. 정년이 얼마 안 남은 시점에서 돌이켜보면 김밥 한 줄, 물 한 통 챙겨넣고 산속을 헤매던 그 시절이 가장 기억에 남고 다시 돌아가고 싶은 화양연화(花樣年華)라고 생각합니다.

이번에 내놓는 '내 맘의 근교산(하)'는 기존의 '원점회귀 근교산 (상) (중) (하)' '내 맘의 근교산 (상) (중)'과 달리 산꾼이 아니더라도 쉽게 접근할 수 있는 '둘레길'도 넣었습니다. 조계산을 두고 동서에 걸쳐 있는 선암사와 송광사 스님들이 오가던 '조계산 천년 불심길', 양산 법기 수원지 주변을 이은 '법기 치유둘레길', 영남의 젖줄 낙동강의 아름다움을 새삼 발견할 수 있는 '오봉산 둘레길', 배내골의 비경을 속속들이 감상할 수 있는 '배내천 트레킹길' 등이 그것입니다.

이번 출판을 위해 기꺼이 답사에 동행해준 이창우 산행대장에게 먼저 고마움을 전합니다. 그는 산에 관한 한 나의 스승이자 동시에 친한 형이자 산우입니다. 그가 있기에 대한민국의 보석 같은 숨은 산길이 새롭게 태어납니다.

사진 등 부족한 자료를 기꺼이 내놓으며 지원을 아끼지 않은 전직 산행 담당인 이경식 이진규 이승렬 최정현 유정환 기자와 서상균 화백에게도 감사의 마음을 전합니다. 이들이 없었다면 이 책은 아마 세상에 나오지 못했을 겁니다. 바쁜 와중에도 시간을 쪼개 힘이 돼준 출판·제작 담당 동료들에게도 고마움을 전합니다.

얼마 전 국립공원 속리산 문장대와 순천만 일몰을 보기 위해 용산 전망대를 함께 오른 아내와 시간 나면 지리산 한라산 산행을 함께 하자던 아들에게 사랑과 고마움을 전합니다.

2022년 11월 국제신문 문화사업국장 이흥곤 씀

 **목차**

>>**머리말** _ 4

>>**영남알프스&언저리**
밀양 운문산 _ 10
밀양 용두산~산성산~호두산 _ 18
밀양 만어산 _ 26
밀양 가지산 _ 34
밀양 향로산 _ 44
밀양 종남산~팔봉산 _ 54
청도 상운산 _ 62
청도 학심이골~심심이골 _ 72
양산 염수봉 _ 80
양산 능걸산~체바우골만당 _ 88
양산 봉화봉~늪재봉 _ 96
양산 재약봉 _ 102

>>**경북의 산**
경주 큰갓산~옥녀봉 _ 112
경주 토함산 _ 120
포항 만리성산 _ 128
청도 남산~은왕봉 _ 136
김천 인현황후길 _ 144

>>**부산의 산**
금정산 가람낙조길 _ 154
금정산~백양산 _ 162
금정산 장군봉 _ 170

>>김해·양산의 산

김해 돛대산~신어산동봉~장척산 _ 180
양산 배내천 트레킹길 _ 190
김해 무척산 _ 198
양산 법기 치유둘레길 _ 208
양산 동산장성길 _ 216
양산 선암산 _ 224

양산 용굴산~토곡산 _ 232
양산 오봉산 둘레길 _ 240
양산 청송산 _ 248
양산 시루봉~밀양 작원잔도 _ 256
양산 비석봉~천태산 _ 264

>>호남의 산

화순 모후산 _ 274
곡성 봉두산 _ 284
순천 조계산 천년불심길 _ 294

>>경남의 산

창원 인성산 _ 306
창원 여항산 _ 316
창원 백암산~서북산 _ 326

고성 구절산 _ 332
의령 남산둘레길 _ 342
창녕 마분산~개비리길 _ 350

영남알프스&언저리

- 밀양 운문산
- 밀양 용두산~산성산~호두산
- 밀양 만어산
- 밀양 가지산
- 밀양 향로산
- 밀양 종남산~팔봉산
- 청도 상운산
- 청도 학심이골~심심이골
- 양산 염수봉
- 양산 능걸산~체바우골만당
- 양산 봉화봉~늪재봉
- 양산 재약봉

밀양 운문산

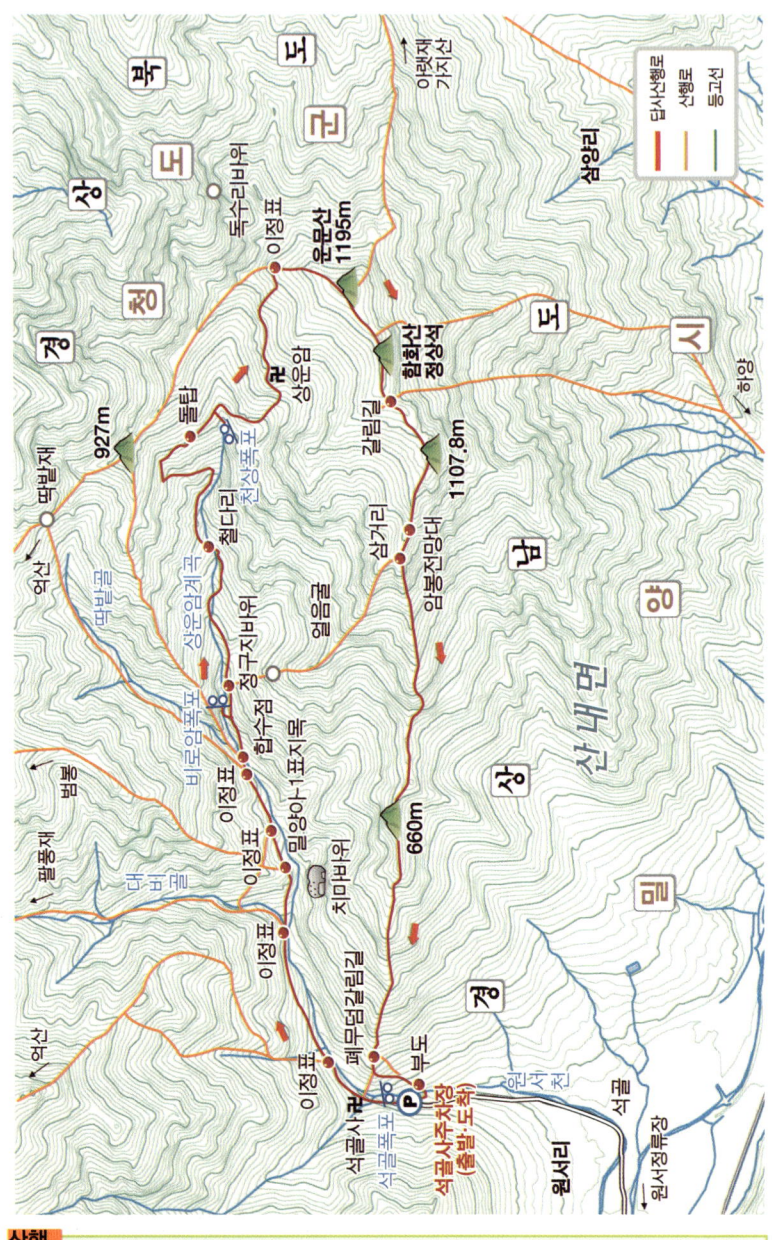

산행코스 밀양 산내면 원서리 석골사 버스정류장~석골사 주차장~석골폭포~석골사~억산·운문산 갈림길~팔풍재·운문산 갈림길~범봉·운문산 갈림길~딱밭재·운문산 갈림길~상운암 계곡~비로암폭포~정구지바위~돌탑군~천상폭포~상운암~억산·운문산 갈림길~운문산 정상~함화산 정상석~하양마을 갈림길~암봉 전망대~정구지바위 갈림길~석골사 주차장

밀양 운문산 정상에서 서릉으로 하산하다 만나는 전망대에 서면 남쪽으로 조망이 시원하게 펼쳐진다. 정면으로 천황산 도래재 구천산, 발아랜 산내면 남명리와 삼양리.

상운암계곡 원시림 따라 '3개의 폭포' 물줄기 콸콸

(석골 · 비로암 · 천상폭포)

 부산 울산 양산 밀양 경주 청도 등 6개 시군에 걸쳐 1000m 이상의 헌걸 찬 고봉준령이 장장 700여 리에 뻗은 영남알프스 산군에는 이름 때문에 간혹 오해받는 경우가 있다. 운문산자연휴양림 운문산 운문사가 바로 그곳이다.
 먼저 운문사와 운문산. 운문산은 국내 최고의 비구니 사찰 청도 운문사 덕분인지 청도의 산으로 알려져 있다. 하지만 운문사 · 운문산 일대가 최근 생태 · 경관보전지역으로 지정되면서 등산로가 통제받고 있다. 다시 말해 운문사에서 운문산으로 이어지는 최단

들머리 석골사에서 출발하는 산길은 숲이 울창한 평탄한 길이다.

거리인 천문지골과 사리암계곡의 출입이 통제되면서 이보다 거리상으로 먼 운문면 신원리 삼계리에서 천문사~배넘이고개~심심이골~아랫재를 거쳐 운문산으로 산행해야 한다. 여기에 영남알프스의 마지막 비경인 학소대폭포를 품은 학심이골까지 추가시키면 금상첨화라 할 만하다.

 운문산 자연휴양림의 이름도 오해를 사기에 충분하다. 청도군 운문면에 위치한 이곳은 뒷산이 상운산이지만 크게 봐선 가지산 산줄기. 하지만 밀양 산내면 · 울산 울주군 · 청도 운문면의 경계에 위치한 가지산은 사실 밀양과 울주 쪽에서 산꾼들이 자주 찾아 청도와는 심리적으로 거리가 멀다. 해서, 운문사가 청도에 있는 데다 운문산 또한 청도 운문면과 밀양 산내면의 경계에 있어 고심 끝에 운문산 이름을 차용해 운문산 자연휴양림으로 정했다. 이는 휴양림 근무자도 설명하면서도 궁색하다는 사실을 인정했다.

밀양에서 운문산을 오르려면 산내면 원서리 석골사와 삼량리 하양·상양마을을 들머리로 하는 산길이 있다. 이 중 석골사를 들머리로 하면 원점회귀까지 가능하다. 다시 말해 석골사에서 상운암 계곡을 따라 석골·비로암·천상폭포를 구경한 뒤 상운암을 거쳐 운문산 정상에서 서릉을 따라 석골사로 돌아오는 코스다.

구체적 경로는 밀양 산내면 원서리 석골사 버스정류장~석골사 주차장~석골폭포~석골사~억산·운문산 갈림길~팔풍재·운문산 갈림길~범봉·운문산 갈림길~딱밭재·운문산 갈림길~상운암 계곡~비로암폭포~정구지바위~돌탑군~천상폭포~상운암~억산·운문산 갈림길~운문산 정상~함화산 정상석~하양마을 갈림길~암봉 전망대~정구지바위 갈림길~석골사 주차장 순. 총거리는 8.5㎞이며, 5시간 30분 정도 걸린다.

들머리 천년고찰 석골사는 신라 진흥왕 때 창건된 사찰로 임진왜란 때 불탔다가 1753년 함화 스님이 중창했다. 1950년 6·25 전쟁 때 다시 소실됐다가 1980년대 복원해 오늘에 이른다. 내세울

정구지바위. 옛날 마고할멈이 정구지를 앞치마에 담아 올라가다 흘려 지금까지 남아 있다고 전해온다.

상운암계곡의 비경인 비로암 폭포(왼쪽)와 산행 들머리 석골사 입구의 석골폭포.

만한 문화재는 특별히 없지만 절 입구의 석골폭포는 웅장하며 주변 산세가 일품이다.

산내면 원서 버스정류장에서 석골사 주차장까지는 걸어서 25분. 절을 지나 100m쯤 너른 길로 직진하면 운문산 등산안내도가 서 있는 산길이 기다린다. 본격 들머리다.

친절하게 이정표(운문산 4.3km · 상운암 3.6km)도 서 있다. 왼쪽은 억산(3.3km) 방향. 15분이면 집채만 한 바위가 있는 갈림길에서도 직진한다. 왼쪽은 팔풍재 · 억산 방향이다. 곧 대비골 하류를 건너 범봉 산자락을 돌아간다. '상운암 가는 길' 리본과 노란 화살표, 상운암 팻말을 따라간다. 안전 난간과 로프가 설치된 길을 올라가면 계곡 건너 치마바위가 보인다. 구조 요청지점(밀양 아-1) 표지목을 지나 갈림길에서 '운문산(3.0㎞)·상운암(2.4㎞)' 이정표를 보고 계속 직진한다. 왼쪽은 범봉(2.0㎞) 방향.

완만한 산길을 5분쯤 가면 만나는 갈림길에서 직진한다. 왼쪽은 딱밭재 방향. 딱밭골과 상운암계곡이 만나는 합수점에선 계곡을 건넌다. 요란한 물소리가 들리는 곳에서 잠시 왼쪽으로 내려가면 높이 15m 바위에서 가는 물줄기가 떨어진다. 비로암폭포다.

다시 되돌아 나가 운문산으로 향한다. 어른 키 두 배나 되는 둥그스름한 정구지바위 앞 갈림길에서도 운문산(2.5㎞) 방향으로 간다. 옛날 마고할멈이 정구지를 앞치마에 담아 이 바위로 올라가다 흘려 지금까지 정구지가 남아 있다고 전해온다. 오른쪽은 얼음굴 방향.

이제부터 상운암까지 외길. 철다리와 돌탑을 지나 큰 바위 앞 갈림길에서 잠시 천상폭포를 다녀온다. 20m쯤 되는 높이에서 떨어지는 천상폭포는 지금은 유량이 적어 아쉽지만 겨울에는 전문 산악인의 빙벽훈련장으로 인기가 높다.

두 군데의 덱 계단을 지나 천상폭포에서 30분이면 '절해고도' 같은 상운암에 닿는다. 말이 절이지 전기도 들어오지 않는 해발 1000m 지점에 있는 외딴 시골집 같다. 석골사에서 2시간 소요.

상운암에서 산비탈 길을 따라 15분이면 능선 삼거리에 올라선다. 왼쪽은 억산·딱밭재 방향, 산행팀은 오른쪽 운문산(0.3㎞)으로 향한다. 10분이면 운문산 정상에 선다. 동쪽 가지산에서 시계 방향으로 능동산 재약산 천황산 구천산 정각산 구만산 억산 등이 장쾌하게 펼쳐진다.

하산은 아무런 표시가 없는 서쪽 능선으로 간다. 반대쪽인 동쪽은 가지산·상양 방향.

함화산 정상석과 전망대를 지나 만나는 안부 사거리에선 석골사 방향으로 직진한다. 왼쪽은 하양마을, 오른쪽은 상운암 방향이다.

1107.8봉을 지나면 멋들어진 반송이 눈길을 끈다. 이어지는 산길은 울퉁불퉁한 공룡 등 같아 조심해서 내려간다. 폭이 3m쯤 되는 안전로프가 묶인 바위를 건너면 V자 안부에서 우측 벼랑 위 전망대에 선다. 운문산 북쪽의 독수리바위에 버금가는 운문산 최고의 전망대다. 천황산과 도래재 구천산이 발아래 산내면 남명리와 삼양리 마을을 포근하게 감싸고 있다.

 8분이면 만나는 갈림길에서 석골사는 '등산로' 안내판을 보고 왼쪽으로 꺾는다. 오른쪽은 정구지바위 방향. 잇단 전망대를 지나 정구지바위 갈림길에서 50분이면 폐무덤을 만나고, 여기서 직진한다. 이어 만나는 갈림길에서 산행팀은 왼쪽으로 간다. 직진하면 석골사 방향이다.

 석골사 부도 2기를 지나 울울창창한 숲과 주변 풍광이 빼어난 계곡을 건너면 석골사 주차장에 도착한다.

신라시대 창건된 천년고찰 석골사 전경. 석골사는 운문산 억산 범봉의 들머리로 애용된다.

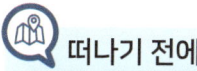
떠나기 전에
- 운문산 중턱 얼음굴, 허준이 스승 유의태 해부한 곳 추정

　영남알프스 9봉 중 가지산(1241m)에 이어 두 번째로 높은 운문산(1195m)은 영남알프스 산군 중 경관이 빼어나다. 웅장한 산세와 기암괴석, 하늘을 가리는 울창한 숲과 심산유곡이 한데 어우러져 발걸음을 종종 멈추게 한다. 특히 운문산에서 아랫재를 거쳐 가지산으로 이어지는 능선은 발길 닿는 곳이 모두 전망대여서 한 번 주유해보기를 권한다. 운문사 일주문 현판에는 '호거산(虎踞山) 운문사'로 적혀 있다. 운문사 뒷산인 장군봉 정상의 호거대에서 유래됐다. 운문산 주변 2만 6395㎡는 2011년 국내에서 여덟 번째로 생태·경관 보전지역으로 지정됐다. 생태자연도 1·2등급이어서 전체 생태계 훼손 방지를 위해 핵심보전구역으로 특별관리하고 있다. 대한민국 고유종으로 운문산에서 처음 보고돼 명명된 운문산반딧불이와 꼬리말발도리, 담비가 깃대종으로 지정됐다. 이외에도 매 하늘다람쥐 까막딱따구리 삵 독수리 원앙 황조롱이 등 멸종 위기종 1·2등급 동식물 및 천연기념물 등 16종이 서식해 영남알프스에서 가장 청정지역으로 남아 있다.
　운문산에는 얼음굴이 있다. 익히 알려진 천황산의 얼음골에 이어 제2의 얼음골이라 불리지만 실은 동굴 즉 얼음굴이다. 이번 산행에선 직접 지나가지 않지만 정구지바위에서 가깝다.
　운문산 중턱에 있는 얼음굴은 삼복더위에도 영상 5도를 유지한다. 이곳은 동의보감의 저자 허준이 스승 유의태의 시신을 해부한 곳으로 알려져 있다. 유의태는 어의 시절에도 오랜 벗이었던 당시 석골사 주지를 찾아 약초도 캐면서 쉬었다 갔다 한다. 말년에는 아예 이곳으로 내려와 임종을 맞았다고 한다.

교통편
- 밀양터미널서 시내·시외버스 타고 원서정류장 하차

　이번 코스의 들머리이자 날머리인 원서 정류장에는 시내버스와 시외버스가 모두 다녀 대중교통을 이용해도 편리하다.
　부산 서부버스터미널에서 밀양행 시외버스는 오전 7시부터 2시간 간격으로 출발한다. 1시간 걸린다. 밀양터미널에서 원서행 시내버스는 오전 9시35분, 10시55분에 출발한다. 원서정류장에서 석골사까지는 걸어서 25분 걸린다. 원서 정류장에서 밀양행 시내버스는 오후 3시15분, 5시5분에 있다.
　밀양터미널에서 시외버스는 오전 8시20분, 10시40분에 출발한다. 원서 정류장에서 밀양행 시외버스는 오후 4시30분, 6시30분에 출발한다
　밀양터미널에서 부산 서부버스터미널행 버스는 오후 3시, 5시10분, 7시(막차)에 있다. 부산행 시외버스의 막차 시간을 맞추기 힘들면 인근 밀양역에서 부산행 열차를 이용하면 된다. 무궁화, KTX 열차는 수시로 밤 늦게까지 있다.
　승용차를 이용할 때는 경남 밀양시 산내면 원서리 2 석골사 주차장을 내비게이션 목적지로 하면 된다.

밀양 용두산~산성산~호두산

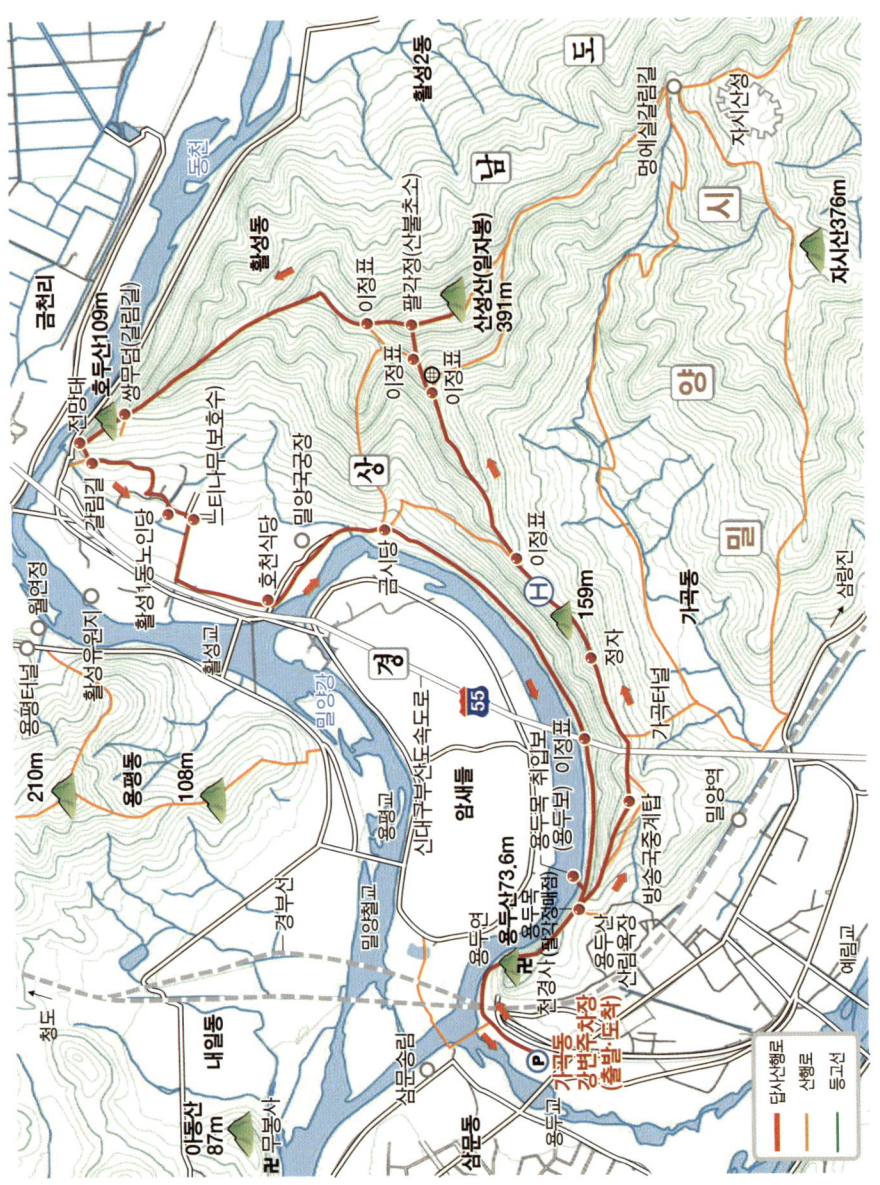

산행코스: 밀양 가곡동 강변주차장~밀양 철교 아래 통과~천경사~용두목(팔각정 매점)~방송국 중계탑(지형도상 용두산)~정자 전망대~금시당·산성산 갈림길~옹달샘·산성산 갈림길~산불초소 전망대~산성산 정상~산불초소 전망대~활성동·용두산 산림욕장 갈림길~여주 이씨 쌍무덤~호두산 정상~활성1동(살내)노인당~보호수~금시교 직전 갈림길~금시당~신대구고속도로 아래 통과~구단방구~용두목 취입보~용두목~천경사~가곡동 강변주차장

호두산을 내려서면 무덤 옆 바위 절벽에서 조망이 열린다. 멀리 보두산 낙화산 중산이 보이며, 발아래 흐르는 동천은 따로 호분탄이라 부른다.

산에선 굽이굽이 밀양강
내려와선 금시당 감상을

  퇴계가 생을 마감한 후 안동 고을 선비들이 구심체를 잃어 동요할 때 당시 예안 현감이던 밀양 출신의 추천 손영재가 고향의 옥답을 팔아 도산서당 뒤 도산서원을 지어 양반고을의 명맥을 잇게 했다. 이런 속사정이 있었기에 밀양은 나라 땅 대표적 양반고을인 안동을 보고 유일하게 웃을 수 있어 일명 '소(笑)안동'으로 불린다.
  밀양은 산의 도시이기도 하다. 이름에서 유추할 수 있듯 산속에 파묻힌 마을이란 의미의, 얼음골 사과로 유명한 '산내면(山內面)'에는 천황산 재약산 운문산 가지산 백운산 억산 등 영남알프스를

대표하는 봉우리들이 즐비하다. 최근에는 가지산 아래 옛 제일농원 자리에 산림청 공모사업인 국립밀양등산학교까지 유치해 그 명성을 이어가고 있다.

밀양에는 영남알프스 준봉들 못지않게 주민들의 사랑을 듬뿍 받는 나지막한 산이 하나 있다. 산성산(山城山·391m)이 그것이다. 활성동과 가곡동에 걸쳐 있는 산성산에 서면 밀양의 자존심으로 진주 촉석루, 평양 부벽루와 함께 국내 3대 누각으로 불리는 영남루와 밀양강이 시원하게 펼쳐진다.

풍수가들은 산성산을 두고 '좌청룡 우백호'를 거느리고 있다고 한다. 밀양 시내에서 보면 산성산의 좌측 용두산(龍頭山·73.6m), 우측 호두산(虎頭山·109m)이 용호(龍虎)를 이루며, 발아래는 밀양강이 휘감아 돌고 있는 형국이다. 이는 밀양강변에 위치한, 조선 명종 때 좌승지를 지낸 이광진의 별서인 금시당에서 확인할 수 있다.

그럼 전체 능선이 '한 일(一)' 자로 보여 '일자산'으로 더 친숙한 이 산이 왜 산성산일까. 이어진 동남쪽 능선에 '자시산성'이

밀양시가지에선 '한 일(一)'자로 보여 일자산이라고도 불리는 산성산 정상 인근에 서면 삼문동을 감싸고 있는 밀양강의 물굽이와 종남산 옥교산 화악산 비학산 보두산 낙화산 중산 등이 파노라마처럼 펼쳐진다. 　　　　　사진=밀양시 제공

있기 때문이다. 이름은 거창하지만 돌무더기가 비탈면에 널브러져 있어 정확히 자시산성터라 해야 마땅하다. 그러니까 일자봉 인근에 옛 산성터가 있어 산성산으로 불리게 됐다는 것이다.

　이번에 소개할 산은 밀양 용두산~산성산~호두산. 용두산과 산성산 능선에는 이정표와 산길이 잘 정비돼 있지만 호두산 능선의 산길은 뚜렷하나 조금은 거칠다.

　구체적 여정은 삼문동과 가곡동을 잇는 용두교 아래 가곡동 강변주차장~밀양 철교 아래 통과~천경사~용두목(팔각정 매점)~방송국 중계탑(지형도상 용두산)~정자 전망대~금시당·산성산 갈림길~옹달샘·산성산 갈림길~산불초소 전망대~산성산 정상~산불초소 전망대~활성동·용두산 산림욕장 갈림길~여주 이씨 쌍무덤~호두산 정상~활성1동(살내)노인당~보호수~금시교 직전 갈림길~금시당~신대구고속도로 아래 통과~구단방구~용두목 취입보~용두목~천경사~가곡동 강변주차장으로 돌아오는 원점회귀 코스. 총거리는 약 11km이며, 4시간 30분 정도 걸린다.

밀양시 가곡동 강변주차장에서 출발. 주차장 가장자리 쪽으로 향한다. 강 건너 왼쪽에 대우아파트가 보인다. 밀양아리랑길 안내도와 공사 중인 밀양 철교 아래를 지난다. 강변으로 가지 않고 오른쪽 포장로로 향한다. 민물 횟집을 지나면 정면에 축대가 보인다. 과거 청룡사 자리였지만 지금은 허물었다. 강 건너 용평동과 가곡동을 잇는 새 다리가 이곳을 지나가기 때문이다

과거 기우제를 지냈다는 용두연 앞에서 덱 계단을 오른다. 인근에 '용두'란 지명이 흔한 건 산성산에서 뻗어 내린 산의 모양이 용머리를 닮았다 하여 명명된 것이다. 나무 덱 계단을 올라 대숲을 지나면 석굴도량 천경사 입구에 올라선다. 왼쪽 금시당(2.06km) 방향으로 간다. 천경사 뒤 봉우리가 용두산이다.

곧 팔각정 매점이 있는 용두목 사거리. 전망 덱에 서면 향후 오를 산성산과 발아래 밀양강이 한눈에 보인다. 오른쪽은 용두산 산림욕장 입구·밀양역 방향, 산행팀은 산성산 등산로 안내도 옆 열린 길로 직진한다. 이제부턴 산성산 이정표만 따라간다.

널찍한 산길은 사각 쉼터를 지나 국립지리정보원 지형도에 용두산 정상으로 표기된 방송국 중계탑을 지난다. 용두목에서 10분.

산성산 정상에 다다른 필자.

잇단 정자 쉼터를 지나 조망이 열리는 팔각정 전망대에서 향후 밟을 호두산 능선과 밀양강이 물돌이하며 만들어놓은 암새들을 보고 간다. 체력단련장과 체육시설을 지나 금시당 갈림길에서 산성산(1.3km)으로 직진한다. 울울창창한 송림 길을 지나 옹달샘 갈림길과 산성산(활성동 가는 길) 갈림길에서도 곧바로 간다.

지그재그 침목계단이 깔린 된비알을 오르면 산불초소 전망대가 있는 삼거리에 도착한다. 산성산은 우측에 있다. 10분이면 다녀온다. 커다란 정상석이 서 있는 정상에선 조망이 거의 열리지 않는다.

조망은 산불초소 전망대에서 감상한다. 좌측으로 밀양강의 물굽이에 갇힌 삼문동과 이를 내려다보는 영남루, 그 건너편으로 종남산과 덕대산, 거기서 시계 방향으로 화왕산 비슬산 화악산 낙화산 운문산 가지산 천황산 재약산 향로산 영축산이 확인된다. 발아랜 신대구부산 고속도로가 시원하게 내달린다.

이제 활성동(1.8km) 방향으로 직진한다. 지천으로 핀 진달래와 솔가리가 수북한 산길을 내려간다. 30여 분이면 쌍무덤 갈림길에선 호두산 방향으로 직진한다. 오른쪽은 깎아지른 바위절벽으로 단애를 휘감으며 흐르는 동천의 여울을 호분탄이라 부른다.

산행 초입 용두목 사거리 팔각정자가 있는 전망 덱에 서면 향후 오를 산성산과 발아래 밀양강이 한눈에 보인다.

팔각정 전망대에서 호두산으로 내려서는 길 좌우에는 애이불비(哀而不悲)의 꽃 진달래가 지천이다.

산성으로 보이는 돌무더기 능선을 지난다. 산행은 막바지. 산길은 급하게 떨어진다. 갈림길에서 우측 길은 나무로 막아 놓았다. 산행팀은 왼쪽으로 틀어 여주 이씨 가족묘를 지나 포장로를 따라간다.

활성1동 노인당 앞에서 왼쪽으로 꺾어 느티나무 보호수 앞에서 이번엔 오른쪽으로 꺾는다. 신대구부산 고속도로 굴다리(금시교) 직전에 왼쪽으로 꺾어 국궁장·금시당 방향으로 간다. 호천식당 앞에서 강둑으로 올라 밀양국궁장을 지나면 그 유명한 금시당에 닿는다. 금시당은 백곡재와 함께 조선 후기 영남지방 양반 가문의 전형적인 정자 건물로 둘러볼 만하다. 금시당에서 용두목에 이르는 강변길은 산성산의 동쪽인 활성동과 단장면 미촌리 주민이 밀양 시내로 다니던 통행로이자 학생들의 등굣길로 이용되던 옛길이다.

금시당을 왼쪽으로 돌아 용두산 산림욕장(1.9km) 방향의 강변길을 걷는다. 소나무가 무성하며 시누대(산죽) 숲의 호젓한 오솔길은 고속도로 아래를 지난다. 구단방우(굿을 하는 바위)를 지나 용두보 갈림길에선 오른쪽에 '용두목 취입부'는 한 번 둘러보자. 일제강점기에 일본이 용두산 아래 인공터널을 뚫은 곳이라 한다.

이제 팔각정 정자가 있는 용두목 사거리에서 왔던 길을 15분 정도 가면 가곡동 강변주차장에 도착한다.

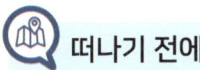

떠나기 전에

- 금시당, 가을이면 450년 된 은행나무 보러 많이 찾아

이번 코스는 걷기에도 안성맞춤이지만 볼거리도 적지 않다.

호두산에서 내려와 밀양강변을 걷다 만나는 금시당(**사진**)은 조선 명종 때 좌부승지를 지낸 금시당 이광진이 말년에 고향으로 돌아와 제자들을 교육하기 위해 밀양강이 굽이치는 언덕 위에 1566년 지은 일종의 별장이다.

'금시(今是)'는 '지금이 옳다'는 뜻으로, 중국 시인 도연명의 귀거래사에 나오는 '각금시이작비(覺今是而昨非·지금이 옳고 과거는 틀렸다)'에서 따온 것이다.

금시당은 임진왜란 때 소실된 후 이를 5대손인 이지운이 1744년 복원했으며 이후 1866년 크게 고쳐 지었다. 정면 4칸, 측면 2칸 크기에 마루와 온돌방으로 구성돼 있다. 이광진이 심은 것으로 추정되는 정원의 450년 된 은행나무는 밀양시 보호수로, 가을이면 단지 이 나무를 보기 위해 많은 사람이 찾는다. 봄의 매화, 여름의 배롱나무도 밀양강과 한데 어우러져 아름답기 그지없다.

백곡재는 금시당을 복원한 이지운을 추모하기 위해 1860년 세운 재사(齋舍)로 금시당 동쪽 축대 위에 있다.

강변길에 있는 용두목 취입보는 일본인에 의해 일제강점기인 1907년 완공됐다. 밀양강의 남쪽인 상남면 예림들판이 지대가 높아 일본인들이 용두산 아래를 관통하는 433m의 인공터널을 뚫었다. 이 터널을 통해 밀양강의 물이 흘러 100년이 넘은 오늘날까지 예림들판을 적시는 농업용수로 사용되고 있다.

교통편

- 밀양역에서 영남루 방향 1㎞ 이동, 가곡동 강변주차장서 출발

이번 산행은 부산역에서 출발하는 열차가 편리하다. 부산역에서 밀양행 기차는 오전 4시59분부터 오후 9시17분까지 수시로 있다. 밀양역에서 나와 오른쪽 영남루 방향 도로를 1㎞쯤 간다. 밀양강에 놓인 용두교 직전, 오른쪽으로 가면 밀양강 가곡동 강변주차장에 닿는다.

부산 서부터미널에서 밀양행 시외버스는 오전 7시부터 2시간 간격으로 출발한다. 밀양터미널 건너편에서 밀양역 방면 버스를 타고 용두교 지나 부전아파트 정류장에서 내리면 된다.

승용차를 이용할 경우 밀양시 중앙로 178-5 가곡동 강변주차장을 내비게이션 목적지로 하면 된다.

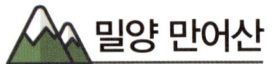# 밀양 만어산

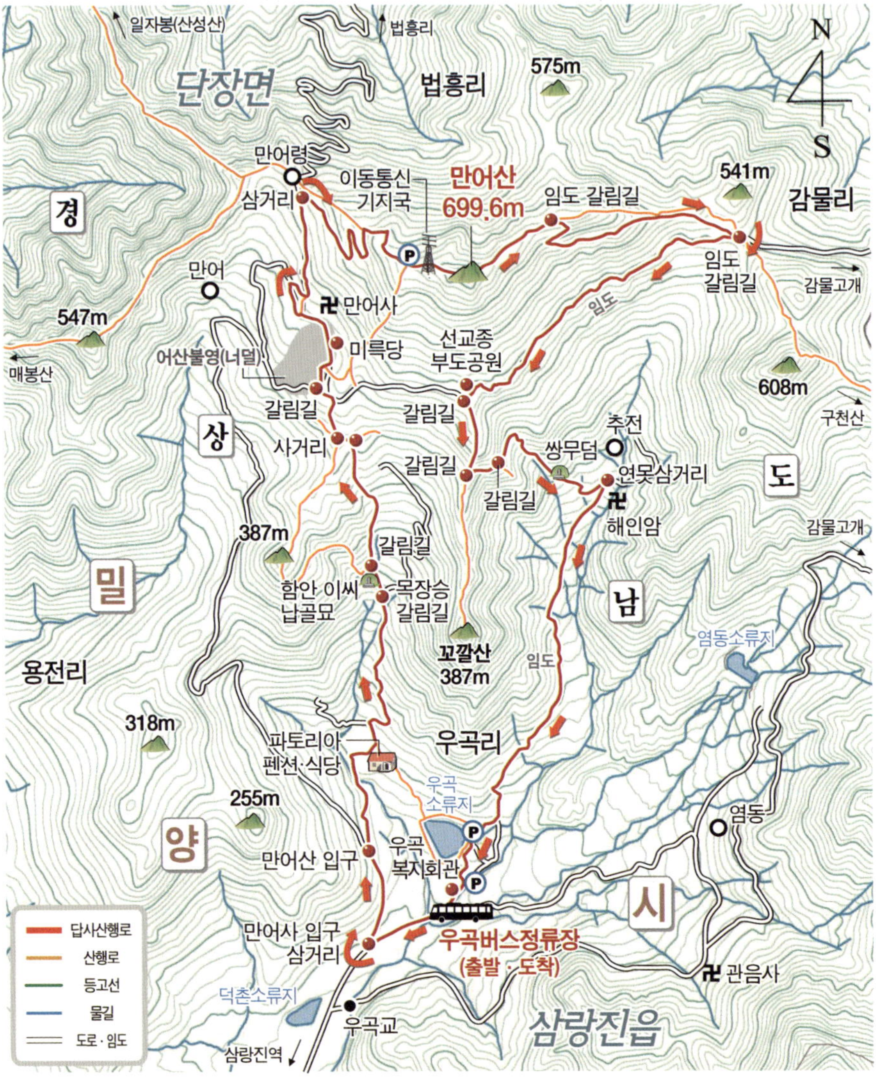

산행코스: 밀양 삼랑진읍 우곡리 우곡 버스정류장~만어사 입구 삼거리~만어산 등산로 입구~함안 이씨 가족 납골묘~만어산 임도~만어사~만어령 삼거리~만어산 정상~임도 삼거리~선교종 부도공원~꼬깔산 능선 갈림길~추전마을(전원주택)~우곡소류지~우곡복지회관~우곡 버스정류장

만어산 정상 직전 만나는 전망대에 서면 사진 상으로 보이지 않지만 저 멀리 굽이치는 낙동강과 김해, 밀양 삼랑진 쪽 산들이 한눈에 펼쳐진다. 왼쪽이 무척산, 그 앞이 중리동산이다.

물고기가 바위 됐다는 돌산
그 전선의 너덜 오르는 재미!

　경남 밀양시 삼랑진읍 만어산(일명 자성산)은 해발 699.6m로 전국 어디서나 흔히 볼 수 있는 평범한 육산이지만 7부 능선쯤에 위치한 전설 보따리가 한가득한 천년 고찰 만어사(萬魚寺) 덕분에 사시사철 적지 않은 관광객과 산꾼들이 즐겨 찾는다.
　산 정상 인근에 대형 통신탑 2개가 흉물스럽게 서 있는 데다 정상까지 승용차가 올라갈 수 있어 산 자체만으로 선뜻 추천하기가 뭣 하지만 두들기면 맑은 종소리가 나는 너덜겅 만어석과 동해 용왕의 아들이 변했다는 전설이 내려오는 미륵바위는 장삼이사들의

만어사 경내 삼층석탑. 고려시대 것으로, 보물 제466호다.

관심을 끌기에 충분하다. 특히 미륵바위는 치성을 드리면 아들을 얻을 수 있다고 알려져 전국에서 많은 여성이 찾는다.

 산행은 삼랑진읍 우곡리 우곡 버스정류장~만어사 입구 삼거리~만어산 등산로 입구~함안 이씨 가족 납골묘~만어산 임도~만어사~만어령 삼거리~만어산 정상~임도 삼거리~선교종 부도공

만어산 종석 너덜. 비가 오면 이 너덜이 장엄한 풍경(風磬)소리를 낸다.

원~꼬깔산 능선 갈림길~추전마을(전원주택)~우곡소류지~우곡 복지회관~우곡 버스정류장으로 돌아오는 원점회귀 코스. 총거리는 약 12km이며 4시간 정도 걸린다.

우곡 버스정류장에서 내려 버스 진행 반대 방향으로 300m쯤 가면 만어사 입구 삼거리. 코너에 '만어사' 이정표와 '우곡마을 이야기' 대형 안내판이 서 있다. 만어사 방향으로 향한다. 정면 11시 방향, 대형 통신탑이 있는 곳이 만어산, 2시 방향 너덜이 보이는 곳이 이웃한 구천산이다. 산꾼들은 만어산~구천산 코스도 즐겨 오른다.

10분이면 파토리아 펜션·식당 안내판이 보인다. 안내판 우측 뒤 풀섶에 조그만 '등산로'라 적힌 표지판이 보인다. 표지판에는 '임도 따라 쭉 올라가서 묘지에서 시작합니다'라고 친절한 설명이 적혀 있다.

파토리아 펜션·식당을 지나 왼쪽 포장로인 임도를 30분 정도 끝까지 오르면 우스꽝스럽게 생긴 목장

승이 있는 갈림길. 왼쪽으로 간다. 함안 이씨 가족 납골묘 오른쪽 돌계단을 오르면 만나는 갈림길에서 오른쪽 산길로 들어선다. 납골묘 왼쪽 끝에서 산길을 돌아 능선으로 된다. 이 길은 이후 능선 사거리에서 만난다. 참고하길.

초반에는 산길 흔적이 뚜렷하지만 갑자기 희미해지면서 사라진다. 국제신문 노란 리본을 확인하며 30분 정도 오르면 사선으로 열린 뚜렷한 길에서 왼쪽으로 간다. 곧 만나는 능선 사거리에서 왼쪽은 납골묘 쪽에서 올라오는 산길이다.

만어사는 오른쪽으로 꺾는다. 만어산 임도에서 오른쪽은 감물고개 방향, 산행팀은 왼쪽 포장 임도를 50m쯤 가면 오른쪽 너른 흙길이 만어사 경내로 안내한다. 만어사 너덜에 들어서기 직전 갈림길에선 왼쪽으로 간다. 오른쪽은 만어산 정상으로 바로 오르는 능선길이다.

만어사 전면 계곡을 가득 채운 너덜겅 만어석. 직접 돌로 때려보니 소문대로 쇳소리가 난다. 삼복더위에도 얼음이 언다는 천황산 얼음골, 국가에 변고가 있을 때 땀을 흘린다는 표충비와 함께 '밀

철쭉이 만발한 만어산 정상에서 하산하는 산행팀.

양의 3대 신비'로 불리는 만어산 너덜겅을 '어산불영(魚山佛影)'이라 부른다.

　이제 만어사 주차장에서 임도를 따라 만어산 정상으로 향한다. 만어령 삼거리에서 오른쪽으로 꺾으면 첫 전망이 열린다. 이동통신 기지국 입구 쪽에 산 사면을 벌목해 어린 편백을 심은 곳에서 북쪽 조망이 열린다. 낙화산 억산 운문산 천황산 재약산 향로산 영축산 등 밀양과 양산의 산들이 시야를 꽉 채운다. 만어사에서 40분이면 만어산 정상에 선다. 영남의 젖줄 낙동강과 금오산 토곡산 신어산 무척산 삼랑진과 발아래 들머리 우곡마을이 확인된다.

　하산은 동쪽으로 내려선다. 벌목된 갈림길에서 직진하는 능선길 대신 오른쪽 임도로 내려간다. 잇단 갈림길에서 오른쪽 길은 무시하고 계속 직진한다. 정상에서 25분이면 닿는 임도 삼거리에선 오른쪽 만어사 방향으로 꺾는다. 왼쪽은 감물리와 구천산 방향이다.

　포장과 비포장 길이 반복되는 임도를 20여 분 걸어가면 석불이 조성된 선교종 부도공원 앞에 선다. 여기서 임도를 버리고 왼쪽으로 꺾어 꼬깔산 능선을 탄다. 본격적인 하산길이다. 직진하면 만어사 방향이다.

　10분이면 소나무재선충으로 인한 소나무 무덤이 5개나 있는 능선에서 왼쪽으로 꺾는다. 꼬깔산 정상에선 하산길이 없으니 참고하길.

　산비탈 길을 가다 이내 나오는 갈림길에선 왼쪽으로 간다. 옛 다랑논 흔적을 지나 소나무재선충으로 인한 소나무 무덤 앞에서 검은색 호스 두 줄이 오른쪽으로 내려간다. 추전마을 식수로 보이니 호스를 밟지 않도록 주의하자. 산행팀은 이때부터 호스를 따라 하산한다. 15분 뒤 만나는 쌍무덤에서 밭으로 내려서지 말고 왼쪽 길로 간다. 추전마을 임도에선 왼쪽으로 간다. 연못이 있는 삼거리에선 오른쪽 포장로를 따라 25분이면 우곡소류지를 지나 우곡복지회관에서 산행을 마무리한다.

떠나기 전에

미륵전의 미륵바위.

만어사에서만 볼 수 있는 신비의 돌.

- 만어석이라 불리는 너덜겅, 두들기면 종소리

만어사 하면 떠오르는 것은 뭐니 뭐니 해도 길이 300m, 너비 100m의 절 앞 계곡을 가득 메운, 어산불영(魚山佛影)이라 불리는 수만 개의 너덜겅. 경남기념물 제152호인 이 너덜겅의 내력은 '삼국유사'와 '동국여지승람'에도 나온다. 삼국유사에는 가락국 김수로왕이 만어사를 창건했다고 적혀 있고, 동국여지승람에는 동해 용왕의 아들을 따라나선 물고기 떼가 크고 작은 돌로 변했다고 언급돼 있다. 조선 세종 때는 만어산 경석(磬石)을 채굴해 악기로 삼으려 했다는 기록도 있지만 그 정확한 성인(成因)에 대해선 아무도 알 수 없는 미스터리일 뿐이다.

흔히 두들기면 맑은 종소리가 나 종석(鐘石)이라 불리지만 모두 그런 것은 아니다. 실제로 여느 돌과 같은 평범한 돌이 더 많다. 이 돌들은 2억 년 전쯤인 고생대 말~중생대 초에 형성된 퇴적암으로 추정되지만 철분이 많아 쇳소리가 난다는 것은 과학적으로 근거가 없는 얘기다.

미륵전의 미륵바위도 빼놓을 수 없는 볼거리. 높이 5m의 미륵바위 앞에서 치성을 드리면 아들을 얻을 수 있다고 하여 많은 사람이 찾는다. 재밌는 점은 미륵바위를 그대로 두고 전각을 지어 바위 뒷부분이 전각 밖으로 나와 있다. 미륵바위는 오래전 모 방송사의 인기 예능프로인 '스펀지'에 소개돼 한동안 관광객이 넘쳐났다. 미륵바위에는 또 부처님의 형상이 보인다고 하여 미륵불로도 불린다.

정상석 앞에서 선 필자.   너덜겅을 두들겨보고 있는 필자.

또 한 가지. 경내 아름드리 느티나무 아래에는 조그만 돌이 하나 있다. 크기에 비해 무게가 아주 많이 나가는 돌이다. 오래전 불사를 새롭게 할 때 땅속에서 발견돼 고이 간직하다 일반인에게 공개하는 것이란다. 소원을 빈 후 성취될 경우 돌이 들리지 않는다고 전해온다.

교통편

- 삼랑진역에서 만어사(우곡마을)행 2번 마을버스 타야

부산역에서 경부선 무궁화 열차를 타고 삼랑진역에서 내린다. 오전 6시54분, 7시39분, 8시21분, 8시51분, 10시32분. 부전역에서는 오전 6시17분, 10시20분 출발한다. 삼랑진역 앞 마을버스 정류장에서 만어사(우곡리)행 2번 마을버스를 우곡 버스정류장에서 내린다. 오전 7시55분, 10시25분. 버스 시간이 여의찮을 경우 택시를 이용하자. 7000원 안팎.

산행 후 우곡 버스정류장에서 삼랑진역 가는 버스는 오후 3시15분, 5시35분(막차)에 있다. 삼랑진역에서 부산행 무궁화호 열차는 오후 4시41분, 6시14분, 7시, 7시35분, 7시57분(부전역), 9시7분에 있다.

대중교통편이 불편해 승용차 이용을 권한다. 경남 밀양시 삼랑진읍 우곡2길 33 우곡복지회관을 내비게이션 목적지로 하면 된다. 주차는 우곡복지회관 인근 복개 주차장이나 마을 뒤 우곡소류지 옆 주차장을 이용할 수 있다.

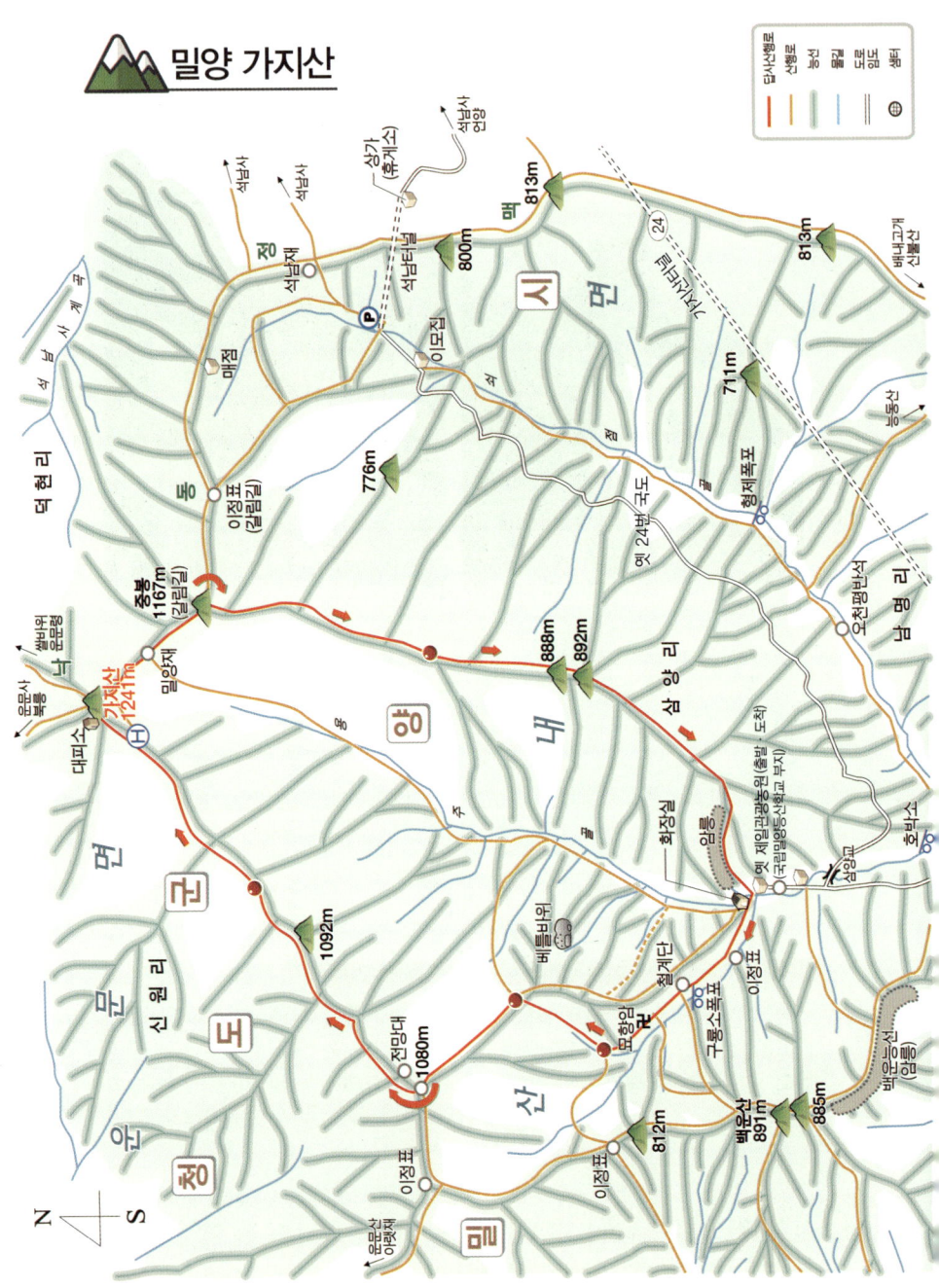

백문이 불여일견이라 했던가. 역광으로 봐야 더욱 빛을 발하는 빙화는 왜 사진작가들이 못 찍어 안달을 하는지 직접 봐야 그 진가를 알 수 있다.

역광에 빛나는 빙화 장관 보셨나요

　전국 일간지 시리즈 기사 중 최장수인 국제신문 근교산 시리즈를 이끌고 있는 이창우 산행대장. 지역 산꾼들은 한결같이 이 대장이 없었다면 지금과 같은 방대한 시리즈로 이어가질 못했을 것이라고 입을 모은다.
　그는 부산을 비롯한 영남권의 거의 모든 산의 숨은 능선과 골짝을 훤히 꿰고 있다. 이와 관련 에피소드 하나.
　이번 졸저 '내 맘의 근교산(하)'의 최종 원고를 정리하면서 애매모호한 구간을 전화로 그에게 물었다. 오래전 함께한 그 길을 그는

가지 끝에 매달린 빙화가 햇살을 받아 영롱하게
빛을 발해 나그네의 발길음을 자주 멈추게 한다.

한 치의 망설임도 없이 샛길까지 구석구석 기억하고 있었다. 영남 알프스 산군은 특히 그랬다.

문득 궁금했다. 이 대장은 영남알프스 산군에서 어떤 코스를 가장 좋아하는지. 뜬금없는 기자의 물음에 잠시 숨을 고르더니 '영축산~죽바우등' '가지산~백운산 갈림길' 구간이라고 답했다.

두 코스에는 뚜렷한 공통점이 있다. 육산과 골산이 적절히 배합된 이 구간은 굽었다 펴지기를 반복하며 조망마저 기가 막혀 산행하는 재미가 아주 그만이다. 이번 주는 후자인 '가지산~백운산 갈림길' 구간을 새롭게 다녀왔다.

운문지맥의 일부이기도 한 이 구간은 백운산 능선과 운문지맥이 만나는 지점에서 가지산 정상까지로 아마도 영남알프스 산군에서 가장 조망이 빼어난 구간이라 해도 손색이 없다.

산행은 밀양 산내면 삼양교~옛 제일관광농원~구룡소 폭포~묘향암~가지산 백운산 갈림길~주능선~헬기장~가지산 정상~밀양재~가지산 중봉~석남사 갈림길~산철쭉 군락지~888봉~암릉 구간~삼양교로 되돌아오는 원점회귀 코스. 순수하게 걷는 시간은 4시간30분 정도.

이번 산행에선 예상치 않게 빙화(氷花)의 장관을 조우했다. 이 대장이 늘 맘속에 그리던 바로 그 구간에서 말이다. 가지 끝에 매달린 빙화가 햇살을 받아 영롱하게 빛을 발하는 그 자태는 아름답다 못해 경이롭기까지 했다.

들머리는 옛 24번 국도변의 옛 제일관광농원 주차장. 여기서 산쪽으로 걷다 보면 계곡 앞에 선다. 우측 '경고문·119 구급함' 입간판 뒤 쏟아지는 길이 이번 산행의 하산로다. 그 옆으로 데크가 보인다. 가지산 주봉과 중봉 사이의 밀양재에서 내려오는 길이다.

산행팀은 계곡을 건넌다. 화장실 앞 이정표('구룡소폭포 0.4 km')가 서 있다. 늘 푸른 산죽이 도열해 있는 왼쪽으로 발길을 옮겨 본격 산으로 진입한다. 9분 뒤 갈림길. 밧줄을 잡고 우측 된비알로 오르면 구룡소폭포 상단으로 바로 가는 길. 하지만 폭포는 자고로 하단에서 전경을 완상해야 하는 법. 해서, 직진한다. 자그마한 공덕탑이 즐비한 너덜겅을 지나 5분이면 폭포 아래에 닿는다. 60도쯤 돼 보이는 30m 높이의 근래 보기 드문 대형 와폭이다. 꽁꽁 얼었다가 지금은 반쯤 녹아 흐르는 물길이 보인다. 폭포 하단을 건너면 아랫재, 백운산으로 이어지는 산길이다. 참고하길.

이제 밧줄이 보이던 폭포 갈림길로 되돌아간다. 도중 폭포 갈림길에서 폭포 상단으로 연결되는 안전시설물이 쳐진 산길이 보여 45도 방향으로 길을 잡고 올라선다. 폭포 바로 옆에는 최근 설치된 듯한 스테인리스 다리가 폭포전망대 역할을 한다. 이 대장은 "등로 주변의 바닥이 거의 암반인 이 일대는 겨울이면 살짝 얼어 있어 산꾼들이 크게 우회해서 오르내렸지만 이제는 그럴 염려는 사라졌다"고 말했다.

폭포를 지나 직진한다. 잠시 후 다 쓰러져가는 슬레이트 지붕에 파란 천막을 덧씌운 산중 기도처인 묘향암을 지나면 이내 갈림길. 이정표 상으로 가지산(4.2km) 방향이 왼쪽을 가리키지만 산행팀은 오른쪽으로 발길을 잡는다. 가지산으로 가는 첩경인 이 길은 지금까지 소개되지 않은 등로이다. 5분쯤 뒤 길이 약간 헷갈리지만 물 마른 작은 계곡을 대각선 방향으로 따라 오르면 이내 좌측으로 선명한 등로가 보인다.

이때부터 일사천리. 한 굽이 올라서면 삼거리. 저 멀리 푹 꺼진 밀양재와 중봉이 보이지만 밀양재 좌측의 가지산은 아직 숨어 있다. 정면으로 내려서면 용수골로 떨어진다.

삼거리에선 좌측으로 오른다. 경사가 꽤 심한 된비알로, 이번 산행에서 가장 힘든 구간이다. 힘들어 잠시 멈추면 뒤를 돌아보자. 영남알프스 산줄기가 어서 오라 손짓한다. 발밑으로 들머리 주차

산행 초입 만나는 구룡소폭포. 보기 드문 대형 와폭이다.

장이, 정면으로 능동산, 그 우측으로 신불산 천황산 죽바우등 함박등, 신불산 앞으로 간월산 배내봉, 능동산 좌측으로 울산 문수산과 남암산이 확인된다. 이 광경은 해발고도를 높일수록 보다 넓게 다가온다.

좀 더 올라서면 우측으로 그간 안 보이던 밀양 쪽의 영남알프스 남서쪽 베이스캠프 격인 산내면 남명리와 도래재, 그 우측으로 구천산 정각산 승학산 덕대산 종남산과 만어산도 보인다. 천황산 뒤로 재약산도 확인된다.

전망대로서의 구색을 갖춘 제대로 된 전망바위에는 앞선 삼거리에서 30분 정도 지나서야 올라선다. 부처손이 많고 주변에 대여섯 개의 멋진 전망대가 포진해 있다. 발밑 베틀바위 위에는 명당인 듯 무덤이 둘 있다. 여기서 2분이면 마침내 영남알프스 주능선에 선다. 이제 가지산을 향해 우측으로 발걸음을 옮긴다. 이 대장이 앞서 언급한 백운산 갈림길은 좌측으로 5분 거리에 있다.

3분 뒤 멋진 전망대 갈림길. 입구에 '가지산 2.3km, 운문산 2.6km'라 적힌 이정표가 서 있다. 전망대에 서면 가지산 정상 왼쪽으로 청도 귀바위와 그 뒤 지룡산, 고개를 남으로 돌리면 신불산 영축산, 재약산 왼쪽으로 오룡산, 신불산 왼쪽으로 양산과 울산의 경계인 정족산이 새롭게 모습을 드러낸다.

이제 본격 가지산을 향해 나아간다. 오래전 내린 눈길이라 걷는 데는 지장이 없다. 3분 뒤 좌측 뒤로 운문산 범봉 억산 깨진바위도 시야에 들어온다.

30분쯤 뒤 예상치 못한 빙화를 만난다. 장관이다. 빙화는 눈꽃이나 상고대가 녹으면서 물이 되어 가지에 흐르다가 기온이 급강하할 때 얼어붙은 얼음꽃. 두꺼운 것은 3㎝나 된다. 역광으로 봐야 더욱 빛을 발하는 빙화를 두고 왜 사진작가들이 안달하는지 이제야 알 것 같다. 행여 지나치다 건드리면 울리는 맑고 청명한 소리는 심금을 울린다. 시각과 청각을 동시에 만족시켜주는 이 빙화의 장관은 그야말로 선계에 다름 아니다. 이런 빙화의 장관은 가지산 정상 직전 헬기장까지 쭈욱 이어진다. 주능선에서 대략 1시간.

대피소를 지나 만나는 정상은 헬기장에서 4분이면 선다. 앞서 본 산군 이외에 북쪽의 쌀바위 상운산 고헌산 문복산 (울산)백운산

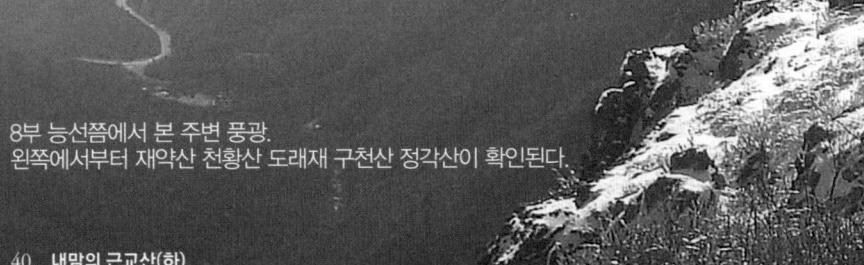

8부 능선쯤에서 본 주변 풍광.
왼쪽에서부터 재약산 천황산 도래재 구천산 정각산이 확인된다.

단석산까지 눈이 시릴 정도로 펼쳐진다. 넋 놓고 바위에 기대앉아 이 황홀한 순간을 오랫동안 즐기려 했으나 매서운 삭풍이 불어대 1분 이상 제대로 서 있기가 불가능하다.

하산은 울주군에서 세운 정상석 앞으로 내려선다. 좌측 길은 쌀바위 가는 길. 참고하길. 17분 뒤 밀양재. 좌측은 석남고개, 산행팀은 우측 옛 제일관광농원 방향으로 간다. 10분 뒤 봉우리에 살짝 올라선다. 중봉이다. 방금 지나온 빙화가 만발한 마루금의 남사면과 산행팀이 올라갈, 향후 내려설 능선이 한눈에 펼쳐진다.

이제 하산만 남았다. 오로지 외길 능선길이다. 산철쭉 군락도 지난다. 1시간 뒤 주변 조망을 볼 수 있는 바위에 닿는다. 정면 베틀바위, 좌측 백운산과 지금은 썰렁한 옛 24번 국도가 보인다. 좀 더 내려오면 들머리 주차장도 보인다. 25분이면 계곡 입구 입간판 뒤로 내려서며 산을 벗어난다.

떠나기 전에

가지산 정상이 보이는 지점에서 필자가 주변 산세를 살펴보고 있다.

- 옛 제일관광농원 자리에 국립밀양등산학교 선다

경남 밀양, 울산 울주, 경북 청도의 경계를 이루는 가지산. 영남알프스의 모든 맥은 이 가지산으로 연결될 정도로 가지산은 영남알프스의 맏형이자 간판이자 최고봉이다. 해서, 가지산에 오르지 않고서는 영남알프스를 논하지 말라는 말이 있을 정도로 가지산은 영남알프스의 축이다.

산세면 산세, 전망이면 전망, 계곡이면 계곡, 야생화면 야생화 등 어느 하나 흠잡을 데 없는 그야말로 복덩이다.

산꾼들이 으뜸으로 꼽는 주봉을 향해 열린 대표적 산길은 가지산 북릉, 백운능선, 쌍두봉 능선길 등이 있으며, 영남알프스 최고의 계곡으로 손꼽히는 학심이골, 심심이골, 호박소에서 석남재로 이어지는 쇠점골 등 어디 내놓아도 전혀 손색이 없는 계곡이 즐비하다.

이창우 대장이 꼽는 '가지산~백운산 갈림길' 구간의 들머리는 옛 24번 국도변의 제일관광농원. 애초엔 인근 백운능선을 타려고 했지만 이 구간은 암릉 길이 지속돼 겨울철에 특히 위험한 데다 산행 시간마저 길어지는 점을 고려해 포기했다.

영남알프스 산군을 오르다 보면 같은 시기에 모두 흰 눈을 이고 있는 것은 아니다. 예외로 꼭 한두 군데는 반드시 있다. 그중 가지산은 해발 1240m로 영남알프스에서 눈을 이고 있을 확률이 가장 높아 많은 지역 산꾼이 겨울에도 즐겨 찾는다. 빙화의 장관도 마찬가지다. 애초 산행팀은 생각지도 못했다. 산꾼들은 이를 두고 이렇게 말한다. 하늘의 뜻이라고.

기쁜 소식이 하나 있다. 밀양 산내면 삼양리 산 4번지 옛 제일관광농원 자리에 국립밀양등산학교와 인공암벽장이 들어선다. 산림청 공모사업에 밀양시가 응모해 최종 선정됐다.

국립밀양등산학교는 국가 차원의 체계적이고 수준 높은 등산 교육기관으로, 국내에서는 속초에 이어 두 번째로 건립된다. 등산학교의 활성화와 등산 교육의 시너지 효과를 위해 조성되는 인공암벽장은 스포츠클라이밍 경기뿐 아니라 초중고, 일반인 모두 이용할 수 있도록 다양한 형태로 조성된다.

 교통편

- 옛 24번 국도 버스 안 다녀 얼음골정류장서 30분 걸어야

수년 전 가지산터널, 호박소터널이 생기면서 옛 24번 국도는 그야말로 옛길이 돼버렸다. 옛 24번 국도변에 위치한 이번 산행의 들머리인 옛 제일관관농원은 이제 버스가 다니지 않아 사실 접근성이 아주 떨어진다. 해서, 얼음골 종점 정류장에서 내려 꽤 걸어야 한다.

호박소유원지 백연사 입구.

부산 서부버스터미널에서 밀양행 시외버스는 오전 7시부터 2시간 간격으로 출발한다. 1시간 걸린다. 밀양터미널에서 얼음골행 버스는 시내·시외버스 모두 있다. 시내 버스는 종점이고, 시외버스는 얼음골이 경유지이다. 석남사가 종점이다.

밀양터미널에서 얼음골행 시내버스는 오전 6시20분, 9시35분, 10시55분에 있다. 얼음골에서 밀양으로 나가는 버스는 오후 3시10분, 5시에 있다. 밀양터미널에서 석남사행 시외버스를 타고 얼음골에서 내리는 방법이 있다. 오전 7시5분, 8시20분, 10시40분. 얼음골에서 밀양행 버스는 오후 2시50분, 4시30분, 6시30분에 있다.

얼음골 정류장에서 이번 산행이 들머리인 옛 제일관광농원까지 가려면 얼음골 케이블카 정류장을 지나 호박소유원지까지 30분 정도 걸린다. 호박소유원지 백운산 백연사 입구에서 왼쪽 대숲으로 열린 산길을 7분 정도 올라야 한다. 입구에 등산리본이 많이 묶여 있어 찾기는 어렵지 않다. 옛 24번 국도변에 올라선 후 우측으로 400m 정도 걸으면 옛 제일관광농원 앞에 도착한다.

밀양터미널에서 부산 서부버스터미널행 버스는 오후 3시, 5시10분, 7시(막차)에 있다.

승용차를 이용할 경우 밀양 산내면 삼양리 산 4번지 혹은 삼양교를 내비게이션 목적지로 하면 된다.

밀양 향로산

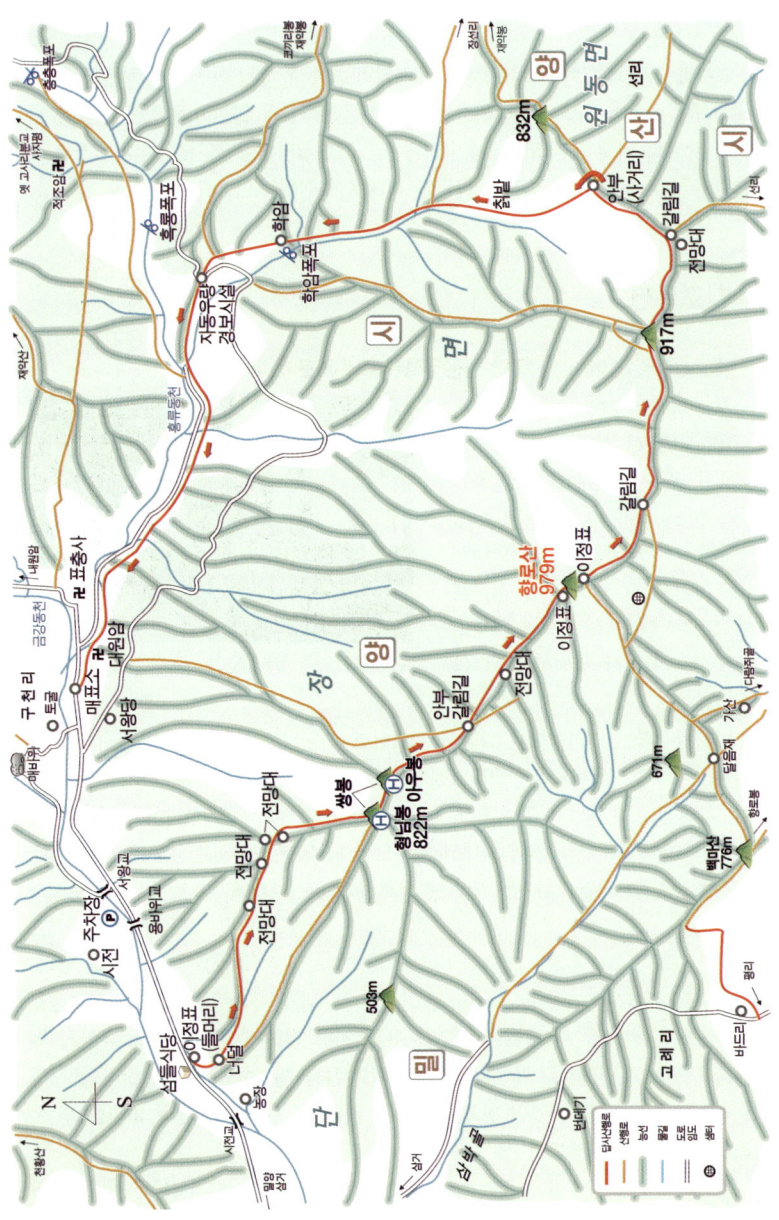

산행코스: 밀양 단장면 구천리 '섬들식당'~너덜겅~잇단 전망대~822봉(헬기장·형님봉)~헬기장(아우봉)~안부사거리~향로산~백마산 갈림길~917봉~장선리 갈림길~칡밭(폐가)~임도(자동우량경보시설)~홍류동천~표충사

향로산 정상에 서면 사방이 온통 산의 물결로 넘쳐난다. 사진상으론 왼쪽부터 천황산 재약산 사자평 배내봉 정도 보이지만 실제론 가지산 운문산 고헌산 간월산 신불산 영축산 오룡산 염수봉이 확인된다.

영남알프스 최고의 전망대
이쪽은 가지 운문 천황 재약
저기는 간월 신불 영축산

  초보 산꾼들의 등산 패턴은 사람마다 약간씩은 차이가 나겠지만 대략 이렇다.
  처음엔 주변 지인들을 따라 가까운 금정산이나 백양산을 몇 차례 오른다. 뭇 산꾼들의 대오 속에 섞여 어색함을 떨쳐낼 수 있을 즈음 다음 여정은 십중팔구 부산 울산 경남 산꾼들의 사랑을 듬뿍 받는 영남알프스 산군. 1000m대의 봉우리를 하나씩 섭렵하며 산의 맛과 멋을 조금씩 느끼게 되는 단계다.

향로산 정상으로 향하는 필자. 저 멀리 천황산 재약산 등 영남알프스 남서부 능선이 시원하게 펼쳐진다.

 차츰 다리에 힘이 붙으면 이제 비교적 큰 산인 설악산을 무박 2일 일정으로 도전도 해보고, 겨울이면 중무장을 한 채 한라산 설경을 만끽하러 제주도로 날아간다. 이마저 무탈하게 과업을 완수하면 한층 자신감이 붙어 영남알프스나 덕유 및 지리 종주 등 호흡이 긴 산행을 시도한다. 경제적 여건이 된다면 넌지시 해외의 산도 넘본다. 비로소 홀로서기가 가능한 산꾼으로 태어나는 것이다.
 산에 관심이 없다가 직장에서 보직으로 등산 업무를 맡아 기사 작성을 위해 일주일에 한 차례씩 산을 오르내리는 기자의 개인적 경험으로 볼 때 영남알프스의 개별 봉우리들을 하나씩 오를 때가 사실 가장 재밌고 신이 났다.

양산 밀양 울산(울주) 청도 경주 등 영남 지역 5개 시군에 걸쳐 있는 1000m 이상의 고봉을 일컫는 '영남의 지붕' 영남알프스는 헌걸찬 능선과 수려한 계곡, 기암절벽, 광활한 억새평원, 그리고 유서 깊은 사찰과 유물유적을 두루 품은 나라 땅 최고의 산군(山群)이다.

영남알프스를 제대로 배우려는 산꾼들이여! 선등자로서 영남알프스를 제대로 알려면 영남알프스 전체를 한 번 조망해본 후 오르라고 권하고 싶다. 코끼리를 보려면 코끼리 등이 아니라 한 발짝 물러나 들여봐야 속속들이 관찰할 수 있으니까.

밀양 향로산을 추천한다. 영남알프스의 최북단 문복산을 제외하곤 영남알프스 산군을 죄다 확인할 수 있기 때문이다. 앉은 터는 밀양 단장면. 동쪽으론 배내골 하류인 양산 원동면과 접해 있다. 피부에 와닿게 설명하자면 표충사를 기점으로 북쪽에 천황산이 있다면 비슷한 거리의 정남쪽에 향로산이 있다. 남쪽으론 밀양호를 품은 백마산과 향로봉이 능선으로 이어진다.

해발고도는 979m. 1000m에 육박하는 봉우리로 영남알프스 턱밑에 있으니 이보다 더 완벽한 조건을 갖춘 전망대는 사실 보기 드물다.

오래전 양산 원동면 배내골 선리에서 출발, 원점회귀 코스를 소개한 산행팀은 이번엔 표충사 쪽에서 올라, 한 바퀴 돌아봤다.

산행은 밀양 단장면 구천리 '섬들식당'~너덜겅~잇단 전망대 ~822봉(헬기장·형님봉)~헬기장(아우봉)~안부사거리~향로산 ~백마산 갈림길~917봉~장선리 갈림길~칡밭(폐가)~임도(자동 우량경보시설)~홍류동천~표충사 순. 휴식 및 식사 시간을 제외한 걷는 시간만 4시간 10분 정도 걸린다.

표충사관광지 버스정류장에서 하차, 표충사와 반대 방향으로 500m쯤 내려오면 도로 왼쪽에 '향로산 3.7km' 이정표가 서 있다. 들머리다. 이정표가 약간 안쪽에 서 있어 얼핏 눈에 잘 띄지 않는다. 여기서 50m쯤 거리에 '섬들'이란 큰 간판이 보인다. 참고하길.

오르막 임도로 시작한다. 150m쯤 오르다 왼쪽으로 자세히 보면 너덜겅(돌이 많이 깔려 있는 비탈)이 보인다. 이 지점은 정면의 두 번째 전봇대와 30m쯤 대각선 방향으로 떨어져 있다. 이 지점보다 40m 전 첫 번째 전봇대 앞에서 왼쪽으로 올라도 되지만 큰 바위가 있고 비탈이 심해 두 번째 입구를 권한다.

너덜겅은 걷기가 불편하다. 낙엽까지 쌓여 있으면 한 발 한 발 조심해야 한다. 뚜렷한 길은 없다. 해서, 능선으로 최대한 빨리 붙기 위해 가급적 너덜겅 좌측으로 붙어가자. 넉넉잡아 10분 뒤 너덜겅 좌측 물 마른 계곡을 건너면 희미하나마 능선으로 연결되는 산길이 보인다. 이후 산길은 급경사길이지만 지그재그형이라 힘은 덜 든다.

너덜겅을 벗어나 25분이면 비록 약간은 소나무에 가리지만 주변 산세를 가늠해볼 수 있다. 정면 저 멀리 용암산을 기점으로 우측으로 꾀꼬리봉 중산 그 앞으로 승학산, 그 우측 둥그스름한 봉우리가 정각산이다. 발아래 들머리 섬들식당과 단장천, 그리고 그 좌측 산속의 지그재그 길은 오지마을인 바드리 가는 길, 그 뒤 봉우리가 명필봉, 그 왼쪽이 뇌암산이다.

3분 뒤 이번엔 산길 좌측 소나무 아래 전망대가 기다린다. 앞서 본 봉우리들이 영남알프스 언저리 봉인 반면 이번엔 영남알프스 주봉들이 확인된다. 좌측 정각산에서 우측으로 구천산 매바위 필봉 천황산 재약산이 바로 그것이다. 고도를 좀 더 높이면 구천산 뒤로 실혜산 능선도 모습을 드러낸다.

15분쯤 뒤 엄청난 규모의 바위를 우측으로 우회하다 직접 오르면 천황산과 재약산이 손에 잡힐 듯하다. 이때부터 등로는 우측으

이번 산행은 돌이 많이 깔려 있는 너덜겅을 오르며 시작한다.

로 꺾인다. 시야가 트이는 암봉에 서면 표충사 주변의 봉우리가 한눈에 펼쳐진다. 좌측 매바위에서 점차 오른쪽으로 필봉 천황산 재약산 사자평 간월산 코끼리봉 재약봉 영축산이, 발아랜 표충사와 내원암 진불암 서상암 등 산내 암자도 확인된다.

쌍봉 중 형님봉인 822봉은 16분 뒤에 선다. 헬기장이다. 삼각점과 해발고도를 알리는 조그만 팻말이 걸려 있다. 남동쪽의 봉우리가 향로산이다. 역시 헬기장인 아우봉은 형님봉에서 6분이면 닿는다. 이제 향로산은 여기서 1.48km.

하산은 직진하며 내려선다. 향로산이 저 멀리 손에 잡힌다. 정상은 아우봉에서 40분. 도중 표충사 또는 삼박골을 거쳐 삼거 쪽으로 빠지는 안부사거리를 만나지만 무시하고 직진한다.

암봉인 정상에 서면 사방이 산의 물결로 넘쳐난다. 황홀하기 그지없다. 정상석 뒤 좌측부터 운문산 천황산 가지산 가지산중봉 재

밀양 향로산 _ 49

영남알프스 최고의 전망대인 향로산은 곳곳에 엄청난 규모의 바위가 기다린다.

산행 전반부 쌍봉을 오르기 전 전망대에서 바라본 천황산과 재약산.

약산 사자평 코끼리봉 재약봉과 향후 거쳐갈 칡밭과 917봉, 천황산 우측 뒤로 고헌산 배내봉 간월산 신불산 신불평원 영축산 죽바우등 시살등 오룡산 염수봉 체바우골만당 천마산 에덴밸리스키장 선암산 축전산 토곡산으로 이어지는 영남알프스 남동부 능선이 펼쳐진다. 오룡산 뒤 천성산, 에덴밸리 뒤로 금정산, 정상석 좌측으로 밀양호와 백마산 향로봉도 가까이 보인다.

 하산은 암릉 길로 직진한다. 50m쯤 뒤 백마산 가는 길이 우측에 열려 있지만 무시하고 능선을 따라 계속 직진한다. 산죽 길이다. 등로 우측 저 멀리 향로산 양산 쪽 들머리인 원동면 선리와 날머리인 다람쥐골도 보인다. 27분 뒤 갈림길. 917봉이다. 좌측은 작전도로 거쳐 표충사 하산길, 산행팀은 우측으로 내려선다. 10분 뒤 또 갈림길. 우측은 양산 원동면 선리마을 방향, 좌측으로 향한다. 9분 뒤 이번엔 안부사거리. 직진하면 재약봉 사자평 방향,

향로산 산행 중에는 밀양호(댐)도 보인다.

우측 원동면 선리 장선마을, 산행팀은 좌측 칡밭 방향으로 내려선다. 과거 칡넝쿨이 무성한 곳이었다지만 그 흔적은 오간 데 없는 그저 평범한 숲이다. 등로 또한 뚜렷하지 않다.

10분 뒤 갈림길. 길 찾기 유의할 지점이다. 직진형 우측 길은 반듯해 발걸음이 쉬이 옮겨지지만 좌측 산죽이 호위하고 있는 이끼 낀 돌길로 가야 한다. 이 길만 찾으면 이후 하산은 큰 문제가 없을 듯하다. 2분 뒤 전봇대에 연결된 전선을 만나며 이후 한동안 전선과 나란히 달린다. 갈림길에서 8분 뒤 돌탑과 폐 민가. 동시에 갈림길. 우측은 재약봉에서 내려오는 길, 산행팀은 좌측으로 내려선다.

계곡(학암골)을 좌측에 두고 걷는 낙엽길이다. 일부 구간은 발을 헛디디면 추락사할 정도로 위험하다. 폐 민가에서 30분이면 포장로로 내려선다. 50m쯤 우측으로 가면 자동 우량경보시설. 그 뒤로 내려선다. 학암골과 홍류동천의 합수점 인근에서 학암골을 건너 제법 너른 길로 표충사로 향한다. 산행은 사실상 막바지. 여기서 표충사까지는 20분 걸린다. 절에서 표충사관광지 버스정류장까지는 걸어서 30분 걸린다.

떠나기 전에

- 필봉 천황산 재약산 재약봉 향로산 등 '재약5봉'에 둘러싸인 표충사

　표충사는 조계종 통합종단의 초대 종정을 역임한 효봉 스님(1888~1966)의 사리탑(**사진**)이 있는 곳으로도 유명하다. 평양고등보통학교를 졸업한 그는 일본 와세다대 법학부를 마치고 일본 사법고시에 합격해 1914년 조선인 최초로 판사가 되어 함흥지방법원에서 근무했다. 법관 생활 6년이 되는 해 그는 조선인(독립투사)에게 어쩔 수 없이 사형선고를 내린 이후 자책한 나머지 법원을 떠났다.

　이후 집으로 차마 돌아가지 못한 그는 생계를 위해 입고 있던 양복을 팔아 엿장수 생활을 했다. 3년이 흘렀는데도 독립투사에게 사형을 선고한 사실을 잊을 수 없어 금강산 신계사 보문암 조실로 있는 석두(石頭)스님을 찾아갔다. 그때 그의 나이는 38세였다. 그는 문하로 들어가 도를 닦을 수 있도록 허락해 줄 것을 간청했으나 석두 스님은 "중은 아무나 되는 것이 아니다"라며 처음에는 받아주지 않았다.

　전국 사찰을 두루 순회하다 말년에 효봉 스님이 열반한 곳이 표충사 서래각 선원이다. 사리탑은 절 현판을 지나 사천왕문을 지나지 않고 산길로 통하는 왼쪽 포장로를 따라가면 만난다. 사리탑은 자연석으로 돼 있다. 사리탑 앞에는 '두드리지 마세요'라는 푯말이 있다. 목탁소리가 난다는 소문 때문에 방문객들이 하도 두드려 훼손됐기 때문이다.

 교통편

- 밀양터미널서 표충사행 버스 타고 표충사관광지 정류장 하차

　부산 서부버스터미널에서 밀양행 버스는 오전 7시부터 2시간 간격으로 출발한다. 밀양터미널에서 표충사행 시내버스를 타고 표충사관광지 정류장에서 내린다. 오전 6시35분, 9시10분. 시외버스는 오전 8시, 10시30분, 11시40분에 있다.

　표충사관광지 정류장에서 밀양터미널행 시내버스는 오후 4시50분, 시외버스는 오후 3시30분, 7시10분에 있다. 밀양터미널에서 부산행 시외버스는 오후 3시, 5시10분, 7시(막차)에 있다.

　승용차를 이용할 경우 내비게이션에 '표충사관광지 주차장'을 목적지로 해서 찾아가면 된다.

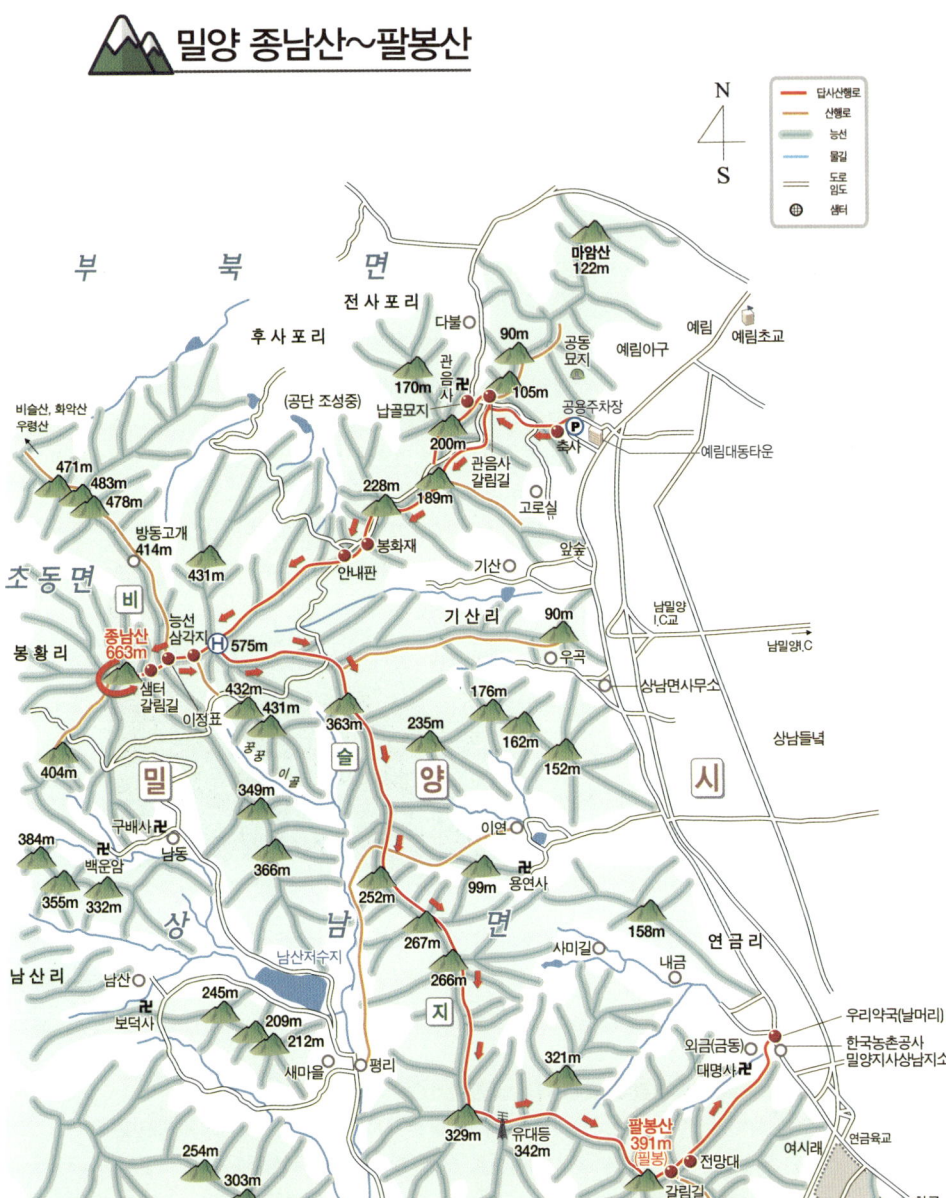

종남산 정상에 서면 밀양 물돌이 마을 삼문동 풍광이 그림처럼 아름답다. 삼문동 좌측에는 영남루를 위시한 밀양시가지가, 그 뒤로는 가지산 운문산 등 영남알프스 산군이 한눈에 펼쳐진다.

밀양강 최고의 걸작
물돌이 마을 삼문동이 한눈에

　얼핏 보기에는 영락없는 섬이지만 자세히 보면 결코 섬은 아니다. 이 섬 아닌 섬 주변을 강줄기가 한 바퀴 돌아나가기에 먼발치서 보면 마치 육지 속의 섬마을로 보이기 때문이다. 모래 한 삽만 뜨면 섬이 될 것 같은 육지 속의 섬마을을 두고 호사가들은 '물돌이동' 또는 '물돌이 마을' 이라는 사전에도 없는 예쁜 이름을 안겼다.
　현재 널리 알려진 국내의 대표적인 물돌이동은 예천 회룡포, 안동 하회마을, 영주 무섬마을. 셋 다 경북 북부에 있다. 한 바퀴 휘감아 흐르는 물굽이와 금빛 모래톱으로 둘러싸인 육지 속의 섬마을은 한 폭의 그림처럼 아름다워 이를 보려는 관광객이 사시사철 전국에서 몰려든다.

　알고 보니 부산과 인접한 밀양 땅에도 물돌이 마을이라 부를 만한 곳이 있다. 바로 삼문동이다. 정확히 말해 삼문동은 앞서 언급한 세 곳의 물돌이 마을보다 침식이 더 진행돼 엄연한 작은 섬이다. 밀양의 안산 종남산에 오르면 발아래 오롯이 확인된다. 규모나 주변 산세와의 조화를 고려한다면 경북 북부의 물돌이 마을보다 한 수 위다. 한마디로 천혜의 경관에 다름아니다.

　하지만 밀양의 물돌이 마을인 삼문동에는 아파트촌이 들어서 고풍스러운 옛 맛이 남아있지 않다. 되레 삭막하다. 농지와 시골 마을 그리고 이를 감싸는 물굽이가 조화를 이루고 있는 회룡포 등 기존 물돌이 마을과 견줘보면 아쉬움이 남는다.

　예천군은 회룡포를 널리 알리기 위해 회룡대라는 정자를 세웠고, 안동은 하회마을 보존회에서 전통 나룻배를 띄워 강 건너 마을 조망이 가능한 부용대로 안내하고 있다. 장삼이사들이 품속에 있는 보석의 진가를 잘 알지 못하듯 밀양시는 아직도 물돌이 마을인 삼문동의 소중함과 그 가치를 제대로 인식하지 못하고 있지 않나 싶다.

　잠시 밀양 종남산에서 내려다보이는 삼문동을 살펴보자. 이 마을을 감싸고 있는 밀양강과 그 좌측으로 영남루 등 밀양시가지 전

체가 한눈에 펼쳐지고 물돌이 마을 뒤로는 저 멀리 가지산 운문산 천황산 재약산 등 영남알프스 산줄기가 병풍처럼 둘러쳐져 한 폭의 풍경화를 그려낸다. 개인적으로 이 풍광이 소위 '밀양 10경'에 왜 포함되지 않았는지 의아심이 들 정도다.

만일 이 삼문동을 회룡포나 하회마을처럼 개발하지 않고 옛 모습 그대로 남겨두고, 이 풍광을 가장 잘 조망할 수 있는 종남산의 한 지점에 접근성이 빼어난 전망대를 조성했다면 어땠을까. 아마도 도심 속 섬마을로 유명세를 타면서 밀양을 넘어 전국의 볼거리로 자리매김하지 않았나 싶다. 관광이라는 측면에서 백년대계를 세우지 못한 밀양고을 옛 원님들의 단견이 그저 안타깝기만 할 뿐이다. 영남알프스라는 천혜의 절승을 품은 '산의 도시' 밀양시가 한 번쯤 곱씹어야 할 대목인 듯싶다.

밀양 종남산~팔봉산. 산세로 봐선 비슬지맥의 마지막 구간이다. 다시 말해 낙동정맥 사룡산 분기점에서 선의산 용각산 비슬산 화악산 등을 거쳐 낙동강으로 떨어지기 전의 구간이다.

산행은 밀양 상남면 예림리 예림대동타운아파트~체육시설 오거리(관음사 갈림길)~봉화재~전망대~헬기장~비슬지맥 갈림길(방동 갈림길)~샘물 갈림길~종남산(남산봉수대·664m)~헬기장~임도(남산고개)~청도 김씨묘~유대등(철탑)~밤나무숲~철탑~팔

종남산에서 본 물돌이 마을 삼문동 야경.

봉산(삼각점)~비슬지맥 갈림길~상남면 연금리 외금동 순. 순수하게 걷는 시간은 5시간30분 정도. 해발고도는 높지 않지만 오르내림이 심해 여름 산행이라면 다소 벅찬 코스다.

들머리 예림대동타운아파트 상가를 지나 큰길 따라 직진한다. 뉴아람마트(355-7031)를 지나면 갈림길. 왼쪽은 로뎀나무어린이집, 계속 직진하면 이내 갈림길. 우측 공용주차장 입구에 등산안내판이 보인다. 직진 대신 왼쪽 축사 옆 좁다란 길로 살짝 오르면 임도. 이 임도는 종남산 산허리를 잇는 순환도로다. 아쉽게도 이 임도를 제법 걸어야 한다. 100m쯤 뒤 10시 방향으로 보이는 제일 높은 봉우리가 향후 오를 종남산이다.

5분 뒤 체육시설이 보이는 관음사 갈림길인 오거리. 좌측은 헬기장(1km),이정표를 따라 종남산 정상(2.7km) 방향으로 간다. 밋밋한 포장로가 부담스러워 산길이 없을까 기웃거리던 중 15분 뒤 마침내 좌측 산길을 찾았다. 하지만 8분 뒤 임도와 다시 만난다. 40m쯤 뒤 다시 산길로 올랐지만 이번엔 6분 뒤 임도와 또 만난다. 삼세번이라고 이번엔 우측 대각선 방향으로 가로질러 산으로 진입해도 역시 2분 뒤 임도로 내려선다. 하는 수 없이 임도를 따라간다. 도중 벤치를 조성한 쉼터를 만난다. 봉화재다.

여기서 50m쯤 가면 좌측으로 산길이 열려 있다. 성주 도씨 가족묘를 지나면 또 임도. 이정표가 안내하는 '남산 등산로 2km' 방향 임도 대신 이 임도를 가로질러 오르면 좌측으로 산길이 열려 있다. 본격 산행이 시작되는 셈이다.

임도로 걷다 모처럼 만난 산길. 하지만 코가 땅에 닿을 만큼의 된비알로 산꾼들이 흔히 말하는 깔딱고개의 연속이다. 1차 목적지인 주능선 상의 헬기장까지는 40분. 도중 만나는 우측 전망대에서 삼문동 물돌이 마을이 보이니 잠시 감상하자.

헬기장에 서면 우측으로 봉수대가 확인될 정도로 종남산 정상이 손에 잡힌다. 대개 깔딱고개를 지나 지친 상태에서 "저길 어떻게 올라가"하고 지레 겁을 내지만 20분이면 올라선다. 도중 갈림길을 만난다. 우측 '방동 가는 길'이라고 적힌 길은 비슬지맥 길. 이 길로 내달리면 방동고개~우령산을 거쳐 비슬산 사룡산으로 이어진다. 그러니까 종남산은 비슬지맥에서 7분 정도 비켜나 있는 셈.

이 비슬지맥 갈림길에서 50m쯤 오르면 '샘물터 150m'라고 적힌 팻말이 걸려 있다. 상남면 청년회에서 만든 것이다. 이번 코스에서 유일한 샘터이니 참고하길.

종남산 정상석과 남산봉수대 이정석이 나란히 서 있는 정상 봉수대에 서면 조망이 가히 압권이다. 우선 물돌이 마을과 밀양시가지, 그 뒤로 가지 운문 천황 재약산 등 영남알프스 산군이 그림처럼 펼쳐진다. 그 우측 2시 방향으로 낙타 등처럼 생긴 쌍봉인 팔봉산과 그 우측 뒤로 비슬지맥의 종점인 붕어등, 밀양강과 낙동강이 만나는 합수점, 하남평야가 확인되고, 그 뒤로 만어 구천 금오산이 희미하게 보인다. 좌측 뒤인 8시 방향으론 밀양시에서 보면 호랑이가 웅크리고 앉아 있는 형상인 복호암과 소가 누워있는 모습의 우령산, 그 뒤로 화왕 관룡 덕암 종암산 등 창녕 밀양의 산도 확인된다.

다시 헬기장으로 와서 우측 숲길로 향한다. 본격 비슬지맥 종줏길이다. 곧 갈림길. 왼쪽으로 내려선다. 오래전 태풍으로 인해 수목이 쓰러져 있어 길 찾기에 다소 애로가 있지만 찬찬히 살피면서 걷자. 20분 뒤 임도에 닿는다. 산행 초입의 임도와 연결되는 길이다. 왼쪽으로 200m쯤 직진, 곡각지점 오른쪽으로 산길이 열려 있다. 부드러운 솔가리 길이다.

이때부턴 무명봉을 수차례 오르내리며 능선길을 내달린다. 숲길 좌측으로 물돌이 마을이 보이기도 한다. 청도 김씨묘를 지나 시야가 트이는 지점에선 우측으로 종남산 정상도 볼 수 있다.

이렇게 40여 분. 저 멀리 숲 사이로 팔봉산이 희미하게 모습을 드러낸다. 때론 울울창창한 숲길이 헷갈리기도 하지만 비슬지맥 종주자들의 리본이 안내자 역할을 한다. 팔봉산의 모습을 본 뒤 30분쯤 뒤 송전철탑을 지난다. 철탑에는 '유대등(342m)'이라고 적힌 건건산악회 최남준 씨의 팻말이 걸려 있다. 비로소 1시 방향으로 팔봉산이 선명하다. 여기서 또다시 내려갔다 올라서면 뜻밖에도 밤나무숲.

밤나무 숲에서 10분이면 잡풀과 덩굴이 무성한 지점에 철탑이 서 있고 이곳에서 다시 8분쯤 마지막 젖 먹던 힘을 다하면 팔봉산(391m)에 오른다. 주변 숲에 가려 조망은 별로지만 동쪽으로 만어 구천 천태산과 신대구부산고속도로가 시원하게 내달린다.

하산은 좌측으로 내려선다. 급내리막길이다. 시야가 트이는 지점에 서면 우측으로 한국화이바 밀양공장, 좌측으로는 상남면 연금리 외금마을이 동시에 보인다. 이어 만나는 갈림길에서 산행팀은 좌측으로 내려선다. 우측이 비슬지맥 길이지만 좌측 외금마을 쪽이 교통이 편리하기에 이 길을 택했다.

갈림길에서 20분이면 산을 벗어나 마을에 닿고, 여기서 좌측으로 30m쯤 가서 만나는 우측 도랑을 따라 내려가면 버스정류장 인근의 '우리약국' 앞에 도착한다.

종남산 정상에는 정상석과 남산봉수대 이정석이 나란히 서 있다.

떠나기 전에

- 종남산, 영남루와 함께 밀양인들의 지지 않는 망향의 표상

밀양시 상남면 부북면 초동면에 걸쳐 있는 밀양의 안산 종남산은 영남루와 더불어 고향을 떠난 밀양인들의 지지 않는 망향의 표상이다.

산꾼들은 통상 이웃한 종남산~덕대산, 종남산~우령산 종주 코스를 애용하지만 이 두 코스를 모두 소개한 산행팀은 비슬지맥으로 이어지는 무명의 팔봉산을 연결했다. 여름 코스로 다소 길지만 도중 샘터가 한 곳 있는 데다 물돌이 마을과 주변 조망이 빼어나 한 번 나서볼 만하다.

종남산의 원래 이름은 자각산(紫閣山). 이후 밀양 땅 남쪽에 있어 남산으로 불리다가 다시 종남산(終南山)으로 변했다. 옛날 큰 해일이 났을 때 이 산의 정상이 종지만큼 남아 종지산으로 불리다 역시 남쪽에 있어 종남산으로 변했다는 설도 있다. 의적 종남이가 숨어 살던 산이라 종남산이라 불리게 됐다는 설도 전해온다.

종남산에 서면 섬마을인 삼문동을 감싸는 밀양강과 그 밀양강이 만나는 낙동강의 유장한 흐름 및 너른 들녘, 그리고 영남알프스 산군이 시원하게 펼쳐져 오랫동안 뇌리에 남을 것으로 확신한다.

이창우 대장은 주변 산세와 연관 지어 삼문동을 이렇게 비유했다. 만어산에서 굽이쳐 내려오는 능선은 산성산을 쳐올린 후 용두산에서 그 맥이 밀양강으로 빠져든다. 밀양강에 떠 있는 섬마을인 삼문동은 용의 여의주에 해당하지 않을까 하고.

교통편

- 서부버스터미널서 밀양행 시외버스, 오전 7시부터 2시간 간격 출발

부산 서부버스터미널에서 밀양시외버스터미널행 시외버스는 오전 7시부터 2시간 간격으로 출발한다. 밀양터미널에서 들머리 상남면 예림대동타운아파트행 5번 버스는 오전 7시14분, 8시34분, 9시30분, 10시10분에 있다. 버스 시간이 맞지 않으면 그리 멀지 않기 때문에 택시를 이용하자.

날머리 외금마을(금동) '우리약국' 인근 버스정류장에서 5번 버스를 타면 밀양역을 거쳐 밀양터미널에 갈 수 있다. 오후 3시38분, 3시58분, 5시27분, 6시23분, 7시8분, 7시38분, 8시29분, 9시38분(막차).

밀양터미널에서 부산 서부버스터미널행 버스는 오후 3시, 5시10분, 7시(막차)에 있다. 밀양역에서 부산행 경부선 열차는 오후 4시31분, 5시13분, 6시3분, 6시50분, 7시25분, 8시57분, 9시58분 등이 있다.

승용차를 이용할 경우 내비게이션에 '밀양예림대동타운아파트'를 목적지로 해서 찾아가면 된다. 차를 회수하기 위해선 택시를 이용하자.

# 청도 상운산

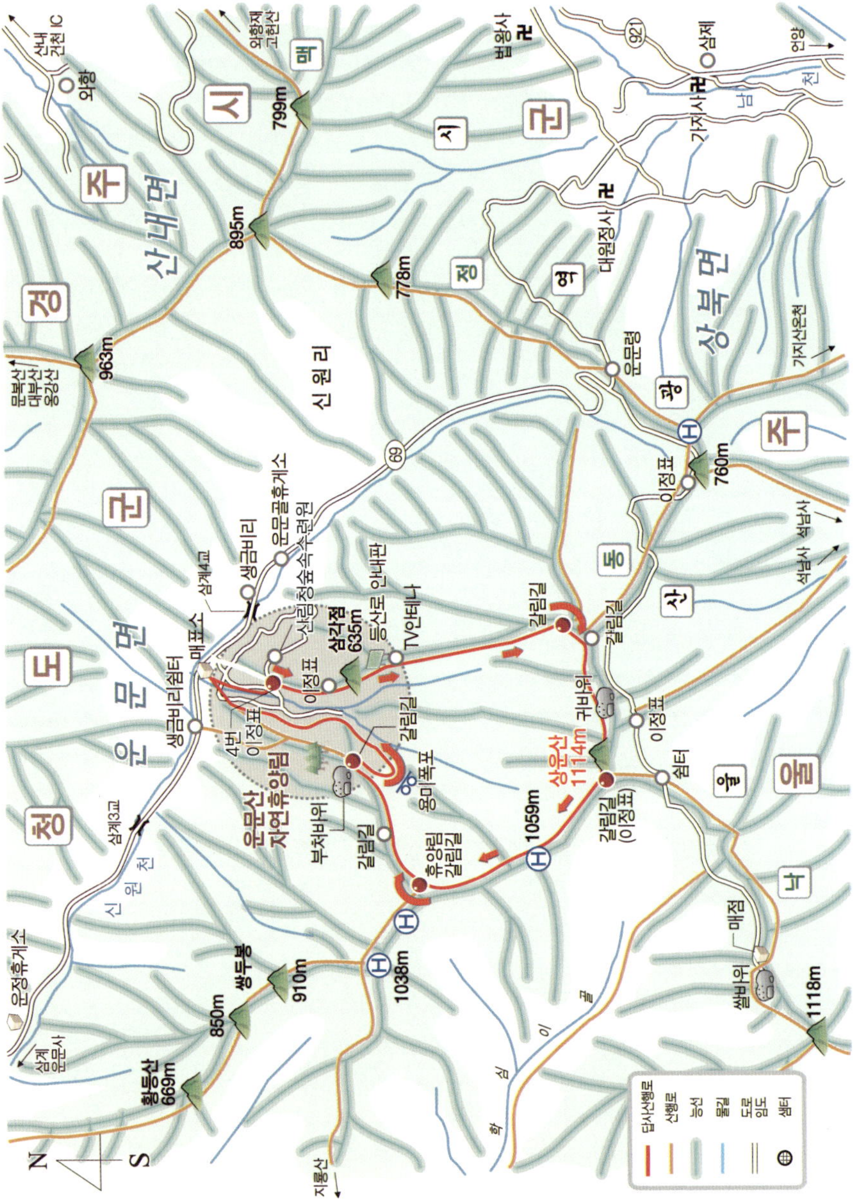

산행코스: 경북 청도군 운문면 운문산자연휴양림~대피소·용미폭포 갈림길~삼각점봉~무명봉(TV안테나)~주능선(낙동정맥)~울산귀바위~상운산 정상~상운산 삼거리(이정표)~헬기장~휴양림 갈림길~휴양림·생금비리쉼터 갈림길~부처바위~용미폭포 갈림길~용미폭포~팔각정(대피소)~관리사무소

산에선 그저 집채만 한 바위(가운데)였지만 휴양림 입구에서 보면 논산 관촉사 은진 미륵불을 닮아 일명 부처바위로 불린다.

부처바위
산 아래서 보니 확실하네요

   국토의 7할이 산지인 우리 땅. 한라 지리 설악 등 대한민국을 대표하는 명산에서부터 시골 마을 구릉지의 무명봉에 이르기까지 수백 수천 개의 봉우리가 산그리메를 드리우며 산꾼들을 유혹한다. 그 많은 산 중에서 그나마 이름을 부여받은 봉우리는 채 1할도 되지 않는다는 것이 악계의 추정이다.

   이런 관점에서 볼 때 영남알프스의 상운산(上雲山)은 무척 운이 좋은 듯하다. 경북 청도와 울산 울주의 경계에 위치한 상운산은 산세로 봐선 분명 가지산 줄기이나 어엿한 독립봉으로 대접받고 있

용미폭포. 규모나 거무튀튀한 암벽 색 등으로 봐선 지룡산 배넘이골 인근 나선폭포를 쏙 빼닮았다.

기 때문이다. 지형도나 일반 등산지도를 한 번이라도 보기만 하면 대번 알 수 있는데도 말이다.

상운산이란 이름을 부여받은 건 적어도 1980년대 초반 이후로 추정된다. 학번이 80년대 초반인 이창우 대장이 이를 입증한다.

이 대장에 따르면 당시만 하더라도 길도 제대로 나 있지 않은 이곳을 대학 신입생 때 올라와 보니 정상석은 물론이고 이름조차 없던 외로운 무명봉이었다는 것. 이 대장은 "기억이 정확히 나진 않지만 이후 다시 찾으니 '상운산악회'에서 정상목을 세워 거기에 '상운산'이라는 이름을 부여해 모산(母山)으로 삼고 있었다"고 말했다. 터가 좋은지 2004년에는 모 기업이 역시 모산으로 삼기 위해 까만 대리석으로 깔끔한 정상석을 세워 놓았다.

가지산 북동쪽에 위치한 상운산은 정확히 말해 가지산 전위봉이자 위성봉이다. 가지산 남동쪽에 터 잡은 가지산중봉과 같은 레벨인데도 지형도나 등산지도에 가지산중봉은 이름이나 표시조차 없다. 어쩌면 가지산 상운봉이라 불려야 했음 직한 봉우리가 지리산 천왕봉, 설악산 대청봉, 금정산 고당봉처럼 대접받고 있으니…. 동행한 한 산꾼은 "여기가 터가 좋은가보다"라며 활짝 웃는다.

한술 더 떠 최근에는 '1000m 이상의 영남지역의 산군'이라는 영남알프스 정의에 부합된다며 이 상운산(1114m)을 가지산 운문산 등과 함께 영남알프스 산군에 새롭게 추가해야 하지 않느냐는 목소리까지 나온다.

이와 관련, 산행팀은 상운산의 경우 영남알프스의 맏형 가지산에서 펼쳐지는 북동릉 상의 한 봉우리로 여기서 한 가닥은 쌍두봉 지룡산 운문사로, 또 한 가닥은 운문령을 거쳐 문복산 또는 고헌산으로 갈라지는 정거장봉으로 보면 될 듯싶다.

하지만 상운산을 찾는 이는 예상외로 적다. 운문령에서 출발하는 산꾼들의 십중팔구는 상운산을 오르지 않고 임도를 따라 쌀바위 입구까지 간 후 가지산을 타기 때문이다. 이는 낙동정맥 또는 영남알프스 종주자들에게도 마찬가지이다. 다만 쌍두봉~상운산, 지룡산~상운산 종주자와 여름철 학심이계곡을 타는 산꾼 정도가 정상을 밟을 뿐 대부분의 산꾼은 즐겨 오르지 않는다.

이에 산행팀은 '외로운' 상운산을 원점회귀하는 코스를 소개한다. 시종점은 청도군 운문면에 위치한 운문산 자연휴양림이다.

산행은 경북 청도군 운문면 운문산자연휴양림~대피소 · 용미폭포 갈림길~삼각점봉~무명봉(TV 안테나)~주능선(낙동정맥)~울산귀바위~상운산 정상~상운산 삼거리(이정표)~헬기장~휴양림 갈림길~휴양림 · 생금비리쉼터 갈림길~부처바위~용미폭포 갈림길~용미폭포~팔각정(대피소)~관리사무소 순. 순수하게 걷는 시간만 3시간20분. 쉬이 멀리 떠나지 못하는 장마철 잠시 다녀오는 산행으로 제격이다.

휴양림 관리사무소를 지나 메인도로를 따라 직진한다. 제1산림문화휴양관을 보고 30m쯤 가면 왼쪽으로 계곡을 가르는 다리가 보인다. 다리를 건너 포장로를 따라 400m쯤 가면 산림청 숲속수련원 입구에 등산로가 열려 있다. '상운산 2.5km'라 적힌 이정표가 서 있다.

계단을 오르며 산행을 시작한다. 산죽 사이 열린 길로 한 굽이 오르면 너른 터. 가로질러 침목계단으로 오르면 휴양림 내 임도. 역시 가로질러 이번엔 돌계단을 밟고 숲으로 진입한다. 오랜 기간 인적이 드물었던지 잡풀이 산길을 덮고 있다. 길섶엔 노란 망태버섯이 발길을 붙잡는다.

18분 뒤 첫 이정표. 우측 '대피소 탐방로 용미폭포' 방향 대신 직진한다. 6분 뒤 잠시 숲을 벗어나 시야가 트이는 삼각점봉에 선다. GPS 단말기상으론 해발 635m.

다시 숲으로 들어선다. 3분 뒤 두 번째 이정표 앞에 선다. 길 찾기에 유의해야 할 지점이다. '등산로'라고 적힌 조그만 이정표가 서 있지만 이는 휴양림에서 만든 순환 탐방로를 알리는 표시. 무시하고 이정표 뒤로 직진한다.

TV 수신용 안테나가 서 있는 무명봉을 지나면 키 작은 산죽길. 곳곳엔 멧돼지가 흙 목욕한 흔적과 배설물이 눈에 띈다. 고도를 높일수록 이와 비례해 산죽의 키도 더 커져 이제 어른 키에 육박한다.

상운산 정상. 문복산이 매년 11월부터 다음 해 5월 15일까지를 산불 예방을 위해 입산을 금지하고 있어 영남알프스 9봉 완등에 제약이 따르면서 상운산이 최근 그 대안으로 떠오르고 있다.

  숲은 여전히 하늘을 가릴 만큼 울창하고 산길은 점차 된비알 정도로 치닫고 있다. 동시에 확실한 산길은 사라진다. 아예 없는 것이 아니라 전부가 산길로 오해받을 정도로 종잡을 수 없다.
  이후 경사는 더 심해진다. 전체적으로 17분쯤 힘겹게 오르면 오르막길이 끝나고 산길은 우측으로 휜다. 좌측 뒤 열린 산길은 운문령 아래 쉼터인 매점 방향이다.
  여기서 6분이면 시야가 트이며 묘지 1기 인근에 닿는다. 주능선으로 낙동정맥 길에 올라선 것이다. 좌측 운문령 방향 대신 우측 귀바위 상운산 가지산 방향으로 내려선다. 2분 뒤 반듯한 등로와 만나면 우측으로 발길을 옮긴다. 이 길은 원래 등산로, 방금 온 길은 능선 등산로이다.
  산길 좌우로 전망대가 보이지만 아쉽게도 이날은 뿌연 운무 때문에 거의 시계 제로. 4분 뒤 연립주택 크기의 암벽이 앞을 가로막는다. 10m 떨어진 지점에 와서야 그 흔적이 확인될 정도다. 울산 귀바위(1081m)다. 부처님의 귀를 닮았다는 이 바위는 청도귀바위에 비하면 규모가 적은 대신 조망이 빼어나다고 명성이 자자하지만 이날만은 날씨가 좋지 않아 '그림의 떡'일 뿐이다.

상운산은 휴양림 내에 있어 숲이 아주 쾌적하다.

 귀바위에 올라서면 곧바로 산길이 이어진다. 이 길 좌측 아래가 운문령에서 쌀바위로 이어지는 임도다. 참고하길. 상운산 정상은 귀바위에서 9분이면 올라선다. 상운산악회에서 세운 오래된 하얀 정상목과 삼성정밀의 검은색 정상석이 나란히 서 있다. 여전히 운무 탓에 주변 산세가 보이진 않는다. 하지만, 이창우 대장은 지형도와 과거 오른 경험을 토대로 정상석 우측으로 문복산과 그 우측으로 (울주)백운산 고헌산 등 낙동정맥, 그리고 발아래 생금비리계곡과 방금 산행팀이 올라온 능선이 보일 것이라고 한다.
 하산은 직진 방향. 20m쯤 가면 삼거리 이정표. 좌측은 운문령에서 이어지는 임도로 해서 쌀바위 가지산으로 이어지는 낙동정맥

길, 산행팀은 지룡산 운문사로 연결되는 직진형 우측으로 향한다. 3분 뒤 임도로 내려서는 또 다른 갈림길을 만나지만 무시하고 직진한다. 이 구간은 오르락내리락하면서 한 사람이 겨우 다닐 수 있는 청정 산길이다.

삼거리 이정표에서 10분이면 헬기장을 지나고 여기서 12분쯤 푹신푹신한 산길로 내려서면 갈림길. 좌측 쌍두봉 지룡산 배넘이재 운문사 삼계리 방향 대신 우측 휴양림 또는 생금비리쉼터 방향으로 내려선다. 입구에 '운문산 자연휴양림'이라 적힌 팻말이 걸려 있다.

13분 뒤 아름드리 홍송을 지나면 이내 갈림길. 좌측 생금비리쉼터 대신 우측 휴양림 쪽으로 간다. 7분 뒤 집채만 한 바위를 만난다. 일명 부처바위다. 산속에선 코끼리 다리 만지기지만 휴양림 관리사무소에서 보면 마치 논산 관촉사의 은진미륵불로 잘 알려진 석조미륵보살입상(보물 제218호)을 빼닮아 명명됐다 한다. 실제

부처님의 귀를 닮았다는 울산귀바위. 조망이 빼어나지만 이날만은 예외였다.

운문산 자연휴양림 내 산막.

로 갓·얼굴·몸통 등 세 부분으로 나눠지는 미륵불 둘이 등을 지고 있는 형국이다. 부처바위 옆에서 고개를 내밀면 발아래 휴양림이 보이기 시작한다.

부처바위에서 20m쯤 더 내려가면 갈림길. 이정표엔 '좌 휴양림, 우 용미폭포'라 적혀 있다. 산행팀은 잠시 폭포를 보고 되돌아와 하산하려고 했는데 폭포에서 별도의 하산길이 있었다. 폭포까진 6분 걸린다. 천년 묵은 백룡이 힘에 겨운 나머지 꼬리를 바위에 걸쳐 놓은 채 몸통만 승천, 남은 용꼬리가 폭포로 변했다는 전설의 이 용미폭포는 높이나 거무튀튀한 암벽 색 등 첫인상이 지룡산 배넘이골 인근에 있는 나선폭포를 쏙 빼닮았다.

하산은 밧줄을 따라 열린 너덜 길로 계곡과 나란히 걷는다. 숲 사이 보이는 우측 능선이 우리가 올라온 능선이다. 팔각정을 지나며 산을 벗어나며 여기서 관리사무소까지는 15분 정도 걸린다.

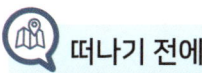 떠나기 전에

- 운문산 자연휴양림 뒤엔 운문산이 없다

그것이 궁금했다. 휴양림을 품고 있는 산이 산줄기로 봐선 분명 가지산인데 왜 이름이 운문산 자연휴양림인지.

알고 보니 이 휴양림은 2000년 8월 문을 열 때부터 지금까지 이름과 관련해 적잖은 속앓이를 하고 있었다. 한 관계자는 "지금도 휴양림을 찾은 방문객들이 가까운 상운산이나 가지산을 제쳐두고 '운문산까지는 몇 시간 걸리느냐'고 물을 땐 빨리 이름을 바꿔야 할 텐데"라는 생각이 들 때가 한두 번이 아니라고 말했다.

그에 따르면 이곳이 운문산자연휴양림으로 결정된 배경은 이랬다.

산림청이 운영하는 이 휴양림의 주소는 청도군 운문면이고 휴양림을 품고 있는 뒷산은 크게 봐서 가지산 줄기. 문제는 가지산 정상이 밀양 산내면·울산 울주군·청도 운문면의 경계이지만 사실 가지산은 밀양과 울주 쪽에서 산꾼들이 즐겨 올라 청도와는 심리적으로도 거리가 멀다.

하지만 아랫재를 기준으로 가지산과 이웃한 운문산 정상은 청도 운문면과 밀양 산내면의 경계인 데다 전국적으로 지명도가 높은 비구니 사찰 운문사 덕분에 청도의 산이라 해도 사실 무방하다.

결국 청도 땅에 있는 이 휴양림 이름에 청도의 대표 산인 운문산 이름을 앞에 끌어다 쓰는 다소 어설픈 조합을 완성한 것이다.

이 관계자는 개장 당시부터 이름과 관련, 방문자들로부터 이름이 부적합하지 않으냐 하는 질문을 수시로 받으면서 최근에는 내부적으로 이름을 바꿔볼까 하고 검토도 해봤지만 이미 오랫동안 그 이름이 뿌리내린 데다 홍보물까지 전국적으로 배포돼 있어 유야무야됐다고 덧붙였다.

하지만 최근에도 계속 이름과 관련한 문의가 잇따르자 새롭게 대안으로 떠오르고 있는 것이 바로 '운문령 자연휴양림'이라고 말했다. 운문령은 청도 운문면과 울산 울주군의 경계에 있으니 무리가 없다는 것.

휴양림 앞에 산 이름을 붙이는 것이 관례이지 않으냐고 묻자 그는 산림청이 운영하는 39개 휴양림 중 강원도에 '대관령 자연휴양림' '속리산말티재 자연휴양림'도 있다고 한다. 이어 그는 "'운문령 자연휴양림' 이름도 내부의 한 의견일 뿐 확정된 것은 아무 것도 없다"며 섣부른 보도를 경계했다. 입장료 1000원, 주차비 3000원.

 교통편

- 인구 노령화·코로나 데믹으로 버스 편수 줄어 대중교통 불가능

인구 노령화와 코로나 데믹의 영향으로 시외버스 편수가 줄어 운문산 자연휴양림으로 갈 때는 가능하지만 올 때는 막차 시간이 앞당겨져 대중교통편으로의 당일치기는 사실상 불가능해졌다. 그래서 일단 적어본다. 부산 노포동종합터미널에서 언양시외버스터미널행 시외버스는 첫차 오전 6시20분부터 40분 간격으로 있다. 언양에서 경산행 시외버스를 타고 휴양림 앞에서 내린다. 오전 9시10분 한 차례 있다.

산행 후 휴양림 앞에서 언양터미널로 가는 막차가 예전엔 오후 5시30분에 있었지만 지금은 없어져 오후 2시50분 버스가 막차다. 언양에서 노포동터미널행 버스의 막차는 밤 9시30분에 있다.

승용차를 이용할 경우 경북 청도군 운문면 운문산 자연휴양림을 내비게이션 목적지로 하면 된다.

청도 학심이골~심심이골

산행코스 청도군 운문면 삼계리 버스정류장~천문사 주차장~나선폭포 갈림길~쌍두봉·배넘이고개 갈림길~배넘이고개~배바위~환경감시초소 삼거리~거북바위 샘~학소대폭포~비룡폭포~ 환경감시초소 삼거리~아랫재~상양·하양마을 갈림길~상양마을회관~중앙버스정류장

영남알프스 마지막 비경인 가지산 북쪽 학심이계곡의 학소대폭포. 25m 높이의 학소대폭포 주변에 단풍이 드는 가을이면 더더욱 아름답다.

가지산이 품은 계곡 중 최고의 비경

누가 뭐래도 영남알프스의 간판은 최고봉인 가지산(1241m). 산세면 산세, 전망이면 전망, 계절에 따라 피는 야생화 등 어디 하나 흠잡을 데 없는 그야말로 영남알프스의 복덩이다.

산이 높으면 골이 깊다는 정설대로 가지산은 이름만 대면 알만한 빼어난 계곡을 여러 개 품고 있다.

우선 가지산 북쪽으로는 학심이계곡(골)과 심심이계곡(골). 두 계곡 모두 가지산 북릉에서 발원해 동으로는 학심이계곡으로 흘러 학소대폭포를 일으키고, 서쪽으론 심심이계곡을 이뤘다. 두 계

청도 운문면 삼계리에서 출발하는 산행 초입은 투박한 숲길로 이어진다.

곡은 다시 운문산에서 발원한 천문지골과 만나 운문천으로 흡수돼 운문댐에 저장된다. 특히 학심이골은 영남권에서 최고의 계곡이라 불리는 포항 내연산계곡에 견줘도 손색이 없는 비경이다.

가지산 남쪽으로는 정상과 중봉 사이에서 흘러내린 물줄기는 호박소를 품은 용수골을 지나 오천평반석을 품은 쇠점골과 만난다. 가지산 정상과 쌀바위 사이에서는 석남사계곡이 동으로 흐른다.

이번 산행지는 가지산이 품은 여러 계곡 중 최고의 비경으로 손꼽히는 청도 학심이골~심심이골.

학심이계곡의 첫인상은 지리나 설악의 계곡에서 느낄 수 있는 웅장함이다. 아기자기함이 우선 묻어나는 여타 폭포와 비교하면 규모 면에서 차원이 다르다. 학심이골에는 폭포 아래 소 주변에 학이 둥지를 틀며 살았다는 학소대와 암반을 타고 흘러내리는 물길이 승천하는 용을 닮았다는 비룡폭포 일대가 특히 단풍이 아름답다. 심심이골의 '심심'은 '깊을 심(深) 자'로 봐서 '아주 깊은 계곡'이라는 뜻과 산길이 완만해 '심심하다'는 두 가지 의미를 지닌다.

일반적으로 알려진 학심이계곡으로의 접근 방법은 크게 네 가지 정도다.

원래 운문사 산내 암자인 사리암 쪽에서 계곡(큰골)을 따라 올라가는 길이 주등산로였지만 오래전부터 자연휴식년제로 출입이 제한돼 있다. 밀양 산내면 삼양리에서 아랫재로 올라 심심이계곡으로 접근하는 길은 너무 길어 무리가 따른다. 운문령에서도 접근할 수 있지만 길이 험해 날씨가 좋지 않을 경우 위험할 수 있어 이용자들이 불편을 토로한다. 지금은 영남알프스의 청도 쪽 베이스캠프 격인 청도군 운문면 신원리 삼계리(마을)를 많이 이용한다. 해서, 산행팀도 삼계리를 들머리로 삼았다.

구체적 여정은 경북 청도군 운문면 삼계리 버스정류장~천문사 주차장~나선폭포 갈림길~쌍두봉·배넘이고개 갈림길~배넘이고개~배바위~환경감시초소 삼거리~거북바위 샘~학소대폭포~비룡폭포~환경감시초소 삼거리~아랫재~상양·하양마을 갈림길~상양마을회관~중앙버스정류장 순. 총거리는 약 15km로, 6시간 정도 걸린다.

삼계리 버스정류장에서 하차, 바로 보이는 천문사 방향으로 간다. 신원천에 놓인 콘크리트 다리를 건너 왼쪽으로 간다. 정면 두 귀를 쫑긋 세운 봉우리는 쌍두봉이다. '아침마당' 펜션 앞 갈림길에서 '천문사' '배넘이고개' '가슬갑사' 안내판을 보고 오른쪽으로 가다 왼쪽으로 꺾는다. 가슬갑사를 지나 정면 저 멀리 보이는 잘록이 안부가 이번 코스에서 넘어야 할 배넘이고개다.

울긋불긋 단풍으로 주변 풍광이 아름다운 학심이계곡.

 천문사 주차장에서 이곳 주변이 '운문산 생태·경관보전지역' 임을 알리는 안내판을 잠시 본 후 천문사선원 앞 다리를 건너면서 산으로 진입한다. 곧 만나는 갈림길에선 왼쪽, 물 마른 계곡의 징검다리를 건너면 오른쪽으로 간다.
 계곡을 건너 나선폭포 갈림길에선 배넘이고개 방향으로 직진한다. 10분 뒤 만나는 갈림길에서 직진, 돌계단으로 오른다. 왼쪽은 쌍두봉(2km) 방향. 15분이면 키 큰 서어나무를 지나 배넘이고개 사거리에 선다. 학심이골은 아랫재(4.3km) 방향으로 직진한다. 왼쪽은 쌍두봉(1.9km), 오른쪽은 지룡산(3.3km) 방향.
 엄청난 가파른 길이 기다린다. 나무다리를 건너 배바위를 지나면서 산길은 완만해진다. 계곡의 징검다리를 건너 환경감시초소 삼거

심심이계곡의 탐방로는 평탄한 산길. 이 길은 가지산과 운문산을 잇는 아랫재까지 이어진다.

리에선 왼쪽 학소대폭포(2.1km) 방향으로 오른다. 산행팀은 학소대폭포를 보고 다시 이곳으로 되돌아와 아랫재로 갈 예정이다.

학소대폭포까지는 청도군이 조성한 '운문 신화랑 에코 트레일' 구간이다. 20분 뒤 계곡을 건너 목책이 쳐진 길을 잇달아 지난다. 물 마른 거북바위 샘을 지나 다시 계곡의 나무다리를 건너 만나는 비룡폭포 갈림길에서 직진하면 학소대폭포다. 25m 높이의 학소대에는 유명세답게 그 풍광이 아주 빼어나다. 붉고 노란 단풍이 물들면 비경에 다름아니다. 다시 직전 갈림길로 돌아가 200m 거리에 있는 비룡폭포를 보고 온다. 학소대폭포의 비경과 쌍벽을 이루는 비룡폭포 주변은 애기단풍나무가 제법 눈에 띈다. 왔던 길을 되짚어 환경감시초소 삼거리로 간다.

환경감시초소 삼거리에서 이제 아랫재(4km) 방향으로 직진한다.

4분 뒤 만나는 삼거리에선 왼쪽 아랫재(3.7km) 방향으로 꺾는다. 계곡을 건너는 길은 운문사(사리암 주차장) 방향으로, 출입 통제 펼침막이 걸려 있다.

굴참 졸참 갈참 떡갈나무 등 참나무가 빼곡한 너른 임도가 한동 안 이어진다. 25분이면 나무다리를 건너 아랫재(2.26km)를 가리 키는 이정표가 보이면서 비로소 오솔길로 바뀐다.

두 계곡이 만나는 합수점에서 계곡을 건넌다. '아랫재(1.9km)' 를 알리는 이정표를 지나면서 등로는 차츰 너덜겅으로 희미해진 다. 길이 헷갈리면 나무에 표시된 파란색 화살표를 참고한다. 두 번째 나무다리를 건너 아랫재 직전 샘터까지 단풍나무 숲이어서 늦가을에 한 번 더 찾기로 한다.

환경감시초소가 있는 아랫재 사거리에 도착한다. 환경감시초소 삼 거리에서 90분 걸린다. 머리 위로 보이는 가지산 북릉이 웅장하다.

본격 하산은 밀양 땅인 산내면 상양마을회관(2.9km) 방향으로 직진한다. 사거리 왼쪽은 가지산, 오른쪽은 운문산 방향이다. 20 분 뒤 만나는 갈림길에선 왼쪽 상양마을회관(1.5km) 쪽으로 간다. 10분이면 조망이 열리는 포장로에 내려선다. 정면 백운산에서 오 른쪽으로 얼음골케이블카 상부 승강장, 천황산 도래재 남명리 영 산 실혜산이 펼쳐진다. 25분이면 상양복지회관을 지나 중앙버스 정류장에 도착한다.

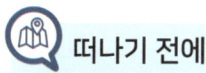 떠나기 전에

- 삼계리, 영남알프스 청도권의 베이스캠프

　울산(울주) 양산 밀양 경주 청도 등 5개 시·군에 걸쳐 솟은 1000m 이상의 산군을 뜻하는 영남알프스. 이 영남알프스 산군의 권역별 베이스캠프는 엄연히 존재한다.
　맏형격인 가지산은 석남사 운문령, 운문산은 산내면 삼양리나 석골사, 영남알프스에서 탐방객이 가장 많은 재약산 천황산은 표충사, 영축산 간월산 신불산 등 영남알프스 남동부능선은 배내골 통도사 등억온천 등지에서 주로 오른다.
　이번 산행의 들머리인 삼계리는 영남알프스 북쪽인 청도권의 베이스캠프로 널리 알려져 있다. 행정구역 단위가 아니라 마을 이름인 삼계리의 정확한 주소는 경북 청도군 운문면 신원리.
　삼계리(三溪里)는 글자 그대로 3개의 계곡이 만난다는 마을이다. 배넘이계곡·생금비리계곡(신원천)·계살피계곡이 그것이다. 운문사 자연휴양림과 운문사 입구의 중간쯤에 있다. 각각 3km 정도씩 떨어져 있다.
　삼계리에선 문복산을 비롯해 가지산 상운산 심지어 울주 고헌산까지 이어진다. 지룡산을 거쳐 운문사까지도 등로가 연결된다.
또 한 가지. 삼계리에서의 문복산 등산로 들머리가 3년 전 바뀌었다. 원래 들머리 쪽에서 사유지에 주택이 들어서면서 청도군이 지금의 장소로 옮겼다. 삼계리 버스정류장에서 운문산휴양림 쪽으로 40m 정도 가다 도로를 건너면 입구에 이정표가 서 있다. 칠성가든, 청도별장 맞은편이다.
　맛집 한 곳 소개한다. 청도별장(054-372-1217). 닭백숙 파전 두부김치와 커피 등 다양한 음료를 갖추고 있다. 시골 특유의 밑반찬이 깔끔하다. 특히 능이백숙이 일품이다. 수입버섯을 사용하는 다른 집과 달리 정붕옥 대표가 매년 9, 10월 인근 문복산 쌍두봉을 등산하며 채취한 능이버섯을 살짝 말린 후 냉동 보관한다. 능이백숙은 예약 손님에 한해 대접한다. 8만 원(4인 기준).

 교통편

- 언양서 경산행 버스 타고 삼계리 정류장서 하차

　이번 산행은 출발 지점과 도착 지점이 아주 멀어 대중교통 이용을 권한다.
　부산 노포동종합터미널에서 언양터미널로 간 뒤 경산행 버스를 타고 삼계리 정류장에서 내린다. 언양행 버스는 오전 6시30분부터 20분 간격으로 자주 있다. 언행터미널에서 경산행 버스는 오전 9시10분 단 한 차례 있다.
　산행 후 밀양 산내면 중양(깻들)정류장에서 석남사 정류장~언양터미널을 거쳐 부산 노포동터미널로 간다. 중앙정류장에서 오후 3시30분, 5시25분, 7시(막차) 시외버스를 타고 석남사 정류장에서 내린다. 석남사정류장에서 언양행 버스는 20분 간격으로 자주 있다. 언행터미널에서 노포동터미널행 버스는 40분 간격으로 출발한다. 막차 밤 9시30분.
　중앙정류장에서 밀양시외버스터미널로 가도 된다. 중앙정류장에서 밀양행 직행 버스는 오후 2시30분, 4시30분, 6시30분(막차)에 출발한다. 시내버스는 오후 5시 한 차례 있다. 밀양터미널에서 부산 서부버스터미널행 버스는 오후 3시, 5시10분, 7시(막차)에 있다.
　또 한 가지. 부산에서 출발하는 운문사 부속암자인 사리암행 버스를 타고 운문면 삼계리에서 내리면 된다. 오전 10시 부산도시철도 부산진역 8번 출구, 오전 10시10분 서면역 12번 출구, 10시25분 동래역 3번 출구, 10시30분 온천장역 3번 출구 앞에서 탈 수 있다. 편도 1만 원(왕복 2만 원). 한 달에 20일 정도 운행하기 때문에 반드시 출발 여부를 확인해야 한다. 문의 010-5609-9682

양산 염수봉

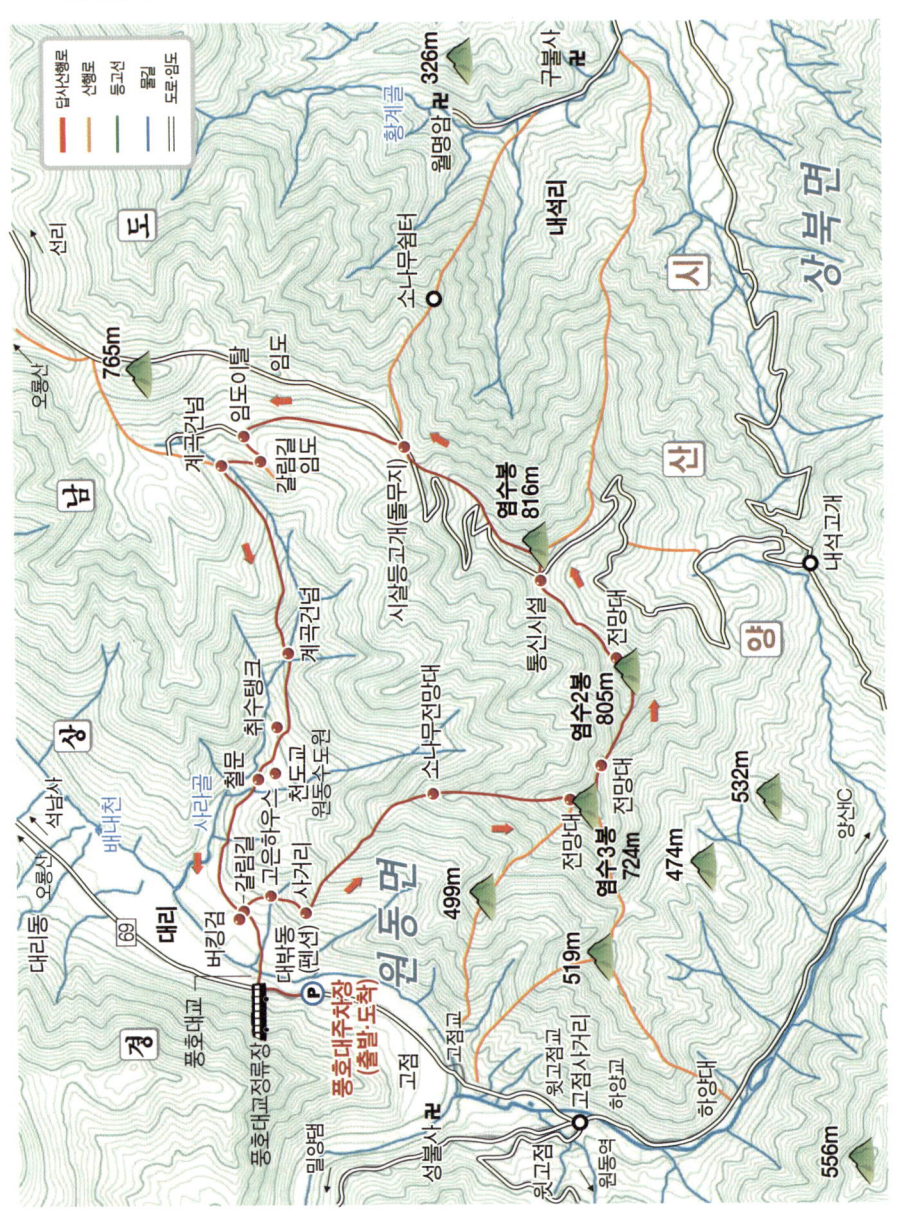

산행코스: 양산 원동면 대리 풍호대(風乎臺)~풍호대교~'고은하우스' 지나~덱 다리~주능선~전망대(염수3봉)~염수2봉~염수봉 정상~임도~시살등고개(돌무지)~천도교 원동수도원~풍호대교

염수봉 정상에 이르기 전 만나는 전망대에 서면 간월산 신불산 영축산 시살등 오룡산 등 영남알프스 남동부 산군과 천황산 재약산 등 남서부 산군이 동시에 시원하게 펼쳐진다.

빼어난 절경에 감동
비보풍수에 감탄

경남 합천에 남산제일봉(1010m)이라는 봉우리가 있다. 홍류동 계곡을 사이에 두고 북쪽의 불꽃 바위산인 '석화성(石火星)' 가야산과 마주 보고 있다. 가야산과 견줘도 손색이 없는 명산 절승이라 '가야남산'이라고도 불린다.

기암괴석과 불꽃 같은 암봉이 온산을 덮고 있지만 가야산의 그것에 비해 전혀 위압적이지 않다. 불가에서는 능선을 뒤덮고 있는 기암괴석이 천 개의 불상처럼 보인다고 해 이 봉우리를 천불산(千

산입 초입 내려다본 배내골 전경. 배내골 건너편으로 향로봉 향로산 재약봉 재약산 천황산이 손에 잡힐 듯하다.

佛山)이라 부른다. 실제 남산제일봉이 품은 천년고찰 청량사를 알리는 이정석에는 남산제일봉 대신 '천불산 청량사'라 적혀 있다.

남산제일봉에는 매년 단오에 독특한 행사가 열린다. 법보종찰 해인사 스님들이 봉우리 정상 동서남북 그리고 중앙 등 5곳에 소금 단지를 묻는 행사가 그것이다. 이유는 해인사의 화재를 막기 위해서다.

'해인사지(海印寺誌)'에 따르면 1695~1871년 176년 동안 해인사에는 7차례의 큰불이 잇따랐다. 풍수지리로 봐서 남산제일봉이 화산(火山)이어서 마주한 해인사로 그 화기(火氣)가 날아들어 불이 자주 났다는 것. 실제 남산제일봉에서 해인사가 성냥갑처럼 보인다.

해서, 남산제일봉의 화기를 누르기 위해 바닷물로 불기운을 잡는다는 뜻에서 소금 단지를 묻었고, 이후 해인사에는 큰 화재가 일어나지 않아 지금까지 이 행사가 지속되고 있다. 단오에 소금을 묻는 것은 일 년 중 양기가 가장 강한 날에 소금을 묻어 화기를 누르기 위해서라고 한다. 자연을 훼손하지 않는 방식으로 지형과 지세의 허점을 보강하는 '비보풍수(裨補風水)'의 한 사례라 할 수 있겠다.

부울경 산꾼들의 영원한 휴식처 영남알프스에도 이와 유사한 사례가 있다. 경남 양산시 상북면 내석리와 원동면 대리에 걸쳐 있는 염수봉(鹽水峰·816m)에서다. 영남알프스의 최남단에 위치해 흔히 '영남알프스의 막내'로 불리는 염수봉에도 오래전 산불이 자주 발생해 주민들이 늘 불안에 떨었다. 우연히 이 마을을 지나가던 선지자가 마을 뒷산 봉우리에 염수를 묻으면 화마를 면한다고 알려줬다. 즉시 주민들은 소금 단지 2개를 묻었다. 신기하게도 이후로는 불이 나지 않았다. 마을 촌로들에 따르면 6·25 전쟁 이전까지 매년 한 차례씩 염수를 독에 충당했다. 소금 단지는 지금도 묻혀 있다고 한다. 이렇게 해서 붙여진 이름이 염수봉이다.

자연을 보전하면서 산불이 나지 않도록 경각심을 일깨울 수 있으니 이보다 좋은 치산 방안이 없을 듯싶다. 특히 산의 서쪽에 밀

1. 염수봉 정상석 2. 오래전 염수봉 정상목

산행 말미에 만나는 계곡. 배내천의 지류인 사리골 계곡으로 유량이 풍부하다.

양강으로 흘러드는 배내천이, 동쪽에는 양산천으로 유입되는 내석천이 발원하는 등 골이 깊고 경관이 수려한 곳이라 이런 비보풍수의 가치가 더욱 빛을 발한다.

염수봉은 또 낙동정맥 영축산에서 분기해 밀양강과 낙동강이 합류하는 삼랑진에서 그 맥을 다하는 도상거리 45.5km의 영축지맥 상의 봉우리이기도 하다. 전형적인 육산인 염수봉은 산행 내내 울창한 숲이 햇빛을 막아준다. 발밑에는 노루발풀 인동풀 석잠풀 민백미꽃 두루미천남성 등 희귀 야생화 및 약초도 자주 눈에 띈다.

주민들의 지혜를 되새기면서 염수봉 산행에 나섰다. 산행은 원동면 대리 풍호대(風乎臺)에서 시작해 염수봉 등 2개의 봉우리를 넘은 뒤 기점으로 원점회귀하는 코스다. 총거리는 약 9km로 4시간

풍호대 아래 구멍 뚫린 바위. 어른이 지나갈 수 있을 정도로 구멍이 크다.

가량 걸린다. 산행 초중반에는 갈림길이 적어 별문제가 없지만 하산할 땐 길 잃을 염려가 약간 있으니 찬찬히 주위를 살펴야 한다. 가파른 일부 자드락길은 낙엽이 수북이 쌓여 미끄러우니 부상하지 않도록 유의해야 한다.

풍호대를 출발해 북쪽인 대리(선리)마을 쪽으로 100m가량 가다 풍호대교를 건넌다. 풍호대 산장 앞에서 왼쪽으로 50m쯤 가면 갈림길. 오른쪽 '에코펜션' 쪽으로 오른다. 40m쯤 가다 정면 '고은하우스'가 보이면 포장길을 버리고 오른쪽 산 쪽으로 간다. 입구에 양산시에서 만든 장터길 안내판이 서 있다. 옛날 원동면 배내골 주민들이 상북면 석계장이나 하북면 신평장을 오갈 때 이용했던 산길을 안내해 놓았다. 염수봉 정상까지는 일치한다.

산행은 덱 다리를 건너면서 시작한다. 15분가량 자드락길을 걸으면 주능선에 이른다. 능선을 타고 10분쯤 가면 무명봉에 닿고, 여기서 10분 정도 더 가면 바위 전망대. 염수3봉이다. 이제서야 영남알프스 종주 산악회 리본이 보인다. 진행 방향으로 간월산 신불산 영축산 시살등 오룡산, 그 뒤로 천황산 재약산 등 영남알프스 준봉들이 펼쳐진다. 잇단 전망대를 지나면 염수2봉. 앞서 봤던 영남알프스 준봉은 물론 오른쪽으로 시설을 약간 돌리면 영남알프스의 맥이 끝나는 지점인 내석고개와 그 뒤로 체바우골만당 천마산 에덴밸리리조트가 시야에 들어온다. 여기서 20분 정도 오르내리다 보면 통신시설 사거리에 닿는다. 가운데 산길을 택해 10분쯤 가면 염수봉 정상이다. 정상석과 삼각점이 나란히 있다. 여기선 시야가 더 넓어진다. 상북면 쪽으로 문수산 남암산 정족산 천성산까지 새로 눈에 들어온다.

하산은 북쪽 오룡산 방향, 다시 말해 정상석 뒤로 내려선다. 곧 임도와 만난다. 커브 길에서 임도를 피하기 위해 숲으로 가보지만 이내 임도. 이렇게 임도와 숲길을 정확히 세 번 반복한다. 세 번째 임도를 지나 나오는 안부를 주민들은 시살등고개라 한다. 50m쯤 직진하면 오른쪽 내석마을 방향에 돌무지도 보인다. 신작로가 뚫리지 않았던 시절, 원동·상북면 주민들이 서로 왕래하던 관문이다. 친지를 방문하거나 장에 가는 것은 물론 시집 장가 같은 인륜지대사를 치를 때도 꼭 거쳐 가야 했던 고개였다.

시살등고개에서 왼쪽 임도를 따라 15분쯤 걷다 왼쪽 산길로 내려선다. 3분 뒤 오른쪽으로 5분가량 가다 계곡을 건넌다. 곧바로 왼쪽으로 방향을 틀어 계곡을 끼고 30분 정도 내려가면 천도교원동수도원. 여기서 10분이면 산행 출발점에 닿는다.

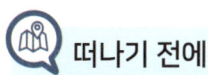 **떠나기 전에**

- 풍호대에 얽힌 전설, 부모의 자식 사랑 보여줘

아내 바람을 막는 게 먼저일까, 아니면 자식이 벙어리가 되지 않도록 방비를 세우는 게 우선일까. 자식보다 아내가 덜 중요하다는 건 아니지만 부모라면 자식의 무사 성장을 더 바라지 않을까. 그게 부모의 심정이다.

대리 풍호대(風乎臺)에 얽힌 전설에서도 민심은 자식을 선택했다. 전설은 이렇다. 조선시대 박기섭(생몰연대 미상)이란 선비가 쌓은 것으로 알려진 풍호대 아래 하천가에 구멍 뚫린 바위가 있다. 그 구멍을 그대로 버려두면 마을 아낙네들이 바람이 나고, 구멍을 막으면 자식이 벙어리가 된다는 거다.

마을 남자들은 고민을 거듭한 끝에 결국 자식 건강에 치우쳐 구멍을 방치했다. 지금도 그 바위에는 어른이 무난히 통과할 정도 크기의 구멍이 뚫려 있다. 이 때문에 바람도 잘 통하고 홍수가 날 때 물 소통도 잘 된다. 구멍을 막지 않아 마을 아낙네들이 바람이 났는지는 알 수 없다. 구멍을 방치했다는 것까지만 주민들 사이에 전해진다. 아무튼 마을 이름에 '바람 풍' 자가 들어가니 바람과는 떼려야 뗄 수 없는 인연이 있는 건 분명하다.

양산향토사연구소에 문의했지만 원동지 등 향토 기록에서는 이 전설을 확인할 수 없었다. 채록되지 않은 채 구전되는 민간전설인 것 같다. 풍호대에는 아름드리 낙락장송이 우거진 데다 하천 폭이 넓고 물도 맑아 경관이 자못 수려하다. 이런 전설 한두 가지쯤은 충분히 있을 만한 곳으로 여겨진다.

요즘 사회 분위기가 질식할 듯 꽉 막혀 사통팔달 소통이 간절해지는 까닭인가. 이 마을에 깃든 바람 전설에 귀가 솔깃해진다.

 교통편

- 풍호대교 정류장서 막차 오후 8시10분 버스 타려면 미리 콜해야

부산역에서 원동역행 무궁화호 열차는 오전 7시39분, 8시51분, 10시20분(부전역) 출발한다. 원동역에서 배내골행 버스는 열차 도착 시간과 연계돼 있으니 걱정 안 해도 된다. 배내골 풍호다리 정류장에서 내린다.

산행 후 풍호다리 정류장에서 원동역행 버스는 오후 3시25분, 5시40분, 8시10분(막차는 상시 운행 안 함. 막차를 탈 경우 미리 콜(010-4821-8514) 해야 운행함)에 있다. 원동역에서 부산역행 무궁화호 열차는 오후 3시26분(부전역), 4시49분, 오후 6시22분, 8시6분(부전역)에 있다.

도시철도 2호선 양산역 환승센터에서 배내골을 오가는 양산 1000번 직행 좌석버스를 이용하면 편리하다.

양산역 환승센터에서 배내골행 버스(오전 7시, 10시)를 타고 풍호다리 정류장서 내린다. 산행 후 풍호다리 정류장에서 양산역 환승센터행 버스는 오후 3시30분, 7시10분에 있다.

승용차를 이용할 경우 내비게이션에 '풍호대교'를 목적지로 해서 찾아가면 된다.

양산 능걸산~체바우골만당

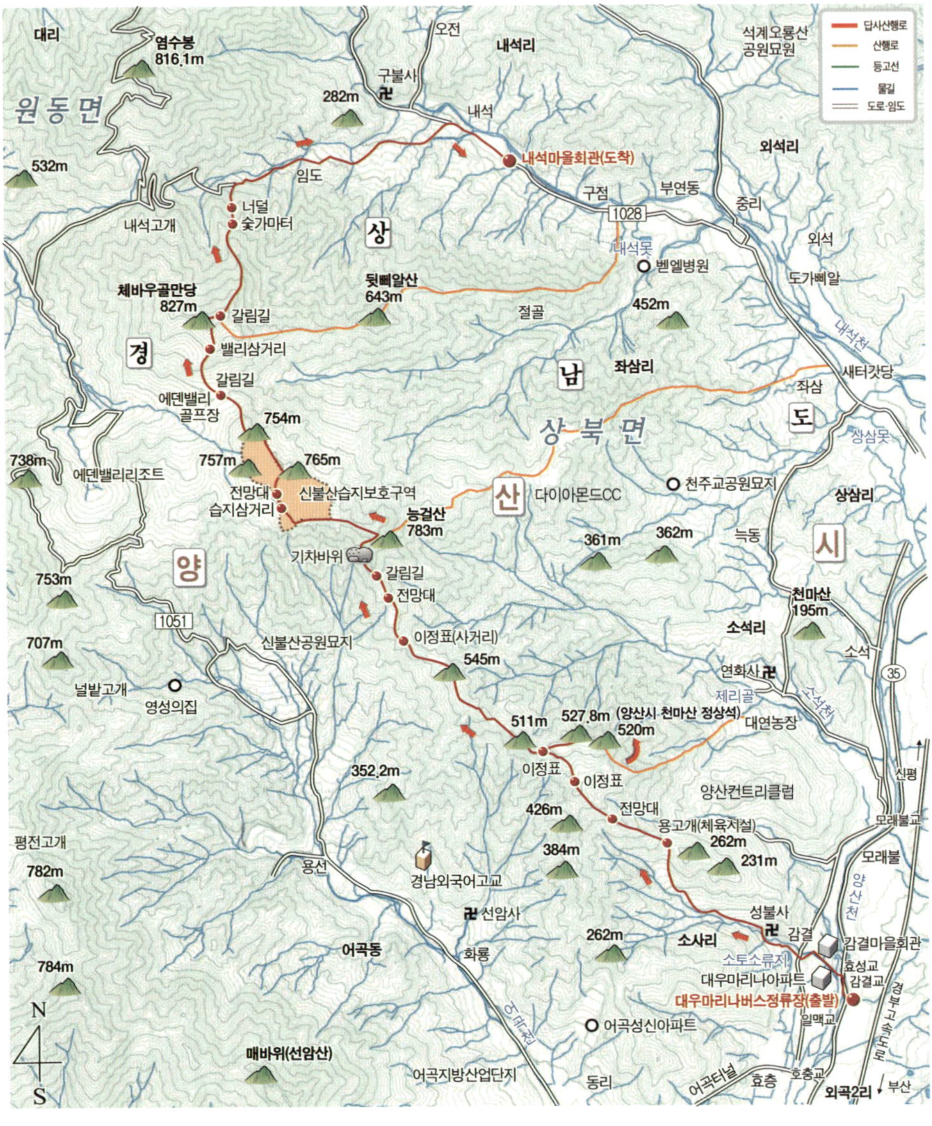

산행코스: 양산 상북면 소사리 감결마을~성불사~용고개~바위 전망대~527.8봉(현재 천마산) 삼거리~527.8m 삼각점~천마산 정상석~(다시 삼거리 복귀)~어곡 갈림길~기차바위~능걸산 정상(783m)~신불산 고산습지 습지보호구역~에덴밸리골프장~체바우골만당(827m)~내석마을 내석노인정

능걸산 정상에 오르기 전 낭떠러지 전망대에서 어곡동 방향을 조망하고 있다. 이 전망대부터 능걸산 정상 직전까지 기차바위 암릉이 이어진다.

산책 같은 숲길, 아슬아슬 암릉
탁 트인 조망은 덤

  부산에 윤산(輪山)이라는 산이 있다. 회동수원지를 중심으로 아홉산과 마주하는 봉우리다. 여전히 구월산이라 하면 아는 사람이 더 많을 것이다. 구월산은 국가, 더 정확히는 국립지리원에 의해 2005년 윤산으로 새 이름을 부여받았다.
  윤산은 동래 쪽에서 보면 산 모양이 수레바퀴처럼 둥그스름하다고 해서 '바퀴 윤' 자를 차용했다. 조선시대 지리서 동국여지승람과 동래부지에도 '동래의 진산'으로 언급된 족보 있는 산이었다.

이번 코스는 암릉도 때론 만나지만 완만한 경사의 편안한 숲길도 자주 걷는다.

동래문화원을 비롯한 지역 주민은 옛 산 이름을 되찾고자 시에 민원을 제기했다. 시는 지명위원회를 열어 타당성이 있다고 판단, 최종 관문인 국립지리원 국가지명위원회에 서류를 넘겼다. 다행히 한 번에 통과돼 공식적으로 윤산으로 확정됐다.

경남 양산 상북면 능걸산~체바우골만당 코스를 다녀온 후 불현듯 이 사실이 떠올랐다. 상북면에는 능걸산~체바우골만당과 능선으로 이어져 한달음에 내달릴 수 있는 천마산과 뒷삐알산도 있다. 해발고도는 높지 않지만 조망이 수려하다.

이 산들은 10여 년의 세월이 흐르면서 산 이름도 일부 바뀌면서 산악회와 시가 정상석을 자체적으로 세우면서 초행자들 입장에선 헷갈리기 십상이다. 이참에 양산시가 문화원이나 전통 있는 산악회 등의 고증을 거쳐 산 이름과 정상석을 바로잡았으면 하는 바람이다.

이번 능걸산~체바우골만당 코스는 대체로 숲이 우거져 햇볕을 피할 수 있지만 코스가 다소 긴 데다 봉우리 세 개를 거치는 만큼 오르내림이 반복돼 체력 안배를 잘해야 한다. 반면 능걸산 직전 만나는 기차바위 암릉 길과 정상에서 시원한 조망을 누릴 수 있다.

산행은 상북면 소사리 감결마을~성불사~용고개~바위 전망대~527.8봉(현재 천마산) 삼거리~527.8m 삼각점~천마산 정상석~(다시 삼거리 복귀)~어곡 갈림길~기차바위~능걸산 정상(783m)~신불산 고산습지 습지보호구역~에덴밸리골프장~체바우골만당(827m)~내석마을 내석노인정 순. 전체 산행 거리는 14.5km, 순수 산행 시간은 5시간30분~6시간, 휴식 시간을 포함하면 7시간 정도 걸린다.

출발지인 감결마을로 가려면 양산 12번 시내버스로 '대우마리나' 버스정류장에 내려 대우마리나아파트 쪽으로 간다. 아파트를 지나 100m가량 더 가면 감결마을 표지석과 감결마을 경로당이 나온다. 표지석 왼쪽 길로 개울을 따라 50m쯤 올라가 왼쪽으로 다리를 건넌 뒤 다시 오른쪽으로 올라간다. 50m쯤 가면 만나는 도로를 건너 이정표가 안내하는 성불사 방향으로 올라간다. 너른 흙길이다. 완만한 소나무 숲길을 10분쯤 걸으면 갈림길. 능선으로 오르는 우측 길은 무시하고 좌측 길로 직진한다. 운동시설을 지나면 울창한 송림으로 들어선다. 여기서 10여 분 가파른 길을 오르면 용고개에 닿는다. 맞은편은 양산컨트리클럽. 오른쪽은 당산골 가는 길, 산행팀은 왼쪽으로 꺾어 올라간다.

완만한 오르막이 한동안 계속된다. 숲이 짙어 그늘이 반가운 만면 조망이 낙제점이다. 10여 분 오르면 왼쪽으로 전망이 트인다. 멀리 금정산 고당봉과 장군봉이 시야에 들어오고, 여기서 2, 3분이면 다시 삼면이 확 트인 바위전망대가 기다린다. 이번엔 천성산과 대운산이 정면에 길게 누워있다.

이번 코스에선 악계에서 통용되는 위치와 달리 정상석이 엉뚱한 곳에 서 있어 양산시가 하루속히 바로잡아야 할 듯싶다. 사진은 양산시가 520봉에 세운 천마산 정상석.

이어지는 숲길. 10분이면 삼거리. 왼쪽은 어곡공단·효충마을, 산행팀은 이정표가 가리키는 오른쪽 능걸산·염수봉·오룡산 방향으로 간다. 호젓한 숲길을 10분 정도 가면 다시 갈림길. 오른쪽은 천마산, 왼쪽은 능걸산으로 가는 길이다. 우측으로 완만한 오르막을 10분 정도 가면 527.8봉. 삼각점이 있다. 현재 천마산 정상으로 잘못 알려진 지점이다. 정상석도 있다. 조망은 시원찮다. 여기서 5분이면 암봉이 있는, 양산시가 설치한 천마산 정상석이 있다. 5분 거리의 두 봉우리에 각각 천마산 정상석이 있다. 양산시의 교통정리가 필요하다.

능걸산으로 가기 위해 갈림길로 되돌아간다. 완만한 오르막이다. 30분쯤 숲길을 걷다 보면 안부 갈림길. 좌측은 어곡(동) 방향, 산행팀은 직진한다. 오르막이다. 점차 경사가 가팔라진다. 10분이

산행 막바지 체바우골만당에서 하산 도중 숯가마 터를 지나면 너덜 구간을 한참 내려가야 한다.

면 등로 우측에 바위전망대에 선다. 이제 능걸산 정상이 보인다. 5분 정도 올라가면 갈림길. 우측은 바윗길을 지나지 않고 우회해 정상 바로 아래까지 이어진다. 왼쪽으로 5분 정도 더 가면 능선 위에 올라선다. 우측으로 꺾어 정상 방향으로 바로 가도 되지만 정면의 능선 반대쪽으로 가면 어곡 방향으로 기막힌 조망이 펼쳐진다. 이후 능선을 따라 올라간다. 이내 암릉 길이 나타나고 능선 좌우로 조망이 시원하다. 여기서 정상 아래까지 이어진 암릉 지대가 '기차바위'다. 암릉 길이 끝난 지점 뒤 10분이면 갈림길을 만난다. 우측으로 가면 바로 능걸산 정상이다. 염수봉에서 오룡산을 거쳐 시살등 영축산으로 이어지는 능선이 시원하게 펼쳐진다.

산행팀은 올라온 길을 되짚어 이정표 상의 '에덴밸리' 방향으로 간다. 15분이면 '신불산 고산습지보호구역' 안내판이 나온다.

'습지보호지역 출입금지' 안내판을 지나 30m쯤 가면 이정표가 선 '습지 삼거리'다. 이정표는 삐알산을 가리키고 있지만 실은 체바우골만당이다. 여기서부턴 습지보호구역 울타리를 잇달아 지나간다. 20분 정도 오르락내리락을 반복하면 일순간 등로가 아래로 뚝 떨어지며 곧 에덴밸리 리조트와 골프장이 보인다. 7분 정도 내려가면 골프장 측이 세운 '출입금지' 경고문이 있다. 이곳을 지난 뒤 바로 우측으로 꺾어 콘크리트 수로를 따라 내려가다 반대쪽으로 올라간다. 골프장 바로 옆을 지나 콘크리트 수로 옆을 200m쯤 올라가면 등로가 우측으로 꺾이면서 산길로 들어선다. 숲속 가파른 길을 20분 정도 오르면 조망이 트이며 체바우골만당 정상에 선다. 조망 덱에 올라서면 뒤로 골프장, 정면으로 염수봉과 오룡산이 보인다. 참고로 올라온 방향에서 왼쪽으로 가면 영축산까지 갈 수 있다.

체바우골만당. 이 이름 잠시 풀고 간다. '체바우(체바위)'는 곡식이나 가루를 곱게 치는 기구인 체와 모양이 비슷해 명명됐다는 설이 우세하다. '만당'이라는 말은 산마루를 뜻하는 '산몬댕이' 또는 산봉우리를 일컫는 '만뎅이'의 영남지역 사투리에서 나온 것으로 추정된다.

하산은 우측 소나무 옆으로 들어가는 숲길이다. 4분이면 갈림길. 우측은 뒷삐알산 방향, 내석마을로 하산하기 위해 산행팀은 좌측으로 간다. 한동안 내리막길이 이어진다. 돌로 쌓은 지름 3m 정도의 숯가마 터를 지나면서 등로는 왼쪽 사면으로 휜다. 너덜 길을 20분쯤 내려가면 임도. 우측으로 15분이면 '산들바람가든' 앞에서 아스팔트 도로를 만난다. 직진한다. 이내 만나는 갈림길에선 우측으로 내려가면 산행 종점인 내석노인정에 닿는다.

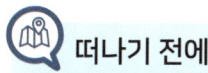 **떠나기 전에**

- '산의 도시' 양산, 천마산 체바우골만당 제 이름 찾아줘야

한반도 땅의 7할이 산이지만 실제 산 이름을 부여받은 곳은 아마 1할도 못 된다고 악계는 추정한다. 이 중 정상석이 버젓이 있어도 국립지리원 지형도에 이름이 모두 표기된 것은 아니다. 지자체 지명위원회를 거쳐 국립지리원 국가지명위원회의 심의를 통과해야 하기 때문이다.

이번 산행에선 이러한 과제와 함께 산 이름이 적힌 정상석이 엉뚱한 봉우리에 터를 잡고 있는 경우가 있었다. 오래전 취재기를 꺼내며 한 번 되짚어보자.

2002년 근교산 산행팀은 '천마산~매봉산' '뒷삐알산~체바우골만당' 코스를 소개했다. 산 이름은 모두 답사를 전후해 수차례 인근 마을 촌로들에게 거듭 물어 확인한 것이었다. 산행팀은 새로운 산을 소개할 때 '산 이름이 지도에 명기되지 않은 경우 현지 주민이 부르는 명칭을 기준으로 삼는다'는 나름의 원칙에 따라 표기했다. 이들 산 이름도 그런 원칙에 따라 명명된 것이다.

이후 10년 정도의 세월이 흐르면서 산 이름이 모두 바뀌었다. 천마산으로 소개한 봉우리는 현재 능걸산으로 불린다. 능걸산은 여왕릉이 있을 것으로 추정되는 양산 어곡동에서 부르는 이름으로, 정상에는 양산시가 세운 정상석이 서 있다. 그런데 천마산이란 이름은 여기서 조금 떨어진 527.8봉에 붙어 있다. 커다란 정상석과 함께. 재밌는 점은 여기서 5분 거리의 520봉에 양산시가 천마산이라고 새긴 정상석이 또 하나 있다는 점이다. 더 재밌는 점은 520봉(천마산) 아래 연화사 인근 제리골 주민들은 마을 좌측에 보이는 195봉을 천마산이라 부르고 있었다.

산행팀이 촌로에게 물어 발굴한 체바우골만당에는 지역 산악회가 세운 뒷삐알산이라고 적힌 정상석이 서 있다. 뒷삐알산은 내석마을에서 올려다보이는 뒷산이란 의미의 사투리 이름으로, 실제 뒷산인 643봉을 가리킨다는 것이 중론이다. '영남알프스의 맏형' 가지산부터 간월산 신불산 영축산 오룡산 염수봉까지 이어지는 영남알프스 남동부 능선과 천황산 재약산까지 연결되는 남서부 능선을 모두 품은 '산의 도시' 양산시가 한 번쯤은 상북면의 산 이름과 정상석의 위치를 새롭게 정비했으면 하는 바람이다.

 교통편

- 도시철도 명륜역 앞에서 양산 12번 버스 타고 '대우마리나 입구' 하차

들머리 상북면 소사리 감결마을로 가려면 양산 12번을 탄다. 도시철도 1호선 명륜역 앞에서 출발해 온천장역, 두실역 등을 거친다. 양산시청을 지난 뒤 '대우마리나 입구' 정류장에서 내린다. 50분 소요.

하산 지점인 내석마을 내석노인정 앞의 10번 버스 회차 지점이다. 이 버스를 타고 상북면 행정복지센터사무소 정류장에서 내려 12번 버스로 갈아탄 뒤 도시철도 1호선 범어사역이나 명륜역에 내리면 된다. 내석노인정 앞 10번 버스 오후 3시, 4시30분, 5시30분, 7시20분, 8시30분, 9시50분에 있다.

양산 봉화봉~늪재봉

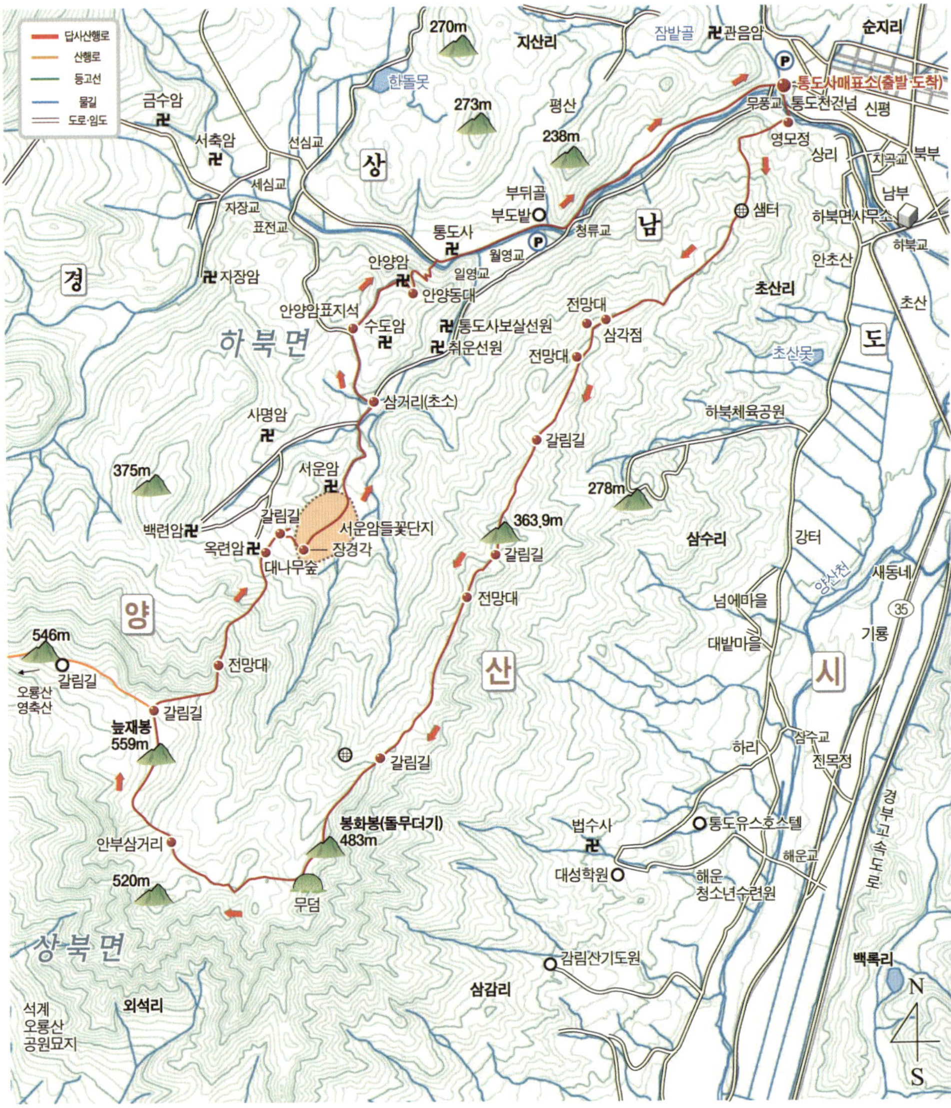

산행코스 양산 하북면 통도사~통도천 건너 영모정~샘터 사거리~전망대~삼각점~전망대~봉화봉~늪재봉~옥련암~서운암~안양암(동대)~무풍한솔길~통도사

산행 시작 후 40분이면 이번 취재에서 만나는 최고의 전망대, 합장바우에 닿는다. 발아래 통도사 뒤로 저 멀리 오른쪽 영축산에서 죽바우등 시살등 오룡산 염수봉으로 이어지는 영남알프스 남동부 능선이 거침없이 펼쳐진다.

발아래 통도사 머리 위 영축산
연분홍 철쭉보며 가벼운 발걸음

    장삼이사들은 명산을 찾지만 정작 산에 들어서는 그 산을 온전히 보지 못한다. 코끼리를 타고 코끼리 전체를 자세히 볼 수 없는 이치다. 오히려 한 발 뒤로 물러나야 그 산의 생긴 모습이 한눈에 들어온다. 민족의 영산 지리산도 마찬가지다. 경남 함양 산청 하동, 전북 남원, 전남 구례 등 3도 5개 시군에 걸쳐 있는 지리산은 경남 함양에서 가장 잘 볼 수 있다. 금대산 금대봉, 삼정산 상무주암에 서면 천왕봉에서 노고단까지 이어지는 25.5km 주능선이 시원하게 펼쳐진다.

늪재봉 정상부. 특별한 지형지물이 없고 경사 또한 완만해 무심코 지나치기 쉽다.

 울산(울주) 양산 밀양 청도 경주 등 5개 시군에 솟은 1000m 이상의 9개 봉우리를 통칭해 부르는, 부산 울산 경남 산꾼들의 영원한 휴식처 영남알프스. 이 영남알프스도 때론 외곽의 낮은 봉우리에서 독특한 조망을 즐길 수 있다.
 양산 봉화봉(483m)~늪재봉(559m) 코스는 통도사를 품은 영축산의 진면모를 확인할 수 있다.
 이 코스는 해발 150m 정도에서 출발, 경사가 거의 느껴지지 않는 길을 따라 서서히 500m대 봉우리에 오른 뒤 통도사 서운암으로 내려선다. 영축총림 방장으로 지난 3월 대한불교 조계종 종정에 오른 성파 스님의 숨결이 느껴지는 서운암에선 수십 개의 된장독과 각종 야생화를 만끽할 수 있다.
 산행은 양산 하북면 통도사~통도천 건너 영모정~샘터 사거리~전망대~삼각점~전망대~봉화봉~늪재봉~옥련암~서운암~안양암(동대)을 거쳐 통도사로 돌아오는 원점회귀 코스. 총산행 거리는 13km로 산행 시간은 4시간~4시간 30분, 휴식 시간을 포함하면 5시간~5시간 30분 정도. 야생화에 꽂히면 보다 많은 시간이 걸릴 수 있다.

통도사신평 버스터미널에서 내려 통도사로 이동한다. 통도사 정면을 보고 왼쪽으로 열린 목재 데크를 따라 걷는다. 반사경을 지나 목재 데크 난간 사이로 열린 통로를 따라 통도천으로 내려선 후 징검다리를 건너 맞은편으로 올라선다. 경주 이씨 재실(영모정)을 지나 녹색 철망 울타리를 따라가면 이정표('오룡산 9.1km, 봉화봉 4km, 늪재봉 6.2km')가 서 있다. 들머리다.

산길은 뚜렷하다. 잠시 후 울타리와 헤어지면서 오른쪽으로 이동, 송림 사이로 들어선다. 6분 정도 꼬불꼬불한 길을 오르면 정면 잡목 너머로 영축산에서 시살등을 거쳐 오룡산으로 이어지는 영남알프스 남동부 능선이 길게 드러누워 있다. 이 조망은 한동안 계속 이어진다.

완만한 오르막이 이어지는 등로 주변에 연분홍 철쭉이 발길을 붙잡는다. 10분 뒤 자그마한 샘이 있는 사거리. 소나무 아래 위치한 샘은 유량은 적지만 아주 차 갈증을 달래준다. 직진한다. 느긋하고 편안하게 이어지는 능선 길의 연속이다. 15분 후 삼각점(경남-204호). 송림 사이 우측으로 영축산, 좌측 저 멀리 천성산이 확인된다. 삼각점에서 2, 3분 더 가면 우측으로 탁 트인 바위 전망대가 기다린다. 이번 산행 중 최고의 조망을 보여준다. 정면 통도사와 맞은편 영축산 능선이 시원하게 펼쳐진다.

다시 전망대 입구로 돌아와 계속 간다. 5분 후 우측에 또 전망대. 역시 조망이 탁월하다. 희미한 갈림길이 몇 군데 나오지만 무시하고 능선을 따라간다. 10분 뒤 갈림길. 왼쪽 능선길로 간다. 오르내림을 반복하며 조금씩 고도를 높인다. 50m쯤 뒤 또 갈림길. 왼쪽으로 간다. 10분 뒤 삼각점(양산302 · 364m). 이때부터 서서히 고도를 높인다. 몇 군데 좌우로 빠지는 길이 나오지만 애오라지 뚜렷한 능선 길로만 간다.

10분 뒤 왼쪽 바위 전망대를 만난다. 정면으로 천성산과 그 우측으로 금정산이 보인다. 곧 만나는 갈림길에선 오른쪽으로 간다.

7, 8분 뒤 왼쪽에서 올라오는 너른 길과 만나지만 무시하고 직진한다. 철쭉에 이어 진분홍 진달래가 유혹한다. 이내 삼거리. 오른쪽은 샘터 방향, 산행팀은 왼쪽으로 간다. 산악오토바이가 지나간 듯 바퀴 자국이 남아 있고 흙길이 상당 부분 허물어져 있다.

작은 돌탑이 쌓인 봉우리에 닿는다. 봉화봉이다. 10시 방향으로 해운청소년수련원 방향 하산로가 있다. 산행팀은 2시 방향 오른쪽으로 간다. 송전탑이 보인다. 잠시 완만한 내리막을 걸어 허물어진 무덤을 지나면 다시 완만한 오르막. 송림 사이 푸근한 길이 이어지고 좌우로 철쭉이 도열해 있다. 20분쯤 뒤 안부 삼거리. 정면으로 숨 가쁘게 올라 평탄한 길과 오르막과 내리막길을 반복하다 보면 늪재봉 정상에 닿는다.

완만한 내리막을 6, 7분 가면 갈림길. 왼쪽 휘어지는 뚜렷한 길은 오룡산 가는 길. 산행팀은 오른쪽으로 간다. 뚜렷한 능선 길을 따라 내려간다. 10분 후 살짝 바위 위에 올라선 뒤부터는 가파른 내리막이다. 정면으로 서운암이 내려다보인다. 5분 뒤 바위 전망대. 역시 영축산과 이어지는 능선들이 눈에 들어온다. 툭 튀어나온 바위 오른쪽으로 내려가는 길이 보인다. 10분 뒤 갈림길. 우측으로 내려간다. 이내 산죽 길. 100m 뒤 산죽을 벗어나면 가파른 내리막이다. 경사가 누그러지지만 미끄러운 흙길이라 조심하자.

이제 능선을 버리고 9시 방향으로 꺾어 내려간다. 콘크리트 수조를 지나면 옥련암. 대숲 사이로 내려서면 삼거리. 오른쪽 길로 비스듬히 내려간다. 50m 뒤 우측으로 간다. 너른 길로 가면 우측 위로 서운암 장경각이 보인다. 10분이면 서운암 주차장. 서운암 안내석을 지나 왼쪽 안양암 방향으로 올라간다. 안양암이 자리잡은 편평한 바위를 안양동대라 한다. 청송당을 지나 위로 올라가 만나는 바위도 안양동대라고도 한다. 안양암에서 5분이면 통도사. 여기서 통도사 8경 중 첫 번째인 무풍한송(舞風寒松)길을 따라가면 통도사 입구에 도달한다.

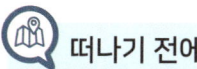
떠나기 전에

- 희귀 야생화 만발, 서운암 들꽃축제 지역 대표 축제 자리매김

연분홍철쭉

서운암 금낭화

4월 봉화봉~늪재봉 산행을 하면 연분홍 철쭉을 어렵지 않게 볼 수 있다. 특히 봉화봉에서 늪재봉 가는 길 도중에는 사면이 모두 철쭉이라 시기를 잘 맞춰 가면 멋진 풍광을 볼 수 있다. 하산길 서운암에서 야생화 향연에 빠져도 좋다. 매년 4월 하순이면 서운암 들꽃축제가 열린다. 남산제비꽃 노랑제비꽃 각시붓꽃 금낭화 등 어디에 눈을 둬야 할지 정신이 없다. 들꽃축제에선 사진전과 시화전, 꽃그림전 등의 행사가 열린다.

2000년 회주이자 지금은 대한불교조계종 종정인 성파 스님이 1만 본의 야생화를 심은 뒤 2002년부터 들꽃축제를 시작했다. 5만여 평 넓은 꽃밭에는 좀처럼 보기 어려운 100여 종의 야생화들이 고개를 내밀어 지금은 지역의 대표 축제로 자리매김하고 있다. 특히 금낭화가 눈길을 끈다. 봄이 아니더라도 계절별로 다양한 야생화를 볼 수 있다. 조팝나무의 진한 향기는 머리를 어찔하게 만든다.

안양암에선 안양동대의 풍광을 감상해보자. 도로를 따라 우회해 들어가는 입구 바위를 동대라 하지만 안양암 정면에서 10시 방향에 있는 바위 봉우리도 안양동대라고 한다. 위쪽의 동대에 올라서면 통도사 전경이 펼쳐진다. 청송당을 지나 오른쪽으로 꺾어 올라가면 5분이 채 걸리지 않는다.

교통편

- 통도사 원점회귀 코스 승용차·대중교통 모두 편리

산행의 시종점인 통도사 가는 길은 아주 편리하다.

노포동종합터미널에서 신평통도사행 버스를 타면 된다. 오전 6시20분부터 40분 간격으로 출발한다. 신평터미널을 나와 우측으로 5분 정도 걸으면 통도사다.

도시철도 1호선 명륜동역 앞에서 신평터미널까지 운행하는 양산 12번 버스를 이용해도 된다. 온천장역, 부산대역 범어사역 앞에서도 정차한다. 신평터미널에서 부산행 버스 막차 시간은 밤 9시40분이다. 승용차를 이용하면 경부고속도로 통도사IC에서 내린다.

양산 재약봉

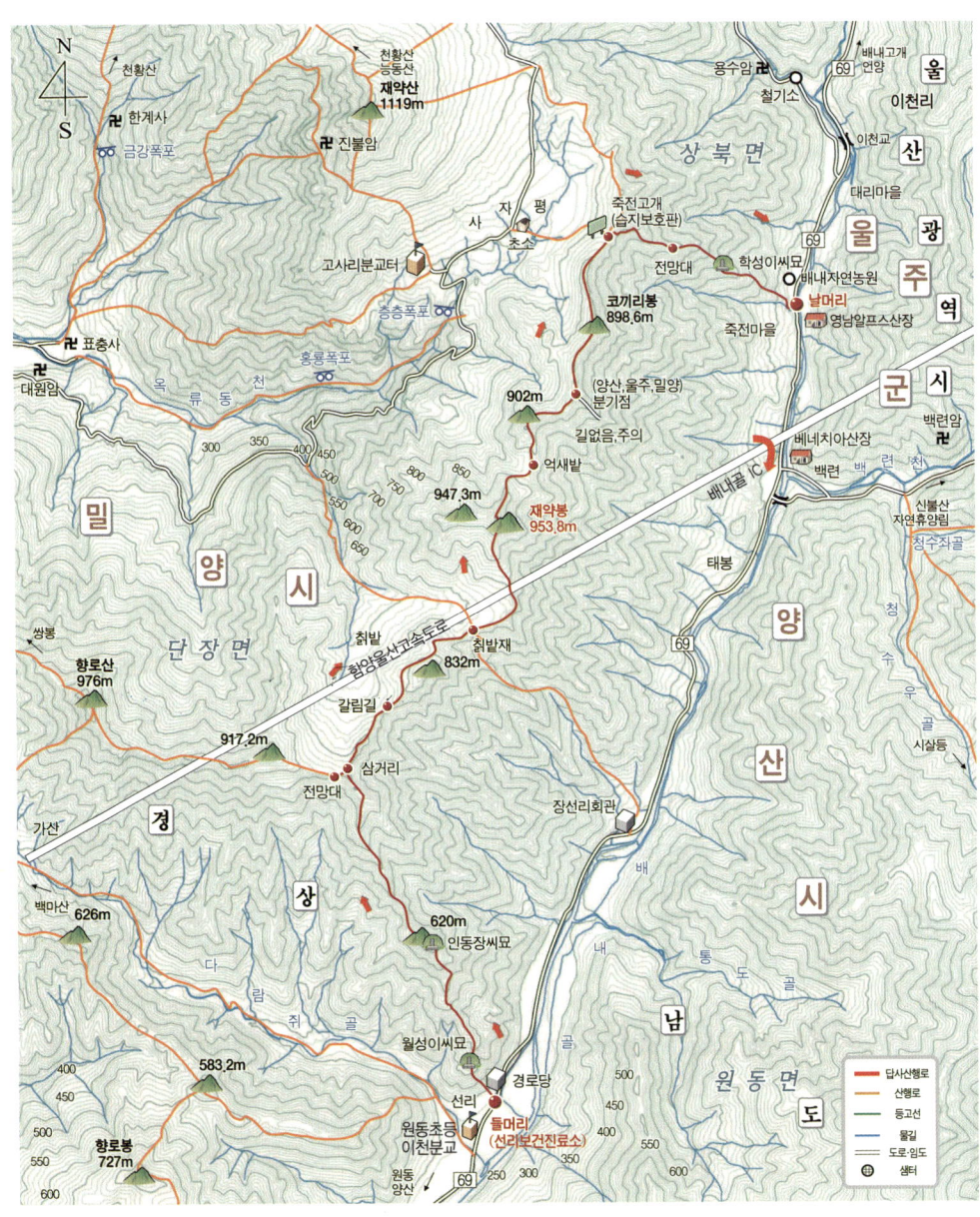

산행코스: 양산 원동면 선리보건진료소~선리경로당~인동 장씨묘~향로산 재약봉 갈림길~취밭재~재약봉 정상~안부 억새밭~902봉~양산·밀양·울주 분기점~코끼리봉~죽전고개~전망대~학성 이씨묘~69번 지방도

재약봉 정상에서 지형도와 주변 봉우리를 비교해보고 있는 필자. 왼쪽 전위봉이 재약산, 그 뒤 겹친 봉이 천황산, 그 오른쪽 뒤가 사자평이다.

알고보니 숨은 영남알프스 전망대

 양산 밀양 울산(울주) 경주 청도 등 5개 시군에 걸쳐 있는 1000m 이상의 9개 산군을 가리키는 영남알프스. 지난 2019년부터 영남알프스 9봉 완등 인증사업이 매년 진행되면서 참가자가 날로 증가해 이제는 영남권을 넘어 전국구 산행지로 그 이름을 높이고 있다. 주말이면 인증 사진을 찍기 위해 산 정상석 앞에서 줄을 서는 진풍경이 벌어지기도 한다.
 9개 봉우리 중 비교적 한적한 북쪽의 문복산 고헌산을 제외한 나머지 7개 봉우리는 그야말로 사시사철 산꾼들로 넘쳐난다. 영남알프스의 최고봉이자 맏형격인 가지산 권역은 운문령이나 석남사, 운문산권은 얼음골 인근 밀양 산내면 남명리, 재약산권은 밀양 표충사, 영축산권은 양산 통도사, 간월·신불산권은 울주 등억온천 등이 들머리로 애용된다. 이 중 산꾼들이 가장 몰리는 곳은 어딜까. 바로 재약산권이다. 우선 천년고찰 표충사가 있고, 재약산(수미봉)과 천황산(사자봉)이 불과 50분 거리에 있어 두 개의 봉우리를 한달음에 내달릴 수 있다. 가을이면 전국 최대 규모의 억새군락지인 사자평 또한 산꾼들을 불러 모으기에 충분하다.

재약산권에는 일명 '재약5봉'이라는 게 있다. 재약산권의 베이스캠프 격인 표충사에서 조망 가능한 봉우리 5개를 말한다. 표충사 경내에서 볼 때 왼쪽 필봉에서 시계 방향으로 천황산 재약산 재약봉 향로산이 바로 그것이다.

이 중 재약봉이 산꾼들에게 가장 낯설다. 하지만 찬찬히 살펴보면 한나절 투자하기에 아깝지 않은 봉우리다. 재약봉은 영남알프스 최고의 전망대로 손꼽히는 향로산(976m)에서 재약산 사자평으로 가는 도중 우뚝 솟은 해발 953.8m 봉우리다. 해서, 향로산의 조망에 견줘도 크게 뒤처지지 않는다.

오래전 표충사에서 옥류동천으로 올라 재약봉을 거쳐 표충사로 원점회귀하는 코스를 소개한 산행팀은 이번에는 양산 배내골에서 출발해 재약봉을 거쳐 울주 배내골로 내려왔다.

 구체적으로 양산 원동면 선리보건진료소~선리경로당~인동 장씨묘~향로산 재약봉 갈림길~칡밭재~재약봉 정상~안부 억새밭~902봉~양산·밀양·울주 분기점~코끼리봉~죽전고개~전망대~학성 이씨묘~69번 지방도 순. 총거리 10.4km에 순수하게 걷는 시간만 4시간, 휴식과 식사를 포함하면 5시간~5시간 30분 정도 걸린다.

 들머리인 선리마을 버스정류장 인근 선리보건진료소에서 도로를 건너 작은 골목과 선리경로당을 지나면 바로 산길이 열려 있다. 들머리다. 민가 오른쪽 담벼락을 끼고 곧바로 능선으로 붙는다. 초반부터 제법 가파른 오르막이다. 하지만 길은 지그재그 형태여서 그렇게 숨이 차지는 않다. 침엽수보다 참나무 등 활엽수가 많다.

 이마에 땀방울이 조금 맺힐 즈음 월성 이씨묘를 통과한다. 보건지소에서 출발한 지 15분. 길은 계속되는 외길 오르막. 조금씩 호흡은 가빠오지만 바람이 시원해 천천히 걸으며 가을 산행을 만끽한다.

재약봉에서 코끼리봉으로 가는 도중 만난 억새밭.

인적이 드문 길이지만 등로는 아주 깔끔하다. 30분쯤 오르면 중간에 볼록 솟은 620봉. 양지바른 곳에 인동 장씨묘가 자리 잡고 있다. 고개를 들면 이제 주능선이 시야에 들어온다. 안부로 살짝 내려선 후 다시 오르막을 타고 40분쯤 가면 향로산과 재약봉으로 갈라지는 주능선 삼거리에 닿는다. 이곳에서 오른쪽으로 가기 직전, 왼쪽 20m 지점의 전망대에 잠시 들러 남서쪽의 조망을 살핀다. 오른쪽 어깨 너머로 917봉이 보이고 선리에서 가산재로 연결되는 긴 골짜기인 다람쥐골의 울창한 숲이 확인된다. 골짜기 너머로 향로봉 백마산 능선과 저 멀리 능걸산 축전산 자락까지 시원하게 펼쳐진다.

다시 삼거리로 돌아와 재약봉으로 향한다. 완만한 내리막. 7분 후 안부 사거리에서는 직진한다. 이어 만나는 야트막한 봉우리인 832봉은 오르지 않고 왼쪽 옆구리를 타고 살짝 우회한다. 10분 후 편평한 사거리를 만난다. 칡밭재다. 왼쪽은 밀양의 대표적 산간 오지마을인 칡밭마을을 거쳐 표충사로 하산하는 길, 오른쪽은 배내골의 장선리 마을회관 쪽으로 가는 길이다.

이제 눈앞에 솟아 있는 재약봉을 보면서 직진한다. 20분가량 된 비알을 치고 오르면 정상. 삼각점만 덩그러니 남았지만 조망만큼은 압권이다. 북쪽으로 재약산과 사자평, 천황산 능동산 가지산으로 이어지는 영남알프스 중앙능선이 고스란히 확인된다. 능동산에서 동쪽으로 배내고개와 배내봉 간월산 간월재 신불산 영축산 함박등 시살등 오룡산까지 이어지는 영남알프스 남동부 능선이 육중한 몸매를 뽐내며 내달린다. 재약산 아래 사자평 억새밭에는 산꾼들의 모습이 천연색 모래알처럼 반짝인다. 남서쪽 영남알프스의 또 다른 전망대인 향로산도 코앞에 솟아 있다. 정상에서 30분 이상 머무르며 조망을 즐겼는데도 여전히 인적이 이어지지 않는다. 그만큼 고독한 산이다.

산행 초반 주능선 삼거리에서 향로산 방향으로 20m 지점에 위치한 전망대.

 하산은 진행 방향인 북쪽 능선을 따른다. 내리막을 타고 15분쯤 가면 안부의 작은 억새밭이다. 축구장 1개 정도 규모로 작다.
 안부 억새밭에서 길 찾기가 다소 애매할 수도 있다. 전방에 솟은 봉우리를 보며 능선을 따른다는 생각으로 찬찬히 살펴보면 길은 계속 이어진다. 최근 잘 달지 않는 근교산 노란 리본도 묶어놨다. 15분가량 오르면 902봉이다. 잡목이 우거져 조망은 없다. 우측으로 길이 살짝 휘면서 능선을 따라 7분쯤 가면 왼쪽으로 재약산과 사자평이 살짝 드러나는 곳에 오른쪽 지능선을 떨어뜨리는 갈림길인 듯한 지점이 있다. 경남 양산·밀양·울산 울주군의 3개 지역의 분기점이다. 오른쪽 능선 쪽으로 갈림길이 있고 붉은색 리본도 달려 있지만 이 능선의 등산로는 중간에 끊긴다. 산행팀은 별도로 리본을 부착하고 '등산로 없음' 표시해놓았다.
 이어지는 산길은 직진. 참나무 터널 같은 능선길을 따라 8분쯤 가면 삼각점이 있는 봉우리에 올라선다. 코끼리봉이다. 능선길 위에 있어 크게 부각되지 않지만 재약산이나 사자평 방향에서 보면 코끼리가 코를 길게 늘어뜨린 것처럼 보여 명명됐다고 전해온다.

이제 산행은 막바지. '재약산 산들늪 고산습지 보호지역' 안내판과 이정표가 설치돼 있는 사거리인 죽전고개까지는 12분 후 다다른다. 왼쪽은 바로 사자평, 직진해도 재약산과 사자평으로 갈 수 있지만 산행팀은 억새의 유혹을 뿌리치고 오른쪽으로 하산길을 잡는다. '죽전·배내산장' 방향을 가리키는 작은 표지판을 참고하자. 10분쯤 내려가면 눈앞이 탁 트이는 전망바위. 배내고개 건너 배내봉에서 간월산 신불산 영축산 함박등 시살등으로 이어지는 영남알프스 남동부 능선이 만리장성처럼 길게 펼쳐져 있다. 학성이씨묘를 거치면 어느새 배내골 69번 도로와 만난다. 입구에 '죽전마을 1.8km' 이정표가 서 있다. 바로 옆에 공중화장실이 있고, 길 건너편에 영남알프스산장이 눈에 띈다.

하산길 전망대에 서면 간월산서봉 간월산 신불산(왼쪽부터)이 시야에 들어온다.

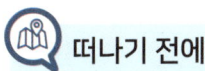 떠나기 전에

- 산간 오지 칡밭마을, 한때 '시대의 피난자'들 안식처 역할

경남 양산과 밀양의 경계에 위치한 재약봉 산행 도중 만나는 칡밭재는 오래전 양산시 원동면 장선리(배내골) 사람들이 밀양시 단장면 칡밭마을을 거쳐 밀양장까지 왕래하던 주요 통로다. 이 칡밭마을은 밀양에서도 산중 오지마을로 알려진 곳이다. 워낙 깊은 산중에 위치한 탓에 "세상이 싫다"며 속세를 등지고 이 마을로 찾아드는 사람들이 많았다고 전해온다.

배내골에서 터전을 잡아 사는 전 배내산장 김성달 대표는 "1970, 80년대에는 예쁘장한 아가씨가 이 마을로 들어와 수년간 살기도 했는데 알고 보니 군사정권으로부터 수배당하자 체포되지 않으려고 숨어든 것이었다"며 "요즘이야 세상이 많이 달라졌지만 당시만 해도 학생운동이나 노동운동을 하다가 쫓기게 된 사람들이 심심찮게 칡밭마을을 찾아오곤 했다"고 말했다. 그만큼 칡밭마을은 험하면서 이 세상과 동떨어진 일종의 해방구 역할을 했던 곳이라는 이야기다.

재차 알림. 국제신문 산행팀은 통상 시도 경계에 있을 땐 들머리를 기준으로 산 이름 앞에 지자체명을 붙였다. 재약봉도 양산과 밀양의 경계에 있다. 이번엔 양산 배내골에서 출발했기에 '양산 재약봉'으로 표기한다. 만일 표충사에서 시작했다면 '밀양 재약봉'으로 적는다.

 교통편

- 도시철도 양산역 환승센터에서 1000번 직행 좌석버스 타고 선리 하차

열차편으로 원동역까지 간 후 배내골행 버스를 이용하는 것이 가장 편리하다. 부산역에서 원동역행 무궁화호 열차는 오전 7시39분, 8시51분, 10시20분(부전역) 출발한다. 원동역에서 배내골행 버스는 열차 도착 시간과 연계돼 있으니 걱정 안 해도 된다. 배내골 선리 정류장에서 내린다.

날머리 배내골 죽전에서 원동행 버스를 타기 위해선 태봉까지 1km 정도 걸어야 한다. 태봉(파래소폭포 입구)에서 원동역행 버스는 오후 3시20분, 5시35분, 8시5분(막차는 상시 운행 안 함. 막차를 탈 경우 앞 차 시간(오후 5시35분) 이전에 미리 콜(010-4821-8514)을 해야 운행함)에 있다. 원동역에서 부산역행 무궁화호 열차는 오후 3시26분(부전역), 4시49분, 오후 6시22분, 8시6분(부전역)에 있다.

도시철도 2호선 양산역 환승센터에서 배내골을 오가는 양산 1000번 직행 좌석버스를 이용하면 편리하다.

양산역 환승센터에서 배내골행 버스(오전 7시, 10시)를 타고 선리 정류장에 내린다. 산행 후 태봉에서 양산역 환승센터행 버스는 오후 3시30분, 7시10분에 있다.

승용차를 이용할 경우 내비게이션에 '선리보건진료소'를 목적지로 해서 찾아가면 된다.

경북의 산

- 경주 큰갓산~옥녀봉
- 경주 토함산
- 포항 만리성산
- 청도 남산~은왕봉
- 김천 인현황후길

경주 큰갓산~옥녀봉

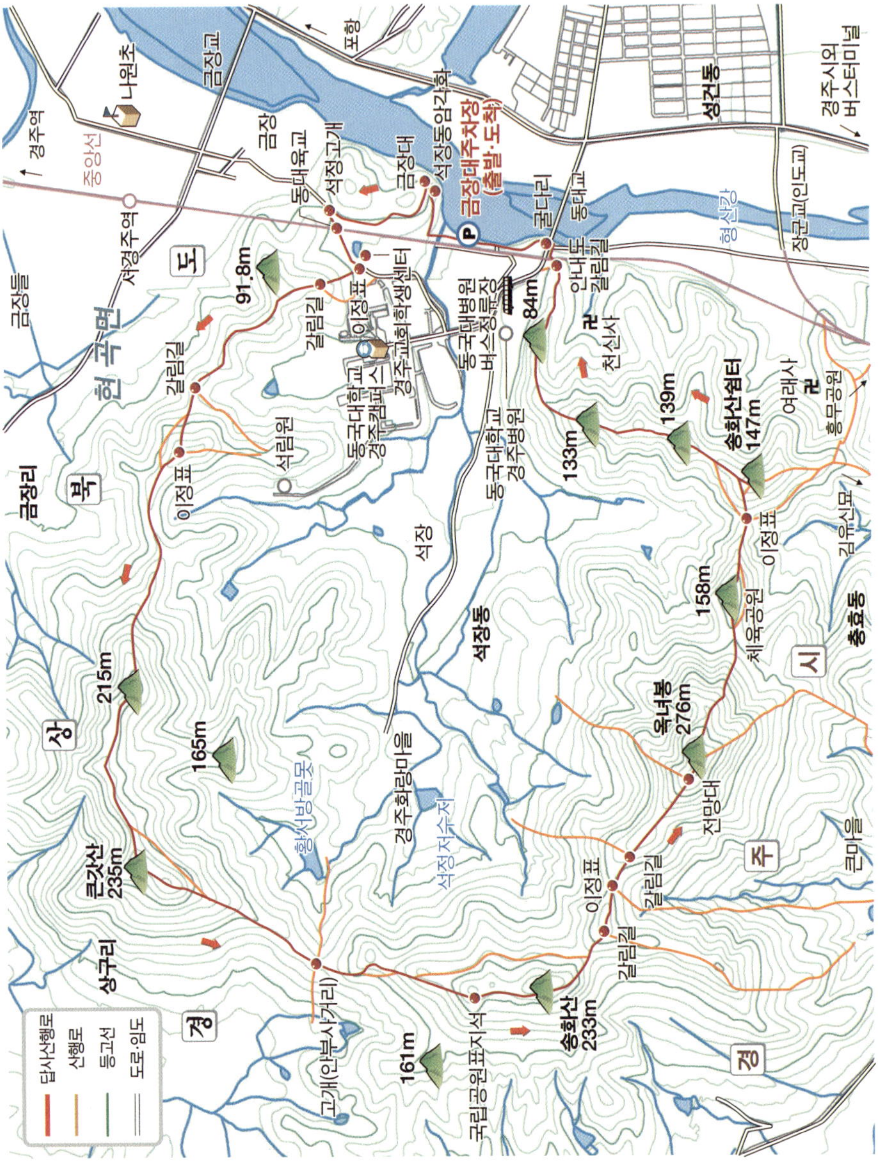

 산행코스: 경주 석장동 금장대 주차장~석장동 암각화~금장대~경주교회 학생센터 맞은편 동국대 부설유치원 옆 등산로 입구~큰갓산~안부 사거리(현곡면·석장동 갈림길)~233봉~큰마을 갈림길~전망대 삼거리~옥녀봉~숭무전 갈림길~158봉(체육시설)~송화산 쉼터(147봉)~동대교~금장대 주차장

옥녀봉 정상 직전 전망대에 서면 용림산 구미산을 비롯해 경주 북서쪽의 산들을 죄다 확인할 수 있다.

수묵화 같은 송림 풍경에 매료되다

 '지붕 없는 박물관' 경주는 알고 보면 산의 도시다. 우리가 흔히 알고 있는 대부분의 문화재는 산속 혹은 산기슭에 있다. 워낙 희귀한 국보급이 많다 보니 사실 산은 잊은 채 문화재만 부각한 때문이다.
 경부고속도로 경주IC로 들어선 후 오른쪽에 한 마리의 금거북이 서라벌 깊숙이 들어와 편안히 앉아 있는 형상인 남산. 이곳 남산의 40여 개 계곡과 산줄기에는 100여 곳의 절터와 80여 구의 석불, 60여 기의 석탑이 산재해 있다. 한 굽이 돌면 미소 머금은 마애불이, 봉우리 하나 넘으면 사바세계를 굽어보는 석탑이 뭇 객을 기다린다. 신선암 마애보살상, 용장사지 삼층석탑, 칠불암, 천룡사지 삼층석탑, 늠비봉 오층석탑, 약수골 마애대불, 보리사 석불좌상 등이 대표적 문화재.

정상에 서면 동해가 펼쳐지는 토함산은 국보 다보탑 석가탑으로 유명한 불국사와 석굴암을 품고 있다. 선도산에는 태종무열왕릉을 비롯해 진흥왕릉, 헌안왕릉, 법흥왕릉 등 여러 왕릉과 석탑이 모여 있다. 이차돈의 넋이 어린 신라 불교의 성지 소금강산에는 굴불사지 사면석탑, 구미산과 이웃한 용림산에는 용명리 삼층석탑, 삼성산~도덕산 기슭에는 정혜사지 13층 석탑과 회재 이언적 선생이 말년에 세상을 등지고 책을 벗 삼아 보낸 독락당과 세계문화유산 옥산서원이 있다.

문화재가 없더라도 가볼만 한 산도 적지 않다. 가마솥을 떠받치고 있는 형상으로, 양산 정족산(鼎足山)과 한자와 해발고도(700m)까지 똑같은 정족산, 정상석 옆에 김유신 장군이 단칼에 쪼갰다는 단석(斷石)이 있는 경주 최고봉 단석산(827m), 멀리서 보면 여성의 성기를 빼닮은 여근곡이 있는 오봉산 등이 그곳이다. 여기에 사룡산 옹강산 마석산 인내산 금곡산 입암산 장육산 조래봉 봉서산 동대봉산 만봉산 석두산 자옥산 등이 품은 보석 같은 산길은 산꾼들에게 즐거움을 선사한다.

이참에 경주의 또 다른 산을 소개한다. 비교적 경주 도심인 석장동과 현곡면에 걸친 큰갓산(235m)과 옥녀봉(276m)은 화려하지는 않지만 김유신 묘와 금장대, 암각화 등 문화재와 볼거리가 기다린다. 걷는 재미도 흠뻑 느낄 수 있다.

경주 한가운데를 남북으로 가로지르는 형산강 서쪽에 위치한 동국대 경주캠퍼스 등 석장동 일대를 둥글게 끌어안은 형세다. 큰갓산이라는 이름은 좌우 능선에서 살짝 솟아 편평한 정상부의 모습

금장대 아래에 위치한 석장동 암각화.

이 갓처럼 보여 붙은 듯하다. 옥녀봉 정상 직전 전망대에서 이 형상을 확연하게 구분할 수 있다.

이번 코스에선 송화산이란 봉우리도 만난다. 근데 출처마다 위치가 조금씩 다르다. 산행 막바지 승무전으로 가는 길이 갈라지는 지점에서 '송화산 쉼터'가 이정표에 등장한다. 이곳은 147봉을 가리킨다. 국립지리원 2만 5000분의 1 지형도에도 이곳이 송화산으로 표기돼 있다. 그런데 산행 끝 무렵 동대교 직전 국립공원관리공단이 설치한 안내도에는 옥녀봉에서 내려와 처음 만나는 체육시설이 있는 158봉을 송화산이라 적고 있다. 지역 주민은 옥녀봉 서쪽의 233봉을 송화산이라 했다. 큰갓산도 235봉에 경주시가 세운 정상 표식이 있는 반면 지형도에는 직전 215봉이 정상으로 적혀 있다.

산행 출발점은 경주 석장동 금장대 주차장이다. 구체적 경로는 주차장~석장동 암각화~금장대~경주교회 학생센터 맞은편 동국대 부설유치원 옆 등산로 입구~큰갓산~안부 사거리(현곡면 · 석장동 갈림길)~233봉~큰마을 갈림길~전망대 삼거리~옥녀봉~숭무전 갈림길~158봉(체육시설)~송화산 쉼터(147봉)~동대교~금장대 주차장 순. 전반부는 소나무가 우거진 넓고 평탄한 길이며 후반부는 제법 오르내려 땀깨나 흘려야 하는 길이다. 총거리는 8.3km 정도, 소요 시간은 3시간~3시간 30분이다.

금장대 안내판이 서 있는 주차장 맨 끄트머리에서 다리를 건너 오른쪽으로 간다. 먼저 석장동 암각화를 보기 위해서다. 발아래 흐르는 형산강과 경주 시내를 배경으로 청동기시대로 추정되는 암각화가 새겨진 암벽이 있다. 암각화 바로 위에는 기러기도 쉬어갈 정도로 경치가 빼어나 금장낙안(金藏落雁)이라 불리는 금장대가 있다. 신라 땐 왕의 연회 장소로, 조선시대 땐 시인 묵객들이 즐겨 찾아 시를 읊었다 전해온다. 그 전통을 이어 지난 2012년에는 이곳에서 국제펜대회 시낭송회가 열리기도 했다. 형산강 팔경에 속하는 금장대에 서면 경주 시가지는 물론 남산과 토함산, 이웃한 소

금장대에서 바라본 형산강과 남산, 그리고 경주시가지.

금강산 등 시원한 풍광이 눈에 들어온다.

산행은 금장대 입구 계단을 내려서자마자 오른쪽 소로로 끝까지 간다. 도로와 만나 왼쪽으로 가면 경주교회 학생센터와 만난다. 길 건너 맞은편 무덤 옆 이정표(큰갓산 2km, 옥녀봉 4km) 뒤로 산길이 열려 있다. 진짜 들머리다. 이정표 좌측으로 저 멀리 동국대 경주병원 뒤 산길이 날머리 쪽인 걸 감안하면 이번 산행은 원형의 능선을 시계 반대 방향으로 걷는 코스임을 알 수 있다.

도입부 짧은 급경사 길을 오른 뒤에는 평탄한 길을 산책하듯 걷는다. 도중 갈림길과 몇 차례 만나지만 큰갓산을 거쳐 옥녀봉까지는 주능선만 따라가면 된다. 동국대 석림원(0.35km) 갈림길에 이어 체육시설을 지나 평상이 있는 215봉이 지형도상의 큰갓산이다. 여기서 살짝 오르내리다가 갈림길에서 오른쪽 능선을 오르면 큰갓산 정상이다. 경주시에서 세운 '큰갓산 등산로' 안내판이 있다. 정면으로 내려간다. 안부 사거리를 지나 '경주국립공원 화랑지구' 안내판을 뒤로하고 올라선다. 곧바로 만나는 갈림길은 이내

야경 명소로 유명한 금장대.

산행 들머리에서 큰갓산 정상까지는 몇 군데 오르내림이 있지만 편안하게 산책하듯 걸을 수 있는 송림길이 이어진다.

만난다. 이어 만나는 갈림길에선 정면 주능선을 따라 올라간다.

평퍼짐한 봉우리인 233봉(송화산)을 지나 내려가면 우회한 길과 만난다. 이어 잠시 급경사를 오르면 삼거리다. 오른쪽은 큰마을과 선도산 방향, 산행팀은 왼쪽으로 향한다. 큰마을 갈림길을 지나 만나는 전망대에 서면 서쪽과 북쪽 조망이 열린다. 저 멀리 용림산 구미산 인내산 어림산 금욕산이 눈에 들어온다. 곧바로 옥녀봉에 올라선다. 조망은 시원찮다. 침목계단이 설치된 급경사를 내려간다. 안부 사거리와 체육시설이 있는 158봉을 거쳐 송화산 쉼터 · 숭무전 갈림길과 만난다. 정면 로프가 쳐진 산길로 송화산쉼터에 오른 뒤 능선을 따라 동대교 쪽으로 향한다. 20분 뒤 동대교. 여기서 도로로 올라 왼쪽으로 가면 버스정류장이 있다. 금장대 주차장은 오른쪽으로 내려가 다리 아래를 지나면 나온다.

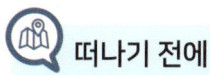 떠나기 전에

- 형산강 8경 중 하나 금장대, 5월 등 축제 때 찾으면 환상적

　경주 인내산에서 발원하여 63.9㎞에 이르는 국가하천 형산강은 포항 영일만까지 이어진다. 경주시와 포항시는 관광객 유치를 위해 2016년 형산강이 흐르는 주변 아름다운 경관지 8경을 선정했다. 금장대·보문물너울교·양동마을·월정교·삼릉솔숲·부조정·포항운하·영일대가 그것이다.

　원래 금장대는 경주 석장동 형산강 쪽에 있는 낭떠러지 암벽이다. 신라시대 암벽 위에 있었던 사찰인 금장사에서 이름을 따와 지금은 정면 5칸, 측면 4칸의 팔작지붕 금장대 누각이 있다.

　금장대에 서면 경주시가지와 '야외 박물관' 남산을 한눈에 담을 수 있다. 금장대 주변은 경치가 아주 빼어나 경주의 하늘을 지나가는 기러기들이 반드시 쉬어 간다고 하여 경주의 여덟 가지 기이한 현상 가운데 하나인 금장낙안(金藏落雁)이라 불리던 곳이다.

　금장대 아래 형산강의 본류인 서천과 북천이 만들어낸 예기청소(藝妓淸沼)는 경주가 고향인 소설가 김동리의 소설 '무녀도'의 배경이 되었던 곳으로 유명하다.

　금장대 바로 아래 중턱의 바위에는 선사시대 인류가 남긴 기록인 '석장동 암각화'가 있다. 조선 땐 시인 묵객들이 신라의 흥망을 생각하며 자연의 영원함과 인간 삶의 부질없음을 인식하며 시를 읊조리던 공간이었다.

　'금장대 등 축제'가 열리는 5월에 찾으면 형산강에 비친 오색 등과 경주시내 야경이 한데 어우러져 환상적인 감흥을 안겨준다.

 교통편

- 경주고속버스터미널 맞은편 40·51번 시내버스 타고 동국대병원 정류장 하차

　대중교통을 이용하면 경주터미널에서 시내버스를 타고 동국대병원으로 가면 된다.

　부산 노포동종합터미널에서 경주행 시외버스는 오전 6시20분부터 20~30분 간격으로 출발한다. 해운대 시외버스정류장에서도 경주행 버스가 매시 20분에 출발한다. 경주고속버스터미널 맞은편 '고속버스터미널·시외버스터미널' 정류장에서 40, 51번 시내버스를 타고 '동국대병원' 정류장에 하차, 정류장 뒤 도로로 내려가 굴다리를 지나면 금장대 주차장이 나온다. 시외버스터미널에서 나와 오른쪽 '시외버스터미널' 정류장에서 동국대 경유 안강행 210번 시내버스를 타도 된다. 택시를 타면 기본요금 정도다.

　승용차를 이용할 때는 금장대 주차장을 내비게이션 목적지로 해서 찾아가면 된다.

 경주 토함산

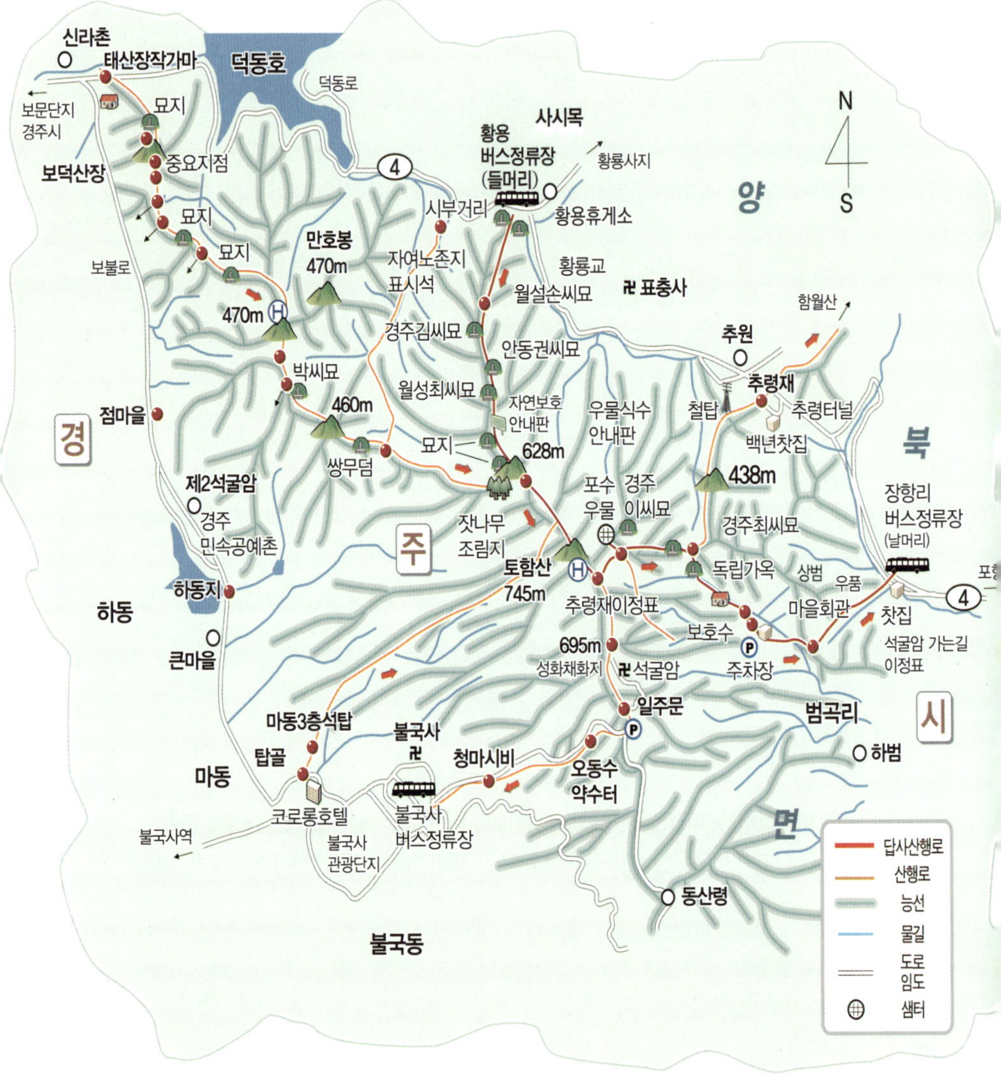

 경주 황용동 사시목마을 황용휴게소~월성 손씨묘(2기)~경주 이씨묘~묘지 앞 등산안내도~우물식수 등산안내도~토함산 정상~추령재 갈림길~상범마을 갈림길~상범마을~장항리 버스정류장

토함산 정상에서 바라본 일출 모습. 동해바다에서 떠오르는 이 장면은 특히 아름다워 매년 1월 1일이면 사진애호가들이 즐겨 찾는다. 작은 사진은 커다란 정상석을 세우기 전 모습.

산나물·야생화 찾아 '헉헉'
정상에 오르니 동해바다

   나이 지긋한 어르신 세 분이 황용휴게소에서 소주 한 병을 사 들고 나왔다.
   "차림새를 보니 젊은이도 토함산 왔나. 길은 알고 있지. 요기 다리 밑으로 내려가 개울 건너 논두렁을 따라 가면 곧바로 산길이 나오지. 찾기 쉽지. 그럼 우린 먼저 간다네." 묻지도 않았는데 친절하게 설명한 그들은 급한 약속이라도 있는 듯 종종걸음으로 이내 시야에서 사라졌다.

토함산 정상 입구에서 바라본 경주시가지 모습. 발아래는 불국사 집단시설지구.

    30분쯤 뒤 그들과 다시 조우했다. 딴사람이었다. 흰 목장갑을 낀 손에는 그들 표현대로 '등산용 곡괭이'가, 또 다른 손에는 방금 채취한 산나물이 한 움큼씩 쥐어져 있었다.
    관심을 두고 따라붙는 기자에게 "요건 미역취, 이건 비비추, 요건 참나물…"이라며 활짝 웃는다. 더덕 잎도 그날 처음 봤다. 오랫동안 산을 다닌 산행팀은 사실 웬만한 야생화는 대충 알지만 더덕이나 산삼 잎은 어떻게 생겼는지 몰랐다. 한 어르신이 더덕을 기자에게 건네며 잎의 향을 맡아보라 했다. 그 어떤 값비싼 향수와 비교되지 않을 만큼 상큼했다. 알고 보니 더덕은 지천에 널려 있었다. 덜 자란 더덕은 원상 복구해두는 마음 씀씀이도 보기 좋았다.

그들의 발걸음은 일 보 전진에, 두세 보 좌우 관찰, 산행은 아예 뒷전이었다. "여긴 산나물이 생각보다 많아. 특히 이 길은 더욱 그래. 참, 재밌는 얘기 하나 해줄까. 작년 요맘땐 여기서 멧돼지 새끼도 봤어. 허허."

그랬다. 그 유명한 불국사와 석굴암을 품고 있고 신라 땐 하늘에 제를 지낸 5대 영산 중 하나였던 토함산(吐含山·745m). 바다와 인접한 경주의 동쪽에 터를 잡아 동해의 습기와 바람을 구름과 안개로 뱉어 머금는다는 토함산. 해맞이의 명소이자 단석산 남산과 함께 경주의 3대 명산으로 꼽히는 바로 그 산이 산나물이 지천으로 자랄 줄이야 누가 알았겠는가.

야생화의 보고이기도 했다. 노루귀 갈퀴나물 쥐오줌풀 천남성 왕제비꽃 족두리풀 미나리아재비 은방울꽃 선씀바귀 작약 민백미꽃 솜방망이 흰민들레 쥐오줌풀 등의 해맑은 미소는 산행 내내 발걸음을 붙잡았다. 양지바른 묘지에는 온통 야생화 천국이었다.

지금까지 부산 울산 경남의 대표적 산나물 산행지로는 거창 양각산과 생식마을로 유명한 경주와 영천의 경계에 위치한 사룡산 정도. 토함산도 오늘부로 그 반열에 감히 올린다.

산행은 경주 황용동 사시목마을 황용휴게소~월성 손씨묘(2기)~경주 이씨묘~묘지 앞 등산안내도~우물식수 등산안내도~토함산 정상~추령재 갈림길~상범마을 갈림길~상범마을 순. 걷는 시간만 3시간 정도 걸린다.

들머리 황용휴게소로 가는 길은 우선 눈이 즐겁다. 유홍준 전 문화재청장이 '나의 문화유산 답사기1'에서 극찬한 경주 시민의 식수원인 덕동호를 따라 굽이굽이 돌고 돌아 고갯길을 오르내린다. 이 길은 감포를 거쳐 구룡포로 이어지는 멋진 드라이브 길로 유명하니 참조하자.

황용휴게소 정류장에서 내려 휴게소 우측 포장로를 따라 계곡으로 내려간다. 두 개의 다리 아래를 통과하며 개울을 건넌 후 왼쪽

일출 때의 토함산 정상 직전 편백숲길은 마냥 걷은 싶은 길로 변한다.

으로 내려가 다시 물을 건너 산 쪽 방향으로 간다. 초록 그물망을 경계로 한 논과 (고추)밭과 사이를 가로질러 걷다 산과 만나면 우측으로 간다. 이내 월성 손씨묘 2기. 여기서 30m쯤 더 가면 왼쪽으로 희미하게나마 오르막길이 열려 있다. 길 오른쪽 입구엔 섬노린재나무꽃이 만발해 있다.

초반엔 제법 만만찮은 된비알의 연속. 땀깨나 흘릴 각오를 해야 한다. 오를수록 희미하지만 자세히 보면 길 흔적이 보인다. 발밑에는 산나물과 야생화가 지천으로 널려 있고 수목은 초록과 연둣빛이 물씬 묻어나는 활엽교목 일색이다.

만일 이 코스를 찾는다면 미리 온라인이나 관련 서적을 통해 앞서 기술한 산나물과 야생화를 한 번 찾아보고 직접 육안으로 확인하는 것도 좋은 방법일 듯.

1시간쯤 뒤 묘지 앞 첫 등산안내도. 정상까지 1.2km 남았다. 10분 뒤 시야가 트이면서 왼쪽으로 동해바다가 모습을 살짝 드러낸다. 주변은 아직 푸르름을 간직한 억새군락지. 여기서 50m 채 못

가면 갈림길. 우측 그림 같은 잣나무 숲길은 경주엑스포대공원 쪽에서 올라오는 길로, 늦가을 이곳으로 오르면 무릎까지 빠지는 낙엽산행을 경험할 수 있을 듯.

산행팀은 직진한다. 10분 뒤 또 갈림길. 등산안내도에는 우물식수라고 표기돼 있지만 찾을 길이 없다. 우로 가면 코오롱호텔 주차장, 산행팀은 직진한다. 곧 정상 입구 갈림길. 오른쪽은 코오롱호텔, 왼쪽은 추령재를 거쳐 함월산으로 가는 길이다. 6분 정도면 정상에 닿는다.

잠시 조망을 살펴보자. 왼쪽 제일 뒤 능선이 영축 신불 간월 가지산으로 이어지는 영남알프스, 정면 제일 뒤 오봉산 단석산, 그 오른쪽 앞으로 벽도산 선도산 형제봉 구미산, 제일 앞 능선이 남산 고위봉 마석산 치술령이다. 가히 산의 물결이다.

정상에는 오랫동안 터줏대감이던 큰 돌탑 대신 높이 3m쯤 되는 정상석이 자리를 잡고 있다. 북쪽 정면으로 기림사를 품은 함월산과 그 왼쪽 동대봉산, 그 사이로 작은 봉우리 몇 개가 보이는 산이 포항 운제산이다. 저 멀리 동해바다도 시원하게 펼쳐진다.

토함산은 야생화의 천국이어서 전국의 야생화 마니아들이 즐겨 찾는다. 귀한 야생화를 발견한 후 촬영하고 있는 동호인들.

정상석을 지나면 갈림길. 왼쪽 추령재 방향 대신 오른쪽 석굴암 방향으로 간다. 헬기장을 지나면 곧 이정표. 왼쪽 '포수우물·추령재' 방향으로 내려선다. 참고로 직진하면 석굴암 입구. 20분 정도 걸린다.

5분 뒤 포수우물 갈림길. 180m 거리에 있어 잠시 들렀다 가자. 10분 뒤 다시 갈림길. 직진하면 추령재, 산행팀은 우측 상범마을 방향으로 내려선다. 이때부터 묵은 길이 시작되니 유의하자.

10분 뒤 가파른 절개지로 내려서면 계곡에 닿는다. 유량은 적지만 수정같이 맑고 깨끗하다. 이후 계곡 따라 내려가다 우측 길로 오른다. 260년 된 보호수인 느티나무를 지나 3분이면 범곡리 상범마을회관에 다다른다. 이후 포장로를 따라 30분(1.6km) 정도 가면 추령재에서 넘어오는 감포 가는 옛길을 만난다. 길을 가로질러 오르막길로 가면 추령터널에서 오는 옛 4번 국도와 만난다. 여기서 왼쪽으로 100m 정도 가면 장항리 버스정류장에 닿는다.

 떠나기 전에

- 청정지역 야생화 자생지 무분별한 채취 삼가야

광활한 동해바다를 만끽할 수 있는 해돋이의 명소인 토함산의 등산로는 여러 군데 있다.

우선 불국사 쪽. 마동 코오롱호텔 뒤 탑골~토함산~추령재~함월산 코스가 하나요. 또 하나는 관광안내소~불국사 버스정류장~청마시비~오동수약수터~석굴암 일주문~토함산 코스다. 경주엑스포대공원 인근 보불로삼거리 대산장작가마~잇단 무덤~시부거리 갈림길~토함산 코스도 빼놓을 수 없다. 이 코스는 무릎까지 빠지는 낙엽산행이 가능해 만추가 초겨울에 제격이다.

덕동호 쪽 4번 국도 쪽에도 토함산까지 가는 등산로가 있다. 이번에 소개한 자연부락 사시목 황용휴게소에서 출발하는 코스. 사시목에서 버스 한 정류장 거리인 또 다른 자연부락 시부거리(토함산 4.4km)에서 시작하는 코스, 백년찻집 옆 추령재(토함산 3.0km)에서 출발하는 코스가 있다.

사시목마을 황용휴게소에서 출발한 이번 산행은 토함산 정상에서 내려서자마자 바로 왼쪽 상범마을로 하산했다. 초행이라면 석굴암 입구로 하산해 석굴암과 불국사를 둘러보면 좋을 듯하다.

이번 산행의 날머리인 상범마을에는 '석굴암 가는 길'이라고 표기돼 있다. 마을사람들에게 물어보니 석굴암으로 바로(?) 가는 길이 있다고 한다. 참고하길.

당부 한 가지. 야생화 마니아들에게 덕동호 주변의 토함산 동대봉산은 중부 이북에서나 볼 수 있는 야생화의 자생지가 여럿 발견돼 청정지역으로 여겨진다. 이번 산길도 여기에 포함돼 사실 산행팀은 소개를 망설였다. 무분별한 채취 때문이다. 각별한 주의를 당부한다.

토함산 추령 코스 입구.

추령코스 입구 옆엔 백년찻집이 있다.

교통편

- 경주터미널서 감포행 버스 타고 황용휴게소 하차

부산 노포동종합터미널에서 경주행 시외버스는 오전 6시20분부터 20~30분 간격으로 출발한다. 경주시외버스터미널에서 감포행 버스(100, 100-1, 150, 150-1)를 타고 황용휴게소 앞에서 내린다. 오전 6시20분부터 30분 간격으로 있다.

날머리 장항리 버스정류장에서 경주터미널행 버스는 100, 100-1, 150번 버스가 있다. 30분 간격으로 있다. 경주터미널에서 노포동행 시외버스는 20분 간격으로 있으며 막차는 밤 10시40분. 해운대행 시외버스는 오후 5시10분, 6시45분, 8시10분. 서부터미널행 시외버스는 오후 4시40분 이후부터 40분 간격으로 있다. 막차는 오후 8시40분.

만일 석굴암 입구로 하산했을 경우 석굴암 주차장에서 불국사 가는 12번 버스는 매시간 있으며 막차만 오후 6시20분에 출발한다. 불국사 주차장에서 경주터미널행 시내버스(10, 11번)의 막차 시간은 밤 10시5분. 참고로 석굴암 입구에서 불국사 정류장까지 걸으면 약 50분 걸린다.

포항 만리성산

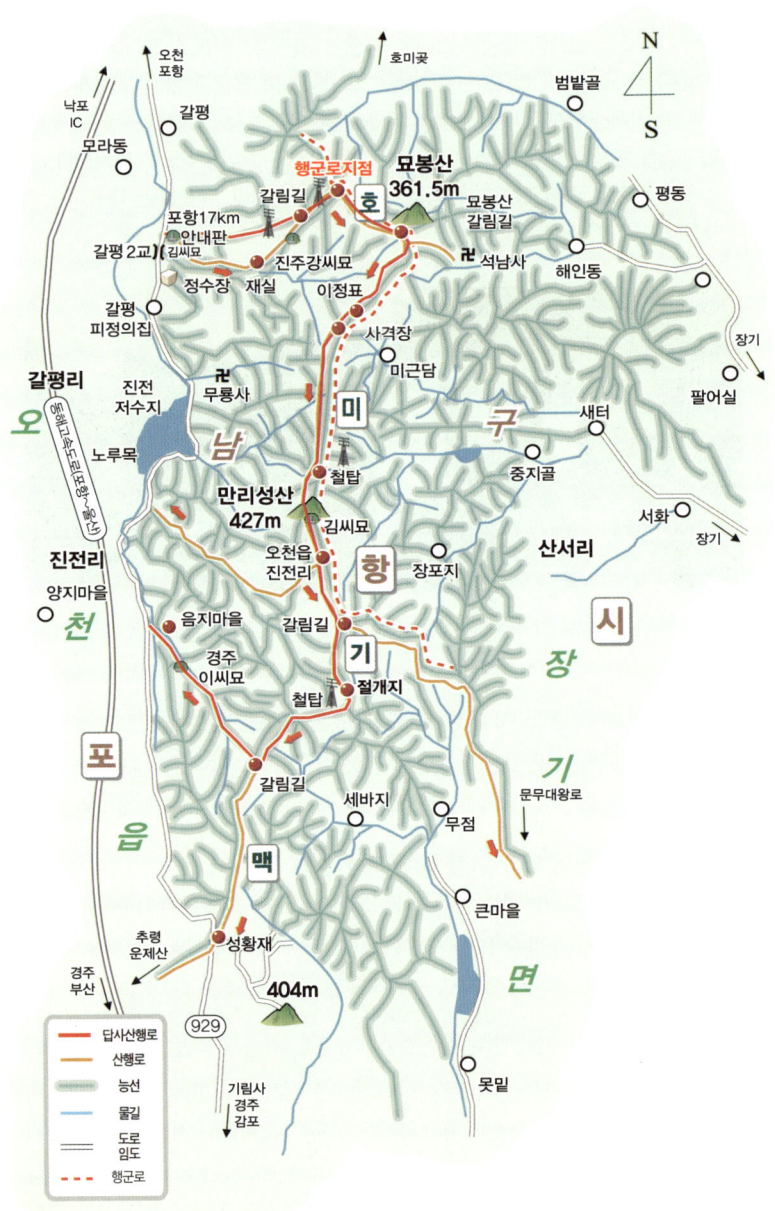

산행 코스: 포항 남구 오천읍 갈평리 갈평2교(14번 국도변)~김해 김씨묘~철탑~(행군로)~묘봉산 갈림길~묘봉산 정상~묘봉산 갈림길~사격장 삼거리~만리성산~산사태 절개지~철탑~음지마을·성황재 갈림길~음지마을

묘봉산 정상에 선 이창우 산행대장. 묘봉산은 형남기맥에서 약간 벗어나 있기는 하지만 저 멀리 포항 앞바다가 장쾌하게 조망된다.

동해바다 전우 삼아 떠나는
추억의 해병대 행군로

   군대는 대한민국 남자들의 운명이자 추억이다. 오래전엔 주변에 갖가지 불법과 편법을 동원해 군대를 가지 않거나 회피 목적으로 국적 포기를 한 젊은이들이 더러 있었다. 하지만 이들에 대한 현실적 제재를 입법화하면서 정상적인 청년이라면 군 복무는 당연히 하는 것으로 분위기가 굳어지고 있다.
   군대! 이 단어를 보면 40대 이후 대다수 멀쩡한 남자는 그래도 가슴 한쪽에 그 시절을 소중한 추억으로 아련히 간직하고 있다. 만일 한 번 더 가라고 하면 결단코 거부하겠지만 남자들에게서 군대 이야기는 동질감의 확인 같은 의미를 담고 있다.

만성성산임을 알리는 정상석에는 만리성이라 표기돼 있다.

　포항 만리성산(427m). 잘 정비된 능선길이 산행 내내 이어지는 보석 같은 코스이다.
　군대 이야기를 하면서 이 산을 언급한 이유는 이번 산행 도중 군 생활을 떠올리는 '행군로'라 적힌 팻말을 우연히 발견했기 때문이다. 알고 보니 과거 귀신 잡는 해병대 모 사단의 체력단련 코스였다. 물론 지금은 아니지만.
　육군 병장으로 제대한 기자와 산행대장은 잠시 휴식을 취하면서 군 생활을 떠올리며 감회에 젖었다.
　"지금 생각해보면 그렇게 힘든 훈련을 어떻게 감내하고, 그토록 불합리한 명령 아닌 명령에 어떻게 복종했을까." "한밤중에 야간사격한답시고 '자동'에 걸어놓고 연발사격을 할 땐 그래도 통쾌했지."
　하여튼 지금도 피 끓는 젊은 청춘들이 시도 때도 없이 이를 악물고 이 길로 극기훈련을 하고 있었을 장면을 떠올리면 묘한 감정이

묘봉산 정상에 서면 포항 앞바다를 볼 수 있다.

교차하는 것은 기자만의 생각일까.

 포항 만리성산은 이른바 호미기맥의 한 기점이다. 도상거리 98km인 형남기맥은 낙동정맥의 동쪽으로 흐르는 물줄기 중 가장 큰 형산강 남쪽에 위치한 산줄기다. 영남알프스 고헌산 북쪽의 백운산에서 출발, 치술령~토함산~추령~함월산~성황재~만리성산~금오산~공개산~고금산을 거쳐 호미곶에서 그 맥을 다한다.

 이 기맥은 토함산과 치술령을 통과하기에 신라 역사를 고스란히 간직하면서 교통과 문물의 흐름을 경계하고 있어 토함기맥, 지리적 상징성이 있는 호미곶에서 끝나 호미기맥, 강을 중심으로 맥의 이름을 만들어 부른 산경표의 개념으로 볼 때 형남기맥으로도 불리지만 최근 호미기맥으로 굳어지는 분위기다.

 산행은 포항 남구 오천읍 갈평리 갈평2교(14번 국도변)~김해 김씨묘~철탑~(행군로)~묘봉산 갈림길~묘봉산 정상~묘봉산 갈림길~사격장 삼거리~만리성산~산사태 절개지~철탑~음지마을 · 성황

이번 코스는 산책하듯 편안한 길(왼쪽)과 낙엽이 수북해 무릎까지 빠지는 산길도 만난다.

재 갈림길~음지마을 순. 걷는 시간은 4시간 30분 정도이지만 길 찾기가 만만찮으니 꼼꼼히 확인하며 걷자. 코스의 대부분이 호미기맥 산길이라 능선길로 올라서기만 하면 원 없이 내달릴 수 있다.

출발점은 포항 남구 오천읍 갈평리 갈평2교. 주변에 갈평정수장, 갈평피정의 집(남대영 신부 유물관)과 문암사 팻말이 눈에 띈다. 갈평마을은 여기서 오천읍인 북쪽으로 1km 떨어져 있다.

갈평2교에서 갈평피정의 집·갈평정수장 반대 방향인 갈평마을 방향으로 50m쯤 가면 우측에 바로 산길이 보인다. 30m쯤 들어가면 좌측에 산길이 열려 있다. 본격 등산로다. 우측에 김해 김씨묘가 있으면 바로 찾은 거다. 이후 등로는 희미하지만 그럭저럭 찾아 올라갈 수 있다.

오래전 산행팀은 갈평2교 아래로 내려가 계곡을 거슬러 오르며 산행을 시작했다. 20분쯤 뒤 대숲을 배경으로 한 재실 쪽에서 좌측으로 치고 올라 등산을 이어갔다. 하지만 재실을 지은 문중이 재실 주변에 비석과 묘를 새로 단장하면서 조경을 새롭게 해 등산로를 막아버렸다. 재실 입구에도 차단시설을 해놓았다. 무엇보다 여긴 사유지여서 더는 등산로를 낼 수 없었다. 결국 과거 재실 쪽에서 좌측으로 치고 올라 만든 길은 갈평2교 인근 도로변에서 바로 치고 오르는 길과 나중에 만난다.

오르막길이라 힘은 좀 들지만 숲이 울창한 데다 인적이 드물어 마음은 푸근하다. 계속되는 오르막. 오솔길이 편안하는 느낌을 받을 즈음 지능선에 올라선다. 대형 철탑과 묘지를 잇따라 지나 소로를 따라가면 뜻밖에도 임도급 산길을 만난다. 동시에 갈림길이자 호미기맥과 만나는 지점이다. 주변에 '해병대 모 사단'이라 코팅된 조그만 팻말이 보여 처음엔 군부대 안이라 생각했다. 알고 보니 이 길이 그 부대의 체력단련코스였다.

갈림길에서 왼쪽으로 가면 삼봉산 · 세계원재 · 조항산, 궁극적으로는 호미기맥의 시종점인 호미곶에 닿는다. 산행팀은 오른쪽 크게 틀어 완경사길로 내려선다. 이 길로 쭈욱 가면 묘봉산과 만리성산를 거쳐 성황재 함월산 토함산까지 갈 수 있다.

내리막 커브길에는 나무를 덧대 계단을 만들어 놓았고 무엇보다 산길이 귀빈을 맞는 듯 깨끗하게 정비돼 있다. 군인들의 피땀어린 '작업'의 결과가 아닐까 하는 생각을 지울 수 없다.

임도급 산길에서 15분, 묘봉산 갈림길을 만난다. 지형도에도 없는 묘봉산은 호미기맥에서 약간 벗어나 있지만 동해바다가 장쾌하게 조망돼 한번 들러보기를 권한다. 왼쪽으로 20m쯤 가면 이정표가 있다. '왼쪽 묘봉산, 직진 석남사'. 묘봉산은 이정표에서 100m 거리에 있다. 1.5m 높이의 바위 옆에 361.5m라고 적힌 조그만 정상석이 서 있다. 정명으로 포항항을 비롯한 영일만 일대를 훤히 굽어볼 수 있다. 반대쪽엔 운제산, 보이지 않지만 우측이 호미곶 방향.

다시 묘봉산 갈림길로 돌아가 침목을 댄 우측 내리막길로 향한다. 14분쯤 뒤 해병대에서 세운 빨간색 이정표. 왼쪽 산서사격장, 오른쪽 대본리 방향으로 간다. 산길 왼쪽 저 멀리 사격장이 보인다.

벼랑 추락 방지를 위해 말뚝을 세워 밧줄로 묶은 길을 지난다. 낙엽이 수북한 길도 지난다. 때론 길 우측에 포항 앞바다가 시야에 들어온다. 숲도 울창하고 산길도 편안해 콧노래를 불러도 될 만큼 부담 없다.

사격장 갈림길에서 1시간 뒤, 능선길 우측에 산길이 열려 있다. 누군가가 나무 두 그루를 노끈으로 묶어놓았다. 얼핏 무덤 2기만 보이지만 무덤 뒤에 '만리성 427m'라고 적힌 정상석이 숨어있다. 사실 산행팀도 그냥 지나쳤다가 기분이 찜찜해서 되돌아가 결국 확인했다.

이어지는 갈림길. 그 사이에 '행군로'라고 적힌 팻말이 또 보인다. 산행팀의 날머리는 음지마을. 우측 길로 가도 가능하지만 능선길이 좋아 조금 더 내달리기로 한다. 도중 우측 묵은 길을 한번 만나지만 결국 주능선길과 만난다. 참고하길.

또 한 번의 갈림길. 만리성산에서 23분 거리다. 좌측 행군로는 버리고 우측 성황재 방향으로 내려간다. 묵은 길이나 리본이 많아 찾기 쉽다. 잡풀도 헤치고 발목까지 빠지는 낙엽길도 기다린다.

과거 산사태로 추정되는 함몰지역 가장자리를 돌아 철탑을 지난다. 길이 험해진다. 철탑에서 20여 분. 갈림길이다. 직진하면 성황재로 가는 호미기맥 종주길, 산행팀은 음지마을로 가는 우측으로 내려선다. 갈림길 사이에 나무지팡이가 쌓여 있으니 참고하자.

물 마른 계곡이지만 예상치 못한 낙엽길이다. 무릎까지 빠질 정도다. 25분이면 계곡을 벗어나고 거기서 10분이면 음지마을 진전휴게소에 닿는다.

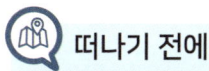 떠나기 전에

- 산행 후 포항 오어사, 경주 기림사, 골굴사 등 볼거리 무궁무진

포항에서 예기치 못한 대어 같은 산길을 낚았다.
오랫동안 산행팀은 5만분의 1 지형도를 보면서 항상 만리성산을 눈여겨보며 오를 기회만 잡고 있었다. 호미곶에서 시작되는 호미기맥의 존재는 익히 들어 알고 있었지만 그 능선이 해병대의 행군로와 겹칠 줄은 상상도 못 했다. 해병대 덕택에 능선길은 주위의 낮은 산들과 함께 조화를 이루며 깨끗하고 멋진 산길로 탈바꿈돼 있었다.
산꾼들이여! 낮다고 얕보지 마시길. 묘봉산~만리성산 산길은 동호인 여러분을 사로잡을 것이다.
만리성산을 지나면 능선의 맥은 크게 두 개로 갈라진다. 왼쪽 행군로는 감포의 문무대왕릉으로 이어지는 문무대왕로이며, 오른쪽 거친 산길은 형남기맥으로 토함산으로 연결된다. 발목까지 빠지는 낙엽길은 아주 먼 오지의 산길을 걷는 기분이다.
특히 이 길은 호랑이 꼬리 모양의 호미곶에서 낙동정맥을 거쳐 백두대간~낙남정맥의 종점인 김해 백두산으로 이어지는 의미 있는 등산로이다.
산행 후 주변에는 많은 볼거리가 있다. 오천읍의 오어지와 오어사, 경주의 기림사 골굴사 감포 문무대왕릉 등을 택해 시간이 나면 꼭 들르자.

 교통편

- 포항터미널에서 오천환승센터로 이동, 갈평행 마을버스 타야

대중교통을 이용할 경우 포항시외버스터미널에서 시내버스로 남구 오천읍으로 와서 마을버스로 들머리인 갈평리로 가야 한다.
부산 노포동종합터미널에서 포항행 시외버스는 오전 6시20분부터 20~30분 간격으로 출발한다. 포항시외버스터미널에서 나와 길 건너편 정류장에서 시내버스 306번을 타고 오천환승센터에서 내린다. 들머리 갈평리로 가기 위해선 환승센터에서 길을 건너 CU편의점 인근 골목에서 마을버스(오전 8시15분, 10시45분)를 타고 갈평리 갈평피정의집(남대영 신부 유물관) 인근 갈평2교에서 내린다. 원래 정류장은 갈평마을이지만 들머리인 갈평리 갈평피정의집 인근 갈평2교까지는 1km 이상 걸어야 하니 기사님께 부탁해 갈평2교에서 내려야 한다. 정리하자면 마을버스는 오천~갈평마을~갈평피정의집 인근 갈평2교~날머리 음지마을 순으로 운행한다.
날머리 음지마을에서 오천읍행 버스는 오후 3시25분, 7시10분에 있다. 버스는 음지마을까지 들어오지 않고 천일가스에서 회차한다. 해서, 좀 더 걸어 진전교 인근에서 버스를 기다려야 한다. 시간이 안 맞으면 오천읍에서 택시(054-273-6666, 286-6900)를 불러야 한다. 갈평에서 오천읍까지는 그리 멀지 않기 때문에 오천읍 택시를 이용하면 된다.
포항터미널에서 노포동행 시외버스는 20~30분 간격으로 있으며 막차는 오후 9시30분.
승용차를 이용할 땐 갈평피정의집을 내비게이션 목적지로 해서 찾아가면 된다. 갈평피정의집 입구에서 300m 정도 더 가면 갈평2교가 나온다. 내비게이션에 갈평2교를 목적지로 치면 동해고속도로 위의 갈평2교로 안내하니 참고하자.

청도 남산~은왕봉

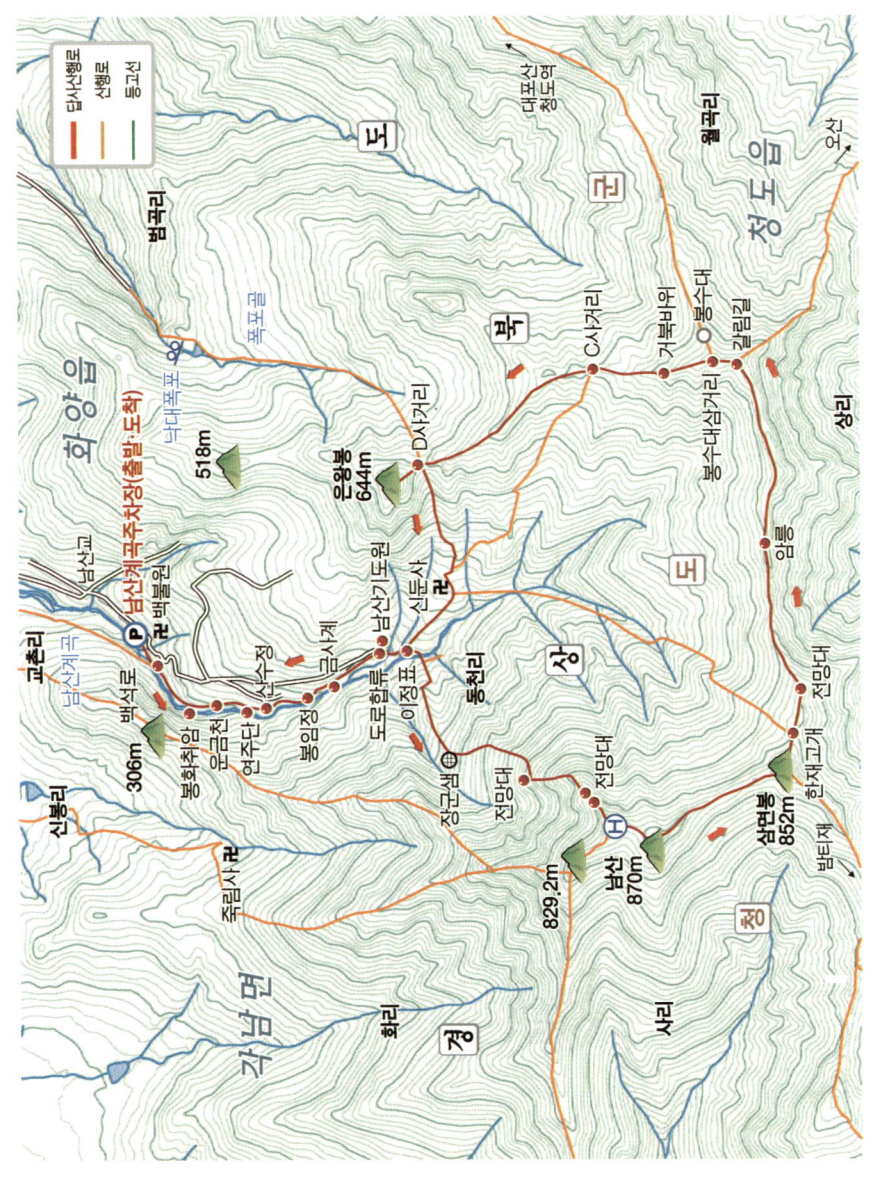

산행코스: 청도군 화양읍 남산계곡 주차장~남산계곡(백석뢰~금사계)~남산기도원 입구~남산 정상·신둔사 갈림길~장군샘·잇단 전망대~폐헬기장~남산 정상~삼면봉~한재(신둔사·원리 방면 갈림길)~봉수대 삼거리~거북바위~은왕봉·신둔사 사거리~낙대폭포·신둔사 사거리~은왕봉·낙대폭포·신둔사 사거리~신둔사 남산기도원 입구~남산계곡~남산계곡 주차장

청도군의 주산인 남산은 신둔사에서 정상으로 오르는 A코스가 최단 코스인데, 세 곳의 전망대가 있다. 세 번째 전망대에 서면 산행팀 앞에서 시계 방향으로 문복산 쌍두봉 가지산 운문산 백운산 능동산 천황산 등 영남알프스 산군이 파노라마처럼 펼쳐진다.

'화산동천'
음각된 바위 글 찾아 삼매경

예부터 한 나라의 도읍지가 있었던 곳에는 남산(南山)이 있었다. 신라의 도읍지였던 서라벌(경주)의 남산, 고려 개경(개성)의 남산, 조선의 도읍지 한양(서울)의 남산이 바로 그것이다.

경북 청도에도 남산(870m)이 있다. 그럼 청도는 도읍지의 예외였던가. 그렇지 않다. 이곳 청도에는 삼한시대 변한의 소국인 이서국이 있었다. 이 이서국의 도읍지가 청도 땅 일대였다.

이서국은 서기 37년 신라 노례왕(유리왕) 때 신라의 수도 금성(경주)을 공격했다는 삼국사기의 기록을 봐서 당시 신라와 대립할 정도의 국력을 갖고 있었던 것으로 추정된다. 물론 훗날 신라에 흡

폭포 위에서 3단 아래로 떨어지는 물방울이 만 개의 옥구슬 같다는 만옥대(萬玉臺) 글자.

수되었지만, 당시 신라군이 쳐들어오자 이서국의 왕이 피신한 곳이 은왕봉(隱王峰)이라 전해온다.

청도에서 예부터 중심은 화양(華陽)읍이었다. 고려 조선시대 때도 그 전통이 이어오다 1914년 청도읍으로 군청 소재지가 이전되면서 철도 고속도로 등 많은 것을 넘겨주었지만 읍성·식빙고·향교 백곡산성 등 다수의 문화유적은 화양 땅에서 옛 영화를 묵묵히 증언하고 있다.

청도 남산은 화양읍·청도읍·이서면에 걸쳐 있다. 어느 곳에서 오르더라도 명산의 정취를 느낄 수 있지만 그중 화양읍에서 출발하는 남산계곡 코스는 아름다운 풍광에 흔히 수반되는 시인 묵객들의 정취를 음미할 수 있다. 해서, 예부터 이 계곡의 절승을 중국의 화산에 빗대어 화산동천이라는 닉네임을 갖고 있다.

특히 남산계곡은 1498년(연산군 4년)에 있었던 무오사화 후에 큰 피해를 본 영남의 사림들이 모여 시회(詩會)를 자주 열어 시정(詩亭)골로 불렸다.

산행팀은 이번에 남산계곡으로 올라 남산 정상과 은왕봉을 오른 후 원점회귀하는 말발굽형 코스를 걸었다.

구체적 여정은 청도군 화양읍 남산계곡 주차장~남산계곡(백석뢰~금사계)~남산기도원 입구~남산 정상·신둔사 갈림길~장군샘~잇단 전망대~폐헬기장~남산 정상~삼면봉~한재(신둔사·원리 방면 갈림길)~봉수대 삼거리~거북바위~은왕봉·신둔사 사거리~낙대폭포·신둔사 사거리~은왕봉~낙대폭포·신둔사 사거리~신둔사~남산기도원 입구~남산계곡~남산계곡 주차장 순. 총거리는 약 9.5km이며, 4시간 30분 정도 걸린다.

남산계곡은 언제부터인지 기암절벽 사이로 형성된 폭포와 소 주변에 시정 넘치는 이름을 붙여 글씨를 새겨놓았다. 자연을 벗 삼아 한시를 읊으며 마음을 달래던 흔적들이다. 현재 바위 폭포 소에서 발견된 것만 19곳이다. 사대부 여자들이 목욕하러 오는 것을 막기

거울처럼 맑은 연못을 의미하는 일감당(一鑑塘).

위해 기생들이 목욕하던 곳이라는 여기추(女妓湫), 사냥꾼들이 사슴 사냥에 앞서 수렵제를 지내던 곳인 녹수문(鹿脩門)을 비롯, 음용지(飮龍池) 백석뢰(白石瀨) 질양석(叱羊石) 운금천(雲錦川) 봉화취암(奉和醉巖) 취암(醉岩) 연주단(聯珠湍) 산수정(山水亭) 만옥대(萬玉臺) 유하담(流霞潭) 석문(石門) 낙안봉(落雁峯) 일감당(一鑑塘) 용항(龍吭) 옥정암(玉井巖) 자시유인불상래(自是遊人不上來) 금사계(金沙界)가 그것으로, 새겨진 글씨가 여간 예사롭지 않다.

이번 산행은 남산계곡 주차장에서 출발한다. 주차장 안쪽이 바로 남산계곡이다. 입구에 산책로 안내판이 서 있다. 안내판 오른쪽 덱 길로 들어서며 계곡을 거슬러 올라간다. 안내판 왼편 뒤쪽은 남산계곡 산책로 출발지인 청도서원에서 올라오는 길이다.

음각된 19개 글 중 처음 만나는 곳은 백석뢰. 물 밑 흰 자갈이 모여 여울이 보석처럼 반짝인다는 의미의 백석뢰는 큰 바위가 세월의 무게를 견디지 못하고 떨어져 앞으로 엎어져 있다. 차츰 오르면서 안내 표지판이 있어 풍광과 맞춰보는 재미도 쏠쏠하다. 이후 봉화취암·취암·운금천·질양석·만옥대·연주단·유하담·석문·산수정·일감당·용항·옥정암·낙안봉·자시유인불상래를 차례로 지나 이곳에서 몸과 마음을 깨끗이 씻고 신둔사(옛 봉림사)로 향했다는 금사계를 끝으로 남산기도원 입구 포장로에 올라선다.

산행팀이 보기에 산수정에서 봉임정 주변까지가 풍광이 가장 빼어났고, 일감당 용항 옥정암 글씨는 안내판의 사진과 아무리 비교해도 찾지 못했다. 결국 남산계곡 답사에 두 시간이 바람처럼 지나간 이후 발걸음을 바쁘게 움직여야 했다.

이제 오른쪽 신둔사로 향한다. 화장실과 등산 안내도를 지나자마자 나오는 갈림길에서 오른쪽 남산(1.85km) 방향으로 간다. 직진하면 신둔사(0.4km)로 가는 길로 이 길은 산행팀의 하산길이다.

물 마른 계곡을 건너면 임도는 왼쪽으로 안내하지만 남산 방향

오늘날 여름철 남산 계곡에는 가족 단위 피서객이 많이 찾는다.

은 오른쪽 오르막 산길이다. 이어지는 송림 숲길을 오르면 장군샘. 이때부터 산길을 가팔라지며 잇단 전망대를 열어놓는다. 화양읍 전경과 S자로 굽어 흐르는 청도천, 북으로 팔공산과 선의산 용각산, 동쪽으로 가지산을 위시한 영남알프스 산군의 전경이 전망대마다 각도를 달리하며 시야에 들어온다.

　신둔사 갈림길에서 70분이면 주능선의 폐헬기장에 닿는다. 여기서 왼쪽으로 향하면 남산 정상. 정상석 뒤로 비슬산과 최정산, 남쪽으로 화악산과 화왕산 관룡산이 나뭇가지 사이로 확인된다.

　정상에서 삼면봉을 지나 말발굽 형태로 반시계 방향으로 돌아 맞은편 은왕봉에서 신둔사로 하산한다. 남쪽 능선을 타고 간다. 바위 전망대를 지나 12분이면 '현 위치 남산 5번 안내판'이 서 있는 삼면봉에서 왼쪽 한재·낙대폭포(4.3km) 방향으로 간다. 오른쪽은 밤티재 방향.

　쇠사슬이 묶인 바위 능선을 내려가면 한재 갈림길. '봉수대(1.6km)·원리' 방향으로 직진한다. 왼쪽은 신둔사 방향. 우측으로 미

남산 정상에서 단체로 온 부산의 산꾼들과 함께했다.

나리로 유명한 한재마을과 화악산이 펼쳐지는 바위 능선을 지난다. 이정표 없는 갈림길에서 산행팀은 왼쪽으로 간다. 오른쪽은 오산·한재·적천사 방향이다.

곧 남산 8번 지점 안내판이 서 있는 봉수대 갈림길에 선다. 낙대폭포(3.5km) 방향으로 직진한다. 오른쪽은 대포산(1.0km) 방향으로, 줄곧 가면 청도역으로 이어진다.

거북바위에서 정면 능선을 바라보면 소뿔을 연상시키는 두 봉우리가 솟아 있다. 왼쪽 봉우리가 은왕봉이다. 안내판의 C 사거리에서 은왕봉(1.0km) 방향은 직진. 왼쪽은 신둔사 방향. 이어지는 D 사거리에서도 은왕봉은 직진한다. 오른쪽은 낙대폭포(1.8km) 방향이다.

5분이면 무덤 1기가 있는 은왕봉에 선다. 조망은 없다. 다시 직전 갈림길로 되돌아와 오른쪽 신둔사(0.5km) 방향으로 하산한다. 10분이면 신둔사를 지나 남산기도원 입구에서 직진하는 도로 대신 왼쪽으로 내려선다. 이 길은 앞서 올라왔던 그 길이다. 왔던 길로 20분이면 남산계곡 주차장에 도착한다.

 떠나기 전에

- 청도읍성 1880m 길이 성벽 걷다 동문 밖 석빙고 구경도

승용차로 청도에 왔다면 청도읍성을 빠뜨리지 말자. 축성 시기는 알 수 없고 단지 고려 때부터 존재했다고 전해온다. 현재의 모습은 조선 선조 때 조성된 것이다. 1590년 왜군의 침입에 대비하기 위해 돌로 다시 축조됐다. 남쪽은 높고 북쪽이 낮은 지세를 따라 길이 1880m, 높이 1.65m로 쌓았다. 동·서·북문이 있었고, 성안에는 민가와 함께 관아와 객관, 군기고 등이 자리했다. 이 읍성은 조선시대 동래에서 한양으로 가는 주요 도로가 지나는 8개 읍성 중 하나였다. 하지만 임진왜란으로 성벽은 파괴됐고, 동·서·북문은 소실됐다. 이후 수차례 개축했고, 고종 7년인 1870년 남문을 만들어 4대문을 갖췄다.

읍성의 운명은 일제강점기 때 완전히 변했다. 1905년 경부선 철도가 청도를 관통하게 된다. 당연히 유림의 거센 반발이 있었고, 결국 철도는 읍성을 우회해 놓였다. 일제의 읍성 제거 전략은 집요했다. 읍성 내 신작로를 개설한다는 명목으로 동문을 비롯한 성문과 성벽 일부를 헐었고, 도로의 변화와 함께 객사인 도주관의 좌익사가 훼손됐다.

읍성을 가장 잘 즐기려면 성벽에 올라 바깥 풍경을 즐기면서 성벽을 한 바퀴 돌아보는 것이다. 30분이면 충분하다. 성벽을 걷다 보면 눈에 띄는 곳이 하나 있다. 성벽에 붙은 인공 연못인 '성내지'다. 평소 농수용으로 사용되다 전쟁이 나면 식음용수나 방화수로 이용하기 위해 만들었다.

읍성 바깥쪽 연꽃지에서는 여름이면 연꽃들이 사람들의 눈길을 끈다. 읍성을 배경으로 연꽃이 연출하는 풍경이 아주 이쁘다.

동문 밖 구릉엔 청도석빙고가 있다. 보물로 지정된 옛날 냉장고로 전국에 남아 있는 6개 석빙고 중 가장 오래된 것이다. 석빙고 앞의 석비(石碑)가 말해준다.

 교통편

- 청도역서 풍각행 1번 버스 환승, 동천리 정류장서 하차

대중교통편과 승용차 모두 가능하다.

부산역에서 기차로 청도역에 내려 역 건너편 임시버스정류장에서 풍각행 1번 버스를 탄 뒤 동천리 버스정류장에서 내린다. 부산역에서 청도행 무궁화호 열차는 오전 5시37분, 6시42분, 6시54분, 7시39분, 8시21분, 8시51분, 10시32분 출발한다. 청도 임시버스정류장에서 풍각행 버스는 오전 6시20분, 7시20분, 7시35분, 7시50분, 8시10, 9시10분, 10시10분에 출발한다. 동천리 정류장에서 남산계곡 주차장까지는 도보로 약 30분 소요.

산행 뒤 동천리 정류장에서 청도역으로 가는 버스는 오후 3시35분, 3시50분, 4시30분, 4시50분, 5시20분, 6시, 6시20분, 7시, 7시45분, 8시30분(막차)에 있다. 중간 경유지여서 승객이 없을 경우 그냥 지나가니 미리 기다렸다 타야 한다. 청도역에서 부산 가는 무궁화호 열차는 오후 4시13분, 4시59분, 5시40분, 6시36분, 7시8분, 8시39분, 9시44분에 출발한다.

승용차를 이용할 경우 경북 청도군 화양읍 화양남산길 209 '대한불교 백불종 백불원'을 내비게이션 목적지로 한 뒤 백불원 아래 남산계곡 주차장이 있다.

김천 인현왕후길

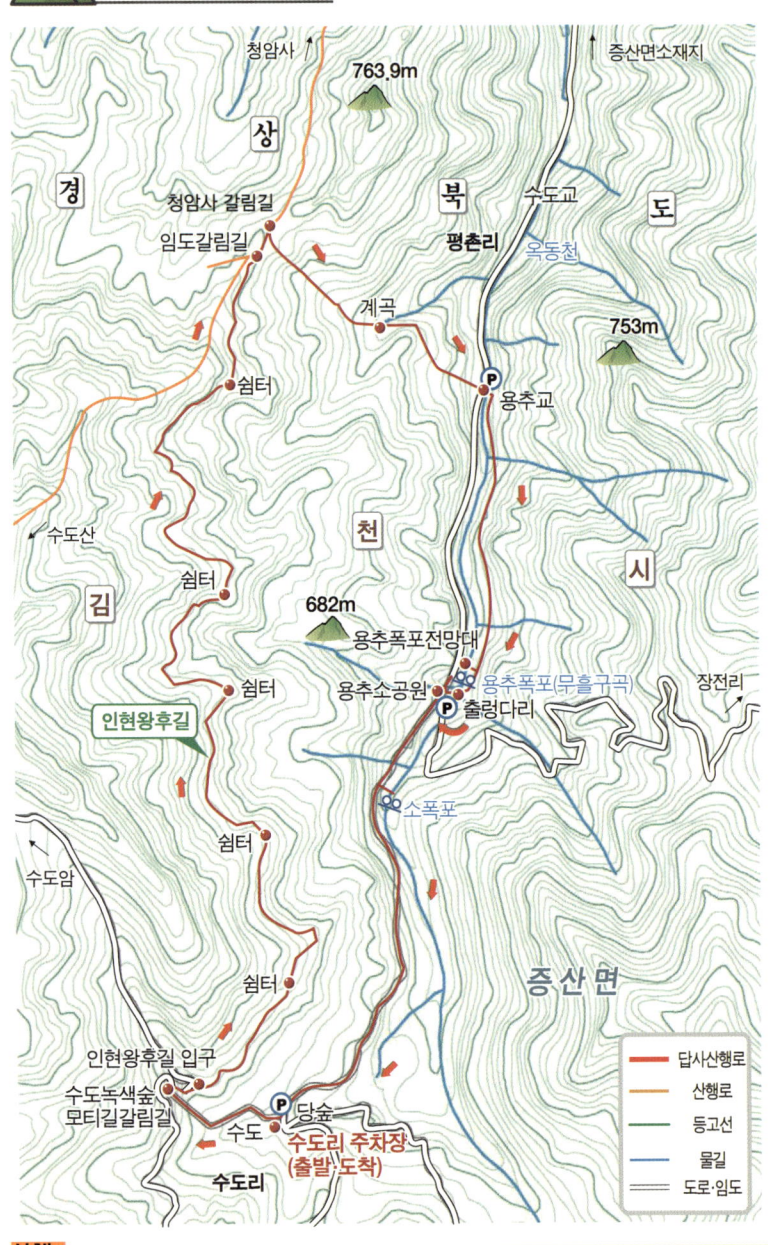

산행코스: 김천 증산면 수도리주차장~수도암 갈림길~잇단 쉼터 겸 포토존~청암사 갈림길~용추교~용추폭포~출렁다리~용추소공원~소폭포~수도리주차장

인현왕후길은 크게 초반의 숲길, 후반의 계곡길로 나뉜다. 해발 800m대의 비탈을 따라 조성한 숲길은 숲이 울창해 여름에도 더위를 피해 걸을 수 있다.

비운의 왕후 숨결 서린 고즈넉한 숲길

폭정의 연산군, 뒤주에 갇힌 사도세자와 함께 훗날 영화나 드라마로 가장 많이 다뤄지는 장희빈(장옥정). 일부 장삼이사는 장옥정과 숙종의 이면에 비운의 여인으로 대표되는 인현왕후가 있었다는 사실을 간과하고 있다.

인현왕후는 숙종의 첫 정비였던 인경왕후가 천연두로 20세에 요절하자 이듬해인 1681년 봄, 두 번째 왕비가 된다. 당시 숙종은 경국지색의 나인 장옥경에게 마음을 빼앗겼던 시기였다.

인현왕후가 6년간 아이를 낳지 못한 반면 장옥정이 왕자를 생산

비운의 여인 인현왕후가 폐위돼 궁에서 쫓겨난 후 서인의 신분으로 지냈던 청암사 극락전. 여느 사찰 건물과 달리 단청 없는 여염집 형태이다.

하자 숙종의 편애는 더욱 심해지고 마침내 왕자 윤(훗날 경종)과 장옥정을 세자, 희빈으로 각각 책봉했다. 남인의 지지를 받는 장희빈의 세력이 커지자 인현왕후를 지키려는 서인과의 피를 뿌리는 당쟁이 격화됐다. 이미 장희빈에게 마음이 넘어간 숙종은 급기야 서인들을 축출하였는데 이것이 역사 속의 기사환국이다.

이로 인해 인현왕후도 폐위돼 궁에서 쫓겨났다. 갈 곳 없는 인현왕후는 친정어머니가 김천과 연이 있어 지금의 수도산 청암사에 의탁하게 된다. 비록 서인(庶人)의 신분으로 강등됐지만 청암사는 왕후를 극진하게 예우하고 모시기 위해 새로 한옥을 지었다. 지금도 남아 있는 극락전이다. 여느 사찰 건물과 달리 단청 없는 여염집 형태의 건물이다. 42수 관세음보살을 모신 보광전도 지어 왕후

인현왕후길 입구로 올라가는 도중 만나는 안내판이 눈길을 붙잡는다.

의 복위 기도를 올릴 수 있도록 했다. 그러기를 3년. 왕후는 복권된다. 폐위된 왕비가 복위된 조선시대 최초의 일이다.

인현왕후는 복위 후 청암사에 '큰스님 기도 덕분에 복권됐다'는 서찰과 함께 절이 품은 수도산 일대 넓은 땅을 하사하고 중창을 도왔다. 어려울 때 보살펴 준 청암사와 스님들에 대한 보답이었다.

폐위 자체가 돌이킬 수 없을 거란 절망의 벽에 갇힌 인현왕후는 비록 겉으론 단아하고 현숙함을 잃지 않았지만 병을 조금씩 키웠을 터. 결국 궁에 복귀한 지 얼마 되지 않아 1년 4개월 동안 몸져 눕게 되고 결국 30대 초반의 젊은 나이에 생을 마감하고 만다.

김천 수도산(修道山·1313m) 자락의 인현왕후길은 왕후가 폐위된 기간 청암사에 머물렀던 기록에 의거해 만든 옛길이다. 이 길

무흘구곡 중 최고의 비경으로 손꼽히는 마지막 제9곡인 용추폭포.
20m 높이에서 떨어지는 장쾌한 낙수소리가 인상적이다.

은 크게 초반의 숲길과 후반의 계곡 길로 구분된다. '스토리존'이란 명칭이 붙은 초반 숲길 약 3.9km 구간에는 인현왕후의 삶을 알 수 있는 5개의 친절한 안내판이 설치돼 있고, 후반부의 계곡길에는 조선 중기 학자인 한강 정구 선생이 남송 때 주희가 노래한 무이구곡을 본받아 명명한 절경 무흘구곡 중 으뜸인 제9곡인 용추폭포를 만난다. 참고로 무흘구곡 중 1~5곡은 이웃한 성주 땅에, 6~9곡은 김천 땅에 있다.

인현왕후길의 구체적 여정은 김천 증산면 수도리주차장~수도암 갈림길~잇단 쉼터 겸 포토존~청암사 갈림길~용추교~용추폭포~출렁다리~용추소공원~소폭포~수도리주차장 순. 총거리는 8.3km 정도로 3시간 정리 걸린다. 갈림길이 거의 없는 데다 조금이라도 헷갈릴 만한 곳에는 안내판과 이정표가 설치돼 있어 초보자도 쉽게 완주할 수 있다.

해발고도가 가장 낮은 곳이 500m대 중반이고 최고 지점은 800m에 가깝다. 출발 지점인 수도리주차장이 해발 720m에 달한다. 300여 년 전 쫓겨올 때의 수도산 자락은 어땠을까 하는 생각이 스쳐 간다.

주차장에서 도로를 출발해 청암사 말사인 수도암 방향으로 올라가다 수도암 가는 길에서 갈라지는 인현왕후길로 접어들며 트레킹이 시작된다. 높이 변화가 거의 없이 산비탈을 따라가는 편한 임도다. 고로쇠나무 생강나무 개옻나무 붉나무 굴참나무 당단풍나무 상수리나무 갈참나무 등 활엽수가 우점종이어서 만추에 오면 형형색색의 볼거리가 하나 더 생길 것 같다.

서쪽으로 불룩 솟은 수도산이 눈에 들어온다. 길은 산의 굴곡에 따라 들고나는데 모퉁이를 돌면 쉼터와 인현왕후 스토리텔링이 담긴 안내판이 서 있다. 포토존 겸 쉼터 5곳을 거친 뒤 완만한 내리막을 30분가량 가면 정자가 있는 갈림길. 임도는 청암사 방향으로 이어지고 인현왕후길은 정면 계단으로 살짝 올라섰다가 곧바로 꺾어져 내리막이다. 승용차로 왔다면 인현왕후가 머물렀다는 청암사와 수도암은 산행 후 둘러보기로 하고 꼬불꼬불 산길로 내려온다.

숲을 빠져나오면 수도리와 연결되는 도로와 만난다. 용추교를 건너 수도산 북동쪽 자락의 물이 모여 불령동천으로 불리는 옥동천 상류로 거슬러 올라간다. 무흘구곡 중 제8곡인 와룡암과 제7곡인 만월담이 용추교 조금 하류에 있다.

세찬 물소리에 청량감이 느껴지는 계곡을 따라 걷는다. 장쾌한 물소리가 들리더니 위풍당당한, 무흘구곡 중 제9곡 용추폭포가 보인다. 전망대에서 바라보는 20m 높이의 폭포의 낙수소리에 세상만사가 잊힐 것 같다. 폭포를 지나자마자 출렁다리를 건너면 용추소공원이 기다린다. 주차장과 화장실, 쉼터가 있다.

용추소공원부터는 도로 옆 덱 탐방로를 걷는다. 탐방로 도중 10m 높이의 소폭포를 지나 20분 정도 더 가면 원래 출발했던 수도리주차장에 닿는다.

인현왕후길 곳곳에는 친절하게 지도와 함께 안내판이 서 있다.

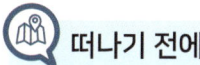
떠나기 전에

- 청암사, 100명 넘는 비구니 스님 수행 정진

비구니 수도 도량이어서 앉은뱅이 작은 책상과 번호표가 눈길을 끈다.

승용차를 가져왔다면 인현왕후길을 걸은 뒤 청암사와 청암사의 말사인 수도암도 둘러보자.

산꾼들에게 종주 산행의 고전인 수도가야 종주노선의 기착지인 수도암 대적광적에서 바라보는 가야산의 풍광을 빠뜨리지 말자. 특히 만추에 찾으면 봉화가 활활 타오르는 듯한 풍경은 가히 일품이다.

황악산 자락에 있는 직지사의 말사로 신라 헌안왕 3년(859년)에 도선국사가 건립한 청암사에선 '불령산 청암사'란 현판을 볼 수 있다. 불령산은 수도산의 또 다른 이름으로 선령산으로도 불린다. 고목이 울창한 숲길을 걸어 경내에 들어서면 저절로 발걸음을 조심하고 마음을 가다듬게 된다. 대웅전과 진영각 등 크지 않은 규모의 법당과 석탑이 보는 이의 마음을 편안하게 해준다. 인현왕후가 지냈다는 극락전은 화재 후 100여 년 전 다시 지었는데 예전 사대부 집안의 기와집 모습은 그대로 남아 있다. 수백 년 전부터 비구니 수도 도량으로 유명하다. 지금도 청암사에는 100명이 넘는 비구니 스님들이 수행 정진하고 있다. 외국의 비구니 스님들도 공부하고 있다.

개인적으로 외갓집이 김천이다. 수년 전 집안일로 아흔을 앞둔 노모를 모시고 김천을 찾은 적이 있다. 가까운 직지사를 잠시 둘러보고 부산으로 오려는데 노모가 청암사를 보고 싶다고 했다. 어렸을 때 친구들과 트럭 짐칸에 몸을 싣고 구불구불한 비포장로를 달려 놀러 온 적이 있다며 지금 안 가보면 언제 가보겠냐고 덧붙였다. 당시 노모의 말을 듣고 잠시 숙연해진 적이 있다. 그래서 청암사 하면 개인적으로 인현왕후보다 먼저 어머니가 떠오른다.

교통편

- 김천터미널서 수도마을행 버스 하루 2회 운행, 승용차 이용이 편리

이번 코스는 출발 지점인 수도마을이 워낙 오지이다 보니 대중교통으로 가기는 상당히 어렵다. 김천시외버스터미널에서 수도마을로 가는 시내버스는 오전과 오후 한 차례씩 하루 2회만 운행한다. 상대적으로 시내버스 운행이 잦은 증산면 소재지로 가서 택시를 이용하는 방법도 있다. 증산면사무소에서 수도마을까지는 7km 정도 거리다. 증산면 소재지가 김천 시내에서 40km나 떨어져 있어 이동에 오랜 시간이 걸리는 점을 고려해야 한다. 승용차나 안내산악회를 이용하는 게 편리하다.

승용차를 이용할 때는 경북 김천시 증산면 수도길 1168-3 수도마을회관을 내비게이션 목적지로 하면 된다.

부산의 산

- 금정산 가람낙조길
- 금정산~백양산
- 금정산 장군봉

금정산 가람낙조길

산행코스: 부산 북구 금곡동 부산시인재개발원 위 진흥사~생강나무 군락지~고당봉·화명수목원 갈림길~도룡뇽 서식지~낙동강 전망대 갈림길~가람낙조길 전망대~철쭉 군락지 갈림길~금정산성 암문~장골봉~화명수목원·율리역 갈림길~부산시학생교육원 아래 암문~화명수목원~백운농장~율리역 갈림길~인재개발원·율리역 갈림길~금곡주공4단지 갈림길~금곡주공8단지·인재개발원 갈림길~진흥사

가람낙조길 전망대에 서면 영남의 젖줄 낙동강이 시원하게 펼쳐진다. 낙동강 오른쪽으로 양산 물금시가지와 그 뒤로 오봉산과 저 멀리 토곡산이, 강 건너 김해 쪽에는 신어산과 무척산이 우뚝 서 있다.

금정산 고당봉에 감탄하고
해 질 녘 낙동강 노을에 반하다

 부산의 진산이자 부산시민의 영원한 휴식처인 금정산.
 누구나 한 번쯤은 경험했을 것이다. 전국의 유명 산들을 두루 섭렵한 후 어느 날 갑자기 금정산에 올라서 보고는 깜짝 놀라게 된다는 사실을. 금정산은 전국의 그 어느 유명한 산 못지않게 아름답고 넉넉하며, 거산(巨山)의 품격을 지닌 사실을 새삼 깨닫게 되기 때문이다.

너무나 당연해서 간과하기 쉽지만 금정산의 최대 장점 중 하나는 접근성이다. 일부 지역을 제외하면 아파트 단지나 주택가와 바로 인접해 있다. 버스나 지하철로 한두 정거장이면 손쉽게 들머리에 닿는다. 사정이 이렇다 보니 금정산에는 셀 수 없을 정도로 많은 샛길이 열려 있다. 어지간히 많이 다닌 산꾼이라도 거미줄처럼 얽힌 금정산의 모든 길을 속속들이 알기는 어렵다.

 금정산 주봉 고당봉에서 미륵봉을 거쳐 남서쪽으로 흘러 내려온 능선 위에 있는 가람낙조길 전망대에서는 태백에서 발원해 1300리를 쉼 없이 달려온 낙동강이 시원하게 펼쳐진다. 낙동강 동쪽에는 양산 물금읍 시가지 뒤로 오봉산과 저 멀리 토곡산이 보이고 서쪽에는 신어산과 무척산이 우뚝 솟아 있다.

 산행팀은 부산 북구지역의 금정산 서쪽 사면을 오르내리며 낙동강을 원 없이 조망할 수 있는 가람낙조길을 찾았다. 고당봉에서 미륵봉을 거쳐 장골봉으로 이어지는 주능선에서 살짝 벗어난 서쪽 능선에는 잇단 전망대가 기다린다. 굳이 덱 전망대를 조성한 가람낙조길 전망대가 아니더라도 여러 곳의 바위 전망대에서도 조망

암릉에서 바라본 금정산 주봉 고당봉.

가능하다. 평소에도 이 풍광은 아름답지만 특히 해가 질 무렵의 낙동강 너머 낙조는 한 폭의 그림이다.

거미줄처럼 산길이 얽혀 있는 금정산은 정규 탐방로 이외에도 수시로 샛길이 나타나 헷갈리지만 크게 봐서 부산시인재개발원과 가람낙조길 전망대, 화명수목원, 율리역 갈림길 정도로만 잘 따라가면 무리 없이 산행을 갈무리할 수 있다. 하지만 일부 주요 갈림길에는 이정표가 없어 혼란을 준다. 막바지 능선을 내려와 사면을 가로질러 원점회귀하는 길에서 만나는 이정표에 적힌 인재개발원까지의 거리가 늘어났다 줄어드는 등 제각각이라 혼란을 더한다. 가람낙조길이 조성된 지 제법 시간이 지났는데도 이런 오류가 고쳐지지 않고 있다. 관할 지자체의 분발을 요한다.

산행은 부산 북구 금곡동 부산시인재개발원 위 진흥사~생강나무 군락지~고당봉·화명수목원 갈림길~도롱뇽 서식지~낙동강 전망대 갈림길~가람낙조길 전망대~철쭉 군락지 갈림길~금정산성 암문~장골봉~화명수목원·율리역 갈림길~부산시학생교육원 아래 암문~화명수목원~백운농장·율리역 갈림길~인재개발원·율리역 갈림길~금곡주공4단지 갈림길~금곡주공8단지·인재개발원 갈림길~진흥사 순. 총거리는 11km 정도로 소요 시간은 4시간 30분~5시간 정도. 제법 긴 코스여서 체력적으로 무리가 있다면 화명수목원에서 마을버스를 이용하거나 율리역으로 내려가 산행을 마치는 것도 한 방법이다.

금곡동 부산시인재개발원과 부산여성가족개발원을 보고 오른쪽으로 올라가면 금곡주공3단지 312동 왼쪽에 통도사 말사인 진흥사로 올라가는 길이 나온다. 잠시 오르면 진흥사 일주문. 입구의 사찰 안내판 오른쪽 돌계단으로 오르면 산길이 시작된다. 이 길은 금정산 숲길 둘레길과 일부 겹친다. 진흥사와 경계를 가르는 초록 철망을 따라 걷는다. '고당봉(4.5km)'이라 적힌 이정표를 지난다.

미륵봉을 지나 능선이 다시 한 번 살짝 솟은 곳이 장골봉이다. 장골봉 정상에는 석문과 성벽이 자리매김하고 있다.

침목계단으로 한 굽이 올라서면 곧 갈림길. 결론적으로 이 두 길은 만난다. 왼쪽은 대형 철탑 조성을 위해 만든 길로 추정된다. 오른쪽으로 가면 만나는 정자에 '가람낙조길'이라는 팻말이 보인다. 이후 길은 비교적 뚜렷하다. 솔잎이 적당하게 깔린 편안한 숲길이다. 아파트단지 인근의 등산로가 대부분 잦은 발길에 흙이 다져진 것과 달리 이곳은 길이 부드럽고 한적하다.

 생강나무 군락지를 지나 20분 정도 걸으면 고당봉·화명수목원 갈림길이 나온다. 수목원 방향으로 가면 잇따라 덱 다리를 건넌다. 도롱뇽 서식지 안내판을 지나 급경사 임도를 오르면 낙동강 전망대로 올라가는 길이 갈라진다. 이정표의 왼쪽 고당봉·낙동강 전망대 방향으로 올라간다. 송전탑을 지나면 곧바로 길을 벗어나 왼쪽에 전망대가 나온다. 낙동강과 부산외곽고속도로 낙동강대교와 중앙고속도로 지선의 양산낙동강교가 보인다. 낙동강 오른쪽에

이번 산행의 초반부에 만나는 고당봉 · 화명수목원 갈림길을 지나는 이창우 산행대장.

는 양산 물금읍 시가지와 오봉산 토곡산이, 강 건너에는 김해 신어산과 무척산이 손에 잡힌다. 잇단 바위 전망대를 지나면 곧 덱으로 된 가람낙조길 전망대를 만난다. 이곳을 전후해 능선 곳곳에 괜찮은 조망처가 여럿 나온다.

전망대를 지나 철쭉 군락지 안내판이 있는 삼거리에서 왼쪽으로 가면 곧 금정산성 암문. 암문을 지나 오른쪽으로 올라가면 성벽과 석문 일부가 있는 장골봉(496m)이다. 왼쪽으로 돌아서 내려가면 길을 살짝 벗어나 수목원이 내려다보이는 전망대에 들렀다가 돌아온다. 곧바로 화명수목원 · 율리역 갈림길에서 왼쪽 수목원으로 방향을 잡아 성벽을 따라 내려간다. 교육원 아래 암문을 통과해 오른쪽으로 내려가면 화명수목원에 들어선다. 수서생태원 윗길로 가면 초록 철망 담장 중간에 산길로 들어서는 길이 보인다. 여기서부터는 사면을 따라 내려간다. 갈림길에서는 율리역 · 인재개발원 방향

임도를 벗어나면서 가람낙조길 전망대로 가는 도중 바위 사잇길을 이창우 산행대장이 통과하고 있다.

을 따르면 된다. 1시간 정도 내려가면 정자를 지나 인재개발원-율리역·율리패총 갈림길이 나온다. 산행을 마무리하려면 여기서 율리역으로 내려가고 원점회귀를 하려면 인재개발원 방향으로 향한다. 잇단 갈림길에서는 인재개발원 방향으로 간다. 그러다가 금곡주공8단지·인재개발원

이번 산행의 들머리인 진흥사. 진흥사는 통도사의 말사이다.

갈림길에서는 왼쪽 주공 방향으로 간다. 전망대를 지나면 덱 탐방로를 따라 진흥사로 돌아온다.

 교통편

- **도시철도 2호선 금곡역 6번 출구로 나와야**

　대중교통을 이용하면 편리하다. 출발점에 가기도 편리하고 원점회귀를 하지 않고 도중 적당한 곳에서 마치더라도 손쉽게 이용할 수 있다.
　기점이자 종점인 진흥사로 가려면 도시철도 2호선 금곡역 6번 출구로 나와 금곡119안전센터 옆 정류장에서 15, 111, 121번 버스를 타고 금곡주공3단지 정류장에 내려 부산시인재개발원 담장을 따라 200m 걸으면 된다. 금곡역에서 진흥사까지는 600m여서 걸어가도 된다.
　화명수목원에서 산행을 마친다면 수목원 버스정류장에서 산성 공해마을과 구포시장을 오가는 금정구1 마을버스를 탄 후 시내버스나 도시철도로 갈아타면 된다. 율리역 방향으로 내려가도 된다.
　승용차를 이용한다면 도시철도 2호선 금곡역 공영주차장에 주차하는 게 편리하다.

금정산~백양산

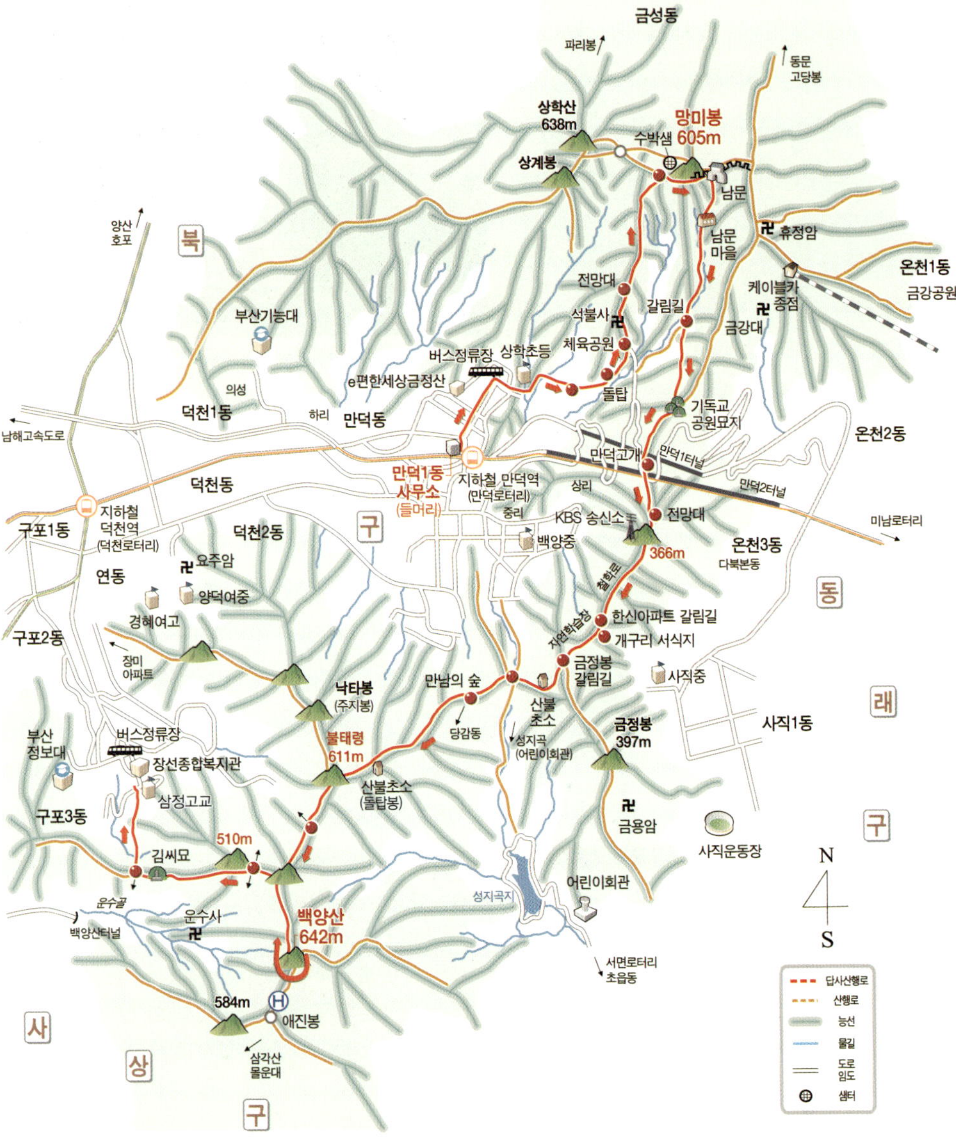

산행코스: 부산 북구 만덕동 상학초등학교~병풍암 석불사~전망대~망미봉~남문~남문마을~만덕고개~금정봉 갈림길~만남의 숲~산불초소(돌탑봉)~불태령(주지봉 갈림길·돌탑봉)~백양산 정상 직전 낮은 돌탑봉~백양산 정상~범방산 갈림길~북구 구포3동 삼정고교

백양산 정상 인근에서 산꾼들이 강원도 태백에서 1300리를 유유히 흘러온 영남의 젖줄 낙동강과 김해지역 산들을 바라보고 있다.

도심 속 나란히 이어진 부산의 '단짝' 명산

　부산의 진산 금정산의 총면적은 43㎢. 국내 국립공원 중 규모 면에서 꼴찌인 월출산의 56㎢에 견주어도 결코 적지 않다. 산림청이 선정한 100대 명산에 부산에서 유일하게 뽑힌 이런 명산이 부산 도심에 떡하니 버티고 있다는 사실 하나만으로 부산시민에게 축복이 아닐 수 없다.
　금정산은 아마도 접근성으로 볼 때 전국 최고라 해도 과언이 아니다. 서울 도심에 북한산이 있지만 이는 국립공원이라 등산로는 한정돼 있다.

금정산성 남문. 동문이나 북문에 비해 규모는 작지만 조선시대 산성의 문루를 잘 보여주고 있다.

그러나 부산시민은 마음만 먹으면 언제든 손쉽게 사방팔방에서 지능선을 타고 금정산을 오르내릴 수 있다. 오죽했으면 구조조정이 한창이던 지난 세기말 IMF 외환위기 때 버스나 지하철을 한 번만 타면 쉽게 접근할 수 있어 일명 '토큰 산행지'로 불렸을까.

산세 또한 헌걸차고 웅장하다. 전국 최대 규모의 금정산성이 주능선을 따라 남북으로 환상적으로 내달리고 있는 데다 산자락 곳곳에는 성문과 망루 봉수대 기암괴석 등이 산재해 있어 꽤 많은 볼거리를 제공한다.

금정산은 북으론 천성산, 남으론 백양산에서 몰운대까지 이어지는 낙동정맥의 연결고리여서 종주산행을 즐기는 건각들의 발걸음이 끊이질 않는다. 전국의 산꾼들이 수시로 산행팀에게 문의해온다는 사실 하나만으로 금정산은 부산을 넘어 전국 명산의 반열에 올라가 있음을 보여준다.

만남의 숲을 지나 백양산으로 오르는 도중 잠시 뒤돌아본 금정산 전경. 우측 가운데 암봉이 상계봉. 그 우측 뾰족한 봉우리가 망미봉. 그 아래 긴 암석군이 병풍암과 석불사다.

   백양산은 금정산이 언급될 때 세트로 나오는 단골 메뉴다. 양산 다방동에서 출발, 부산 사상구 주례동에서 끝을 맺는 '금정·백양산 종주코스' 이기 때문이다. 이번에는 종주 풀코스 대신 금정산과 백양산의 알짜코스만을 맛보는 명품 코스를 선보인다.
   산행은 부산 북구 만덕동 상학초등학교~병풍암 석불사~전망대~망미봉~남문~남문마을~만덕고개~금정봉 갈림길~만남의 숲~산불초소(돌탑봉)~불태령(주지봉 갈림길·돌탑봉)~백양산 정상 직전 낮은 돌탑봉~백양산 정상~범방산 갈림길~북구 구포3동 삼정고교 순. 순수하게 걷는 시간은 5시간 안팎이다.
   지하철 3호선 만덕역 4번 출구에서 나와 만덕1동사무소를 끼고 오른다. 정면 머리 위 '상학초등' 이정표를 보고 직진한다. 10분이면 상학초등학교 정문 앞. 정면으로 한라산 왕관릉이 연상되는 암봉 하나가 위용을 자랑한다. 상계봉이다.

병풍암 석불사의 돋을새김 된 거대한 마애불상들. 예술미도 상당히 빼어나다. 석불사는 국내 단위 사찰 중 가장 많은 마애불상을 보유하고 있다.

상학초등 정문 우측으로 열린 포장로를 따라 가며 산행을 시작한다. 화장실을 지나면 금정산 등산로 안내판과 이정표가 보인다. '파리봉 4km' '상계봉 2.8km'. 잘 정비된 계곡을 따라 오르면 등산로와 만난다. 입구에 흙먼지 털이기가 있다. 본격 산으로 접어든다. 곧 조그만 연못과 함께 운동기구가 있다. 오르다 보면 전체적인 등로가 좌우로 갈라짐을 알 수 있다. 갈림길에선 조그만 이정표가 보인다. 왼쪽은 화명수목원(7.32km), 산행팀은 오른쪽 석불사(0.98km) 방향으로 간다. 계곡을 가로지르는 다리를 건너 목제 난간을 지난다면 길을 제대로 찾은 셈. 이때부터 길은 하나. 오래전 산사태가 난 듯 돌길도 지나고 저 멀리 낙동강도 보인다. 상학초등학교에서 넉넉잡아 30분이면 병풍암 석불사로 가는 포장로와 만난다. 10분(500m)이면 석불사. 포장로를 따라 10분 뒤면 석불사 입구. 일주문만 보면 조그만 산중 암자지만 대웅전 뒤 병풍처럼 둘러쳐진 병풍암에 조각된 석가모니불 비로자나불 약사여래불 미륵존불 등의 거대한 마애불상의 위용을 보면 생각이 완전히 달라진다. 한국불교 미술의 진면모를 보는 듯하다. 조망 또한 빼어나 금련산 황령산 부산항 태종산 봉래산 백양산 엄광산 구덕산이 한눈에 펼쳐진다.

일주문을 나와 이제 향나무와 벚나무가 보이는 정면 산길로 향한다. 이제 지능선을 향해 치고 오른다. 8분 뒤 지능선 상의 전망대. 상계봉이 코앞이다. 상학초등학교에서 본 왕관릉 모습과 달리 금강산 만물상이 연상된다. 주변 산줄기에도 수석 전시장을 방불케 할 만큼의 기암괴석이 진열돼 있다. '금정산의 재발견' 저자인 국제신문 최화수 논설고문은 이를 두고 '천구만별(千龜萬鼈·천 마리의 거북이와 만 마리의 자라)'이라 적고 있다.

산성로를 기준으로 북쪽의 금정산은 어머니의 품처럼 포근한 반면 상계봉을 기점으로 남쪽은 곳곳이 기암괴석의 천지라 할 만큼 남성적이라는 말이 실감 나는 순간이다. 상계봉 뒤로 김해 신어산 돛대산 까치산 분성산 등이 확인된다.

이제 금정산 특유의 마사토길이 이어진다. 저 멀리 장산 광안대로 배산이 보인다. 곧 갈림길. 왼쪽의 기암괴석을 뒤로 하고 오른쪽으로 발길을 옮긴다. 또 갈림길. 왼쪽으로 산성을 오르자마자 또 갈림길. 이번엔 오른쪽으로 가면 암봉인 망미봉. 조망이 장쾌하다. 고당봉 장군봉 원효봉 의상봉 무명암 나비암 등 금정산의 진면모와 아홉산 운봉산 개좌산 달음산 함박산 문래산 철마산 석은덤 대운산 천성산 등 기장군과 울산 울주군의 봉우리, 그리고 고당봉 왼쪽으로 양산의 오봉산 어곡산 토곡산 등도 시야에 들어온다.

망미봉에서 내려와 이젠 남문으로 향한다. 8분이면 남문에 닿는다. 사통팔달로 산길이 열려 있다. 그중 남문을 통과, 남문마을과 (북구)산불초소를 잇따라 지나 왼쪽 '금정산 철학로' 쪽으로 향하면 '낙동정맥' 구간임을 알려주는 이정표와 만난다. 금정·백양산 종주능선에 올라섰다는 의미다. 우측에는 개신교인 묘소.

10분 뒤 금정산과 백양산의 사실상 경계인 만덕고개. 곧바로 건너편 침목계단으로 오른다. 산불초소가 위치한 정점은 366봉. 조망이 빼어나다. 이어지는 산길. 동래구와 북구의 경계이기도 하다. 시원한 솔밭과 금정봉 갈림길을 잇따라 지나면 쉼터. 왼쪽은 어린이 대공원 방향.

이제 본격 백양산을 향해 침목계단으로 오른다. 6분 뒤 역시 사거리. 향나무 숲 아래 벤치가 놓여있는 만남의 숲(광장)이다. 직진한다. 이때부터 고행의 된비알이 시작된다. 금정·백양산 종주자들이 막판 가장 힘들어하는 구간이다. 잠시 뒤돌아보면 상계봉과 병풍암 석불사가, 고도를 더 높일수록 고당봉도 확인된다. 동시에 영남의 젖줄 낙동강과 부산 앞바다가 동시에 보인다.

만남의 숲에서 백양산까지는 4개의 봉우리가 기다린다. 첫 번째는 산불초소가 있는 돌탑봉, 두 번째는 우측으로 암봉인 주지봉(낙타봉)과 이어지는 불태령, 세 번째는 정상 직전의 낮은 돌탑봉, 네 번째가 백양산 정상이다. 각각의 봉우리에 서면 저 멀리 강원도 태백에서 1300리를 쉼 없이 내달려온 낙동강 하구와 가덕도 연대봉, 부산신항, 백양산 뒤로 애진봉 엄광산 구덕산 승학산이 확인된다.

산행팀은 세 번째 봉우리에서 우측 좁다란 산길로 내려선다. 급경사길이다. 첫 사거리에서 직진하며, 둘째 사거리에서 우로 내려선다. 직진하면 범방산.

13분 뒤 산불초소를 지나면 비로소 산을 벗어난다. 북구 구포3동이다. 눈앞의 긴 계단을 내려서면 삼정고등학교. 이후 장선종합복지관 구포3동사무소를 잇따라 지나면 버스정류장과 만난다.

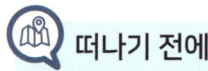 **떠나기 전에**

- 29위 돋을새김 마애불상, 국내 단위 사찰 중 최다 국내 최다

산행 도중 만나는 석불사 (**사진**)는 '금정·백양산 종주코스'에서 빼놓을 수 없는 볼거리다. 금정산에서 백양산으로 이어지는 산허리쯤의 거대한 병풍암 아래 있다. 해서 '병풍사' 또는 '병풍암 석불사'로도 불린다.

석불사는 1930년께 승려 조일현이 지었다. 그는 주지로 있으면서 이곳 암벽에 석불을 조성했다. 정면에는 십일면관음보살 입상, 상단에는 미륵존불 좌상이 있다. 오른쪽 암벽에는 약사여래불상과 사천왕이, 왼쪽 암벽에는 사천왕과 비로자나불상이 새겨져 있다. 서편 계단을 따라 북쪽으로 오르면 왼쪽에 팔 나한과 석가모니불상, 오른쪽에 팔 나한이 있어 모두 십육 나한과 29위의 불상이 조성돼 있다. 29위의 돋을새김 된 마애불상은 국내 단위 사찰 중 가장 많아 아마도 석불사는 국내 최고의 마애불군 보유 사찰로 기록될 것이다.

짚고 넘어가야 할 게 하나 있다. 산행 도중 만나는 고개 불태령(佛態嶺) 이름 이야기다. '태(態) 자'를 '웅(熊) 자'로 잘못 읽어 불태령이 아니라 불웅령으로 불리고 있다는 사실이다. 실제 불태령에는 불웅령이라 적힌 정상석도 세워져 있다. 웃지 못할 촌극이다.

낙동문화원에 따르면 불태령은 만덕에서 초읍으로 넘어가는 고개. 조선시대 행정구역이 서면(西面)에 속했던 만덕리(萬德里)에서 면사무소로 가거나 부산장(釜山場)에 장을 보러 갈 때 넘던 고개였다. 주민들은 부태고개, 부태재로도 부른다.

 교통편

- 들머리 상학초등 옆 33, 33-1번 버스 하차

들머리는 지하철 3호선 만덕역 4번 출구에서 나와 상학초등학교로 오면 된다. 지난해 상학초등 맞은편에 대단지 아파트가 들어서면서 시내버스 33, 33-1번 버스가 상학초등 바로 옆에 선다.

날머리에서 장선종합복지관과 구포3동사무소를 지나면 버스정류장. 길 건너편 정류장에서 69-1, 160, 111, 169-1, 306번 버스를 타면 덕천사거리의 지하철 2, 3호선 덕천역에서 하차한다. 도보로 20분 걸린다.

금정산 장군봉

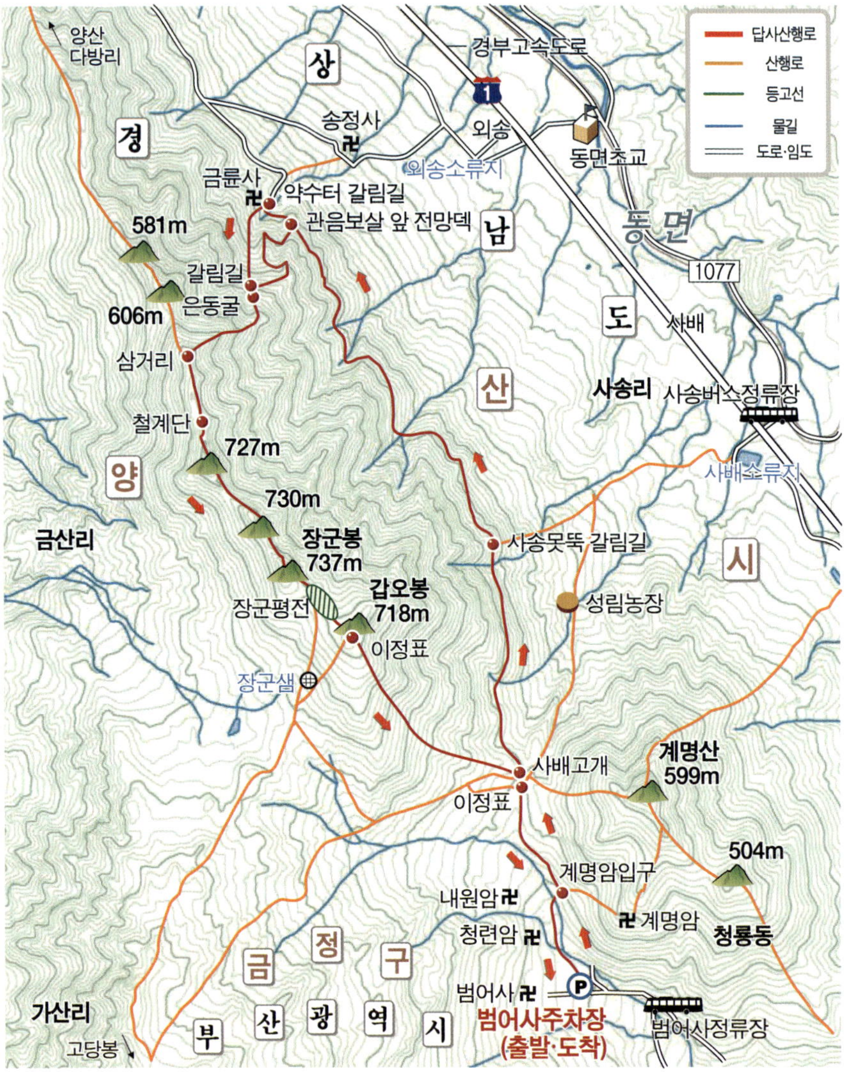

산행 코스: 범어사 주차장~계명암 갈림길~사배고개~사송못뚝 갈림길~관음보살 앞 전망대~금륜사 약수터 갈림길~은동굴~능선삼거리~장군봉~장군평전~갑오봉~사배고개~범어사 주차장

9월 말 금정산 장군봉 인근 장군평전. 아직 한낮에는 햇볕이 따갑지만 바람은 서늘한 기운을 머금고 있어 본격적인 가을을 예고하고 있다.

가을 재촉 바람에 억새 살랑살랑

잇단 실패 끝에 세계 최고봉 에베레스트를 처음 오른 영국인 조지 말로리는 "왜 에베레스트를 계속 오르기를 원하는가?"라는 기자들의 거듭된 질문에 귀찮은 듯 던진 한마디가 "산이 거기 있으니까"였다. 이 한마디는 지금까지 산악계의 명언이자 전설이 되고 있다.

그렇다. 산은 항상 거기 있다. 하지만 오늘날 평범한 주말 산꾼들에겐 이 한마디보다 "언제 그 산에 가지?"가 더 중요한 듯싶다.

소백산은 철쭉이 만개하는 5월 하순이나 '똥바람'이 휘몰아치

금정산 장군봉 정상. 정상석 뒤로 저 멀리 김해지역 산줄기가 보인다.

는 한겨울이 적당하고, 국내 최고지대 산상 화원인 대구 비슬산 진달래 군락지를 만끽하려면 4월 하순에 가야 한다. 계곡과 물이 풍부한 밀양 구만산은 한여름에 땀을 뻘뻘 흘려가며 올라야 만족도가 높다. 재약산 신불산 영축산 등 영남알프스의 광활한 억새 군락지는 가을에 찾아야 제맛이다.

부산의 진산 금정산에도 사실 억새 군락지가 있다. 금정산 최북단에 우뚝 솟은 장군봉이 바로 그곳이다. 주봉인 고당봉에서 북쪽으로 2km 정도 떨어져 있는 장군봉은 평소엔 뜸하지만 억새들의 군무가 한창인 가을이면 부산 울산 경남 산꾼들이 즐겨 찾는 부산 근교의 억새 명소이다.

그러니까 금정산 장군봉 산행은 더위가 한풀 꺾인다는 처서(處暑)부터 시작하기로 하자. 처서라 해도 한낮의 드넓은 억새밭에는 여전히 지열이 풀풀 날리고 구름도 더위에 지쳐 조는 듯 낮게 드리웠지만 부드럽게 피부에 와 닿는 바람결은 서늘한 기운을 머금어 가을이 멀지 않았음을 예고했다.

억새 또한 아직 덜 자라 가장 키가 큰 게 어른 허리 정도에 불과했지만 바람에 흔들리며 내리쬐는 햇살을 흩뜨려 놓는 은빛 머리에선 가을의 전설이 영글어 가고 있었다. 몇 차례 흠뻑 비를 맞고 햇볕에 몸을 말리길 되풀이하노라면 9월 하순에는 어른 키를 덮을 만큼 무성해진 억새의 군무를 볼 수 있을 듯했다. 그 모습을 상상하는 것만으로도 눈이 맑아지고 몸에 힘이 솟았다. 여름은 그렇게 조금씩 스러져 가고 있었다.

이번에는 목전에 다가온 가을을 맞으러 가는 산행이자 더위 먹은 심신을 추스르는 여름 정리 산행이기도 하다. 참신함을 더하기 위해 산행 초반에 새로운 길을 넣어 코스를 꾸몄다. 부산 금정구 청룡동 범어사 뒤편 사배고개 육거리에서 양산시 동면 금륜사까지

조그만 정자가 서 있는 사배고개 육거리. 산행은 이곳에서 왼쪽으로 보이는 나무다리를 건너면서 시작된다.

사배고개 육거리에서 금륜사로 이어지는 편안한 숲길. 이 길은 양산시에서 새롭게 조성했다.

산 중턱을 가로질러 가는 3.1km 구간이 그 길이다. 이 구간은 양산시가 2014년 관내 누리길의 일부로 신설했다.

누리길은 호포새동네~금륜사~남락마을~운봉산~천성산~은수고개~주남고개로 총거리가 37.6km에 달한다. 이번 산행은 범어사 주차장에서 시작해 사배고개 육거리와 금륜사를 지나 장군봉에 오른 뒤 원점으로 돌아오는 코스다. 총거리는 약 9km로 4시간가량 걸린다. 이 코스의 매력은 고당봉(801.5m)을 비롯한 부산 쪽 금정산 능선은 물론 양산 시가지와 낙동강 하류, 광안대교까지 조망하며 걸을 수 있다는 점이다. 그것도 금정산 능선 가운데 가장 수려하고 험준한 장군봉 능선 위에서.

범어사 주차장에서 우측 포장로를 따라 올라간다. 청련암과 내원암을 지나 고당봉 쪽으로 700m쯤 걸으면 사배고개 육거리를 만난다. 장군봉(1.5km)과 계명봉(0.5km), 사송리, 금륜사, 고당봉(1.4km) 방향으로 길이 나뉘는 곳이다. 조그만 정자 왼쪽으로 보이는 나무다리를 건너 금륜사 쪽으로 산행을 이어간다. 이 길이 사배고개에서 가장 최근에 조성된 길이다. 좁지만 정비가 잘 돼 있어 평탄하다. 숲도 우거져 호젓하고 그윽한 운치를 풍긴다. 20분쯤 후 금륜사와 사송못둑으로 분기되는 갈림길을 만난다. 금륜사 쪽으로 30분쯤 가면 금륜사와 은동굴로 갈라지는 관음보살 삼거리에 닿는다.

삼거리에서 400m쯤 걸으면 은동굴이다. 금륜사를 거쳐도 은동굴에 갈 수 있다. 금

은동굴. 동굴 안은 습하지만 기도 효험이 빼어나 장삼이사들이 늘 찾는다.

륜사와 은동굴의 거리는 500m쯤 된다. 은동굴 왼편으로 열린 가파른 자드락길을 400m가량 오르면 장군봉으로 이어지는 주능선에 올라선다. 능선에서 내려다보는 낙동강 하류의 경치는 일대 장관이다. 오른쪽 저 멀리 하구의 삼각주가 보인다. 강원도 황지에서 발원해 천리벌판을 적시며 흘러온 낙동강이 양산과 김해를 지나 바다로 스며드는 곳이다.

하구의 풍경은 장군봉으로 다가갈수록 뚜렷해진다. 그 길은 공룡의 등줄기처럼 날카로운 기암괴석으로 이뤄진 칼날 능선이다. 그런 능선길을 오르내리며 850m 걸으면 장군봉에 닿는다. 면적이 약 33㎡에 달하는 장군평원은 가을 한철 억새 탐승지로 어디에 내놓아도 전혀 손색이 없을 만큼 아름다운 풍광을 연출한다.

장군봉에서 억새밭을 지나 500m쯤 직진하면 갑오봉(718m)이다. 여기서 고당봉으로 가려면 오른쪽 능선을 타야 한다. 그 방향으로 길을 잡지 않고 갑오봉에서 범어사 쪽으로 곧장 하산한다. 15분쯤 내려가면 삼거리가 나오고, 거기서 30m가량 임도로 걷다 왼쪽 숲길로 들어서 10분쯤 걸으면 산행 초반 경유했던 사배고개 육거리에 다다른다.

 떠나기 전에

- 장군평전 아래 장군샘 산악인 최남준 씨가 조성

국제신문 고 최화수 논설고문의 산서 '금정산의 재발견'에 따르면 장군봉이란 이름을 명명한 사람은 부산의 원로 산악인으로 구덕산악회 회장을 역임한 고 장두석 씨다. 고인은 금정산을 지인들과 함께 산행하면서 최북단에 위치한 봉우리의 늠름함에 반해 지인들에게 '장군'이라는 이름을 붙여주자고 하면서 이후 자연스럽게 장군봉으로 부르게 됐다고 전해 온다.

주영택 가마골향토역사연구원장의 '그 터에 얽힌 금정이야기'(금정구청 펴냄)에도 우연의 일치 같지만 멀리서 바라본 장군봉은 장군의 투구같이 생겼다고 적고 있다.

금정산에는 봉우리가 금정산과 계명산 상학산 셋뿐이다. 국토지리정보원의 2만 5000분의 1 지형도에는 이 3개의 봉우리 이름만 표기돼 있다. 이참에 국제신문 산행팀은 부산시와 금정산이 걸쳐 있는 각 지자체에 가칭 '금정산 봉우리  이름 찾기 공청회'를 열어 각 봉우리의 이름과 유래를 통일했으면 하는 바람이다. 해서, 그 결과를 부산시 지명위원회를 통해 국토지리정보원 중앙지명위원회로 보내 금정산의 각 봉우리 이름이 지형도에도 실릴 수 있도록 하자는 것이다.

장군평전 아래 샘터 장군샘에는 '금정산 옹달샘을 사랑하는 사람들'이 만든 것으로 적혀 있지만 실은 국제신문 제2대 산행대장을 역임한 건건산악회 최남준(81) 고문과 그의 후배가 사비를 들여 조성한 것이다. 그는 이외에도 남문 인근 수박샘, 동문 인근 북바위샘도 역시 사비로 만들었다. 고마운 일이다.

또 한 가지. 범어사 아래 금정구 남산동에는 요산 김정한(1908~1996)의 문학정신과 업적을 기리기 위해 건립된 요산문학관(**사진**)이 있다. 1936년 신춘문예에 단편 '사하촌'이 당선돼 등단한 요산은 식민지 현실을 비판한 단편소설을 주로 썼다. 1966년에는 낙동강변에 사는 가난한 어민들의 생활과 수난을 생생하게 그린 '모래톱 이야기'를 발표하면서 화제를 불러일으켰다. 이후 '인간단지' '수라도' 등 역작을 생산했다.

문학관은 3층 건물 중 1층에는 관람객이 차를 마시고 책을 볼 수 있는 북 카페, 2층에는 요산의 유품 120여 점과 작품세계를 설명하는 자료 전시실과 3000여 권의 장서가를 갖춘 도서실이 있다. 3층에는 일반인과 문인 등이 이용할 수 있는 집필실, 지하 1층에는 대관이 가능한 강당이 있다. 매주 월요일과 공휴일은 휴관한다.

 교통편

- 도시철도 1호선 범어사역에서 내려 범어사행 90번 버스 타야

도시철도 1호선 범어사역 5, 7번 출구로 나와 3, 4분 골목길로 걸으면 비아이마트 청룡점 앞 범어사 입구 정류소에서 범어사행 90번 버스를 타고 범어사 앞에서 내린다.

시내버스 50, 58, 59, 61, 148번 타고 범어사역 정류소에 하차, 도시철도 1호선 범어사역 5, 7번 출구 사이 골목으로 올라 비아이마트 앞에서 범어사행 90번 버스를 탄다. 또 131, 29, 301, 49, 51, 80번 버스 타고 청룡노포동 주민센터 앞에 하차, 도보로 2분 정도 걸은 후 비아이마트 앞에서 범어사행 90번 버스를 탄다.

김해·양산의 산

- 김해 돛대산~신어산동봉~장척산
- 양산 배내천 트레킹길
- 김해 무척산
- 양산 법기 치유둘레길
- 양산 동산장성길
- 양산 선암산
- 양산 용굴산~토곡산
- 양산 오봉산 둘레길
- 양산 청송산
- 양산 시루봉~밀양 작원잔도
- 양산 비석봉~천태산

김해 돛대산~신어산동봉~장척산

때 묻지 않은 보석길
진달래가 그 원혼 달래줄까

돌무더기가 연꽃 모양으로 펼쳐져 있는 돛대산 정상에서 바라본 모습. 사진 상으로 전체를 다 보여줄 수 없지만 서낙동강과 김해 대동의 들판, 그리고 금정산 파류봉 상계봉과 백양산이 시야에 들어온다. 그 앞으로 화명동 아파트 단지와 덕천동 등 북구 일대가 확인된다.

부산김해경전철 불암역~김해 불암치안센터~대동면 등산로 입구~수안공동묘지~산재고개(사거리)~샘터(옛 재실)~중국 민항기 희생자 위령비~돛대산(380m)~대형 평상~천불사 갈림길~임도('신어산 1.7km' 이정표)~솔밭쉼터~신어산·신어산 동봉 갈림길(청풍 김씨묘)~신어산 동봉(605m)~생명고개(임도)~장척산(531m)~대감마을 갈림길~도로~상동면사무소 인근 탑마트(버스정류장)

다른 각도에서 본 돛대산 정상. 저 멀리 오른쪽 뒤 봉우리가 신어산이다.

처녀 겨드랑이를 타고 오는 순풍을 봄바람이라 했던가. 어느새 열린 차창으로 스며드는 바람 끝이 무뎌져 온기가 느껴진다. 뭐니 뭐니 해도 봄의 화두는 꽃. 사계절 우리 땅 어디건 꽃이 끊이질 않지만 그래도 봄에 더욱 애착이 가는 건 겨울 혹한을 이겨낸 때문이리라.

우리 땅에서 가장 먼저 산천을 원색으로 물들이는 봄의 전령은 진달래. 동백이 처연하고 벚꽃이 화려해서 눈길을 끈다면 진달래는 은은함과 친근함이 매력이다. 진달래를 두고 소월은 애이불비

(哀而不悲)를 노래했고, 심훈은 소설 '영원의 미소'에서 '산기슭에 조그만 계집애들이 분홍치마를 입고 쪼그리고 앉아있는 것'이라 표현했다.

산행팀은 그 조그만 계집애들을 찾아 가까운 김해로 떠났다. 돛대산~신어산 동봉~장척산.

온 산자락을 연분홍으로 불태우는 영취산이나 비음산 등과 같은 진달래 산을 떠올리면 곤란하다. 산청 석대산처럼 산행 내내 진달래가 산꾼들을 반갑게 맞아주는 그런 산이다.

돛을 닮은 돛대산은 지금으로부터 20년 전 중국 민항기가 추락해 아직도 아물지 않은 상처가 남은 가슴 시린 산이다. 돛대산에서 북쪽으로 능선이 이어진 신령스러운 물고기란 뜻의 신어산(神魚山)은 가락국과 더불어 지금까지 낙동강과 김해평야를 조망할 수 있는 김해의 주산이다. 낙남정맥의 봉우리지만 반듯한 정상석 하나 없이 그저 스쳐 가는 봉우리로 남아 있는 장척산은 때 묻지 않은 보석 같은 산길을 품고 있다.

산행은 부산김해경전철 불암역~김해 불암치안센터~대동면 등산로 입구~수안 공동묘지~산재고개(사거리)~샘터(옛 재실)~중국 민항기 희생자 위령비~돛대산(380m)~대형 평상~천불사 갈림길~임도('신어산 1.7km' 이정표)~솔밭쉼터~신어산·신어산 동봉 갈림길(청풍 김씨묘)~신어산 동봉(605m)~생명고개(임도)~장척산(531m)~대감마을 갈림길~도로~상동면사무소 인근 탑마트(버스정류장) 순. 순수하게 걷는 시간은 4시간 40분 정도. 수차례 갈림길을 만나지만 이정표와 산행 리본을 참고하면 큰 문제는 없을 듯하다.

부산김해경전철 불암역 2번 출구 불암치안센테 쪽으로 간다. 30m쯤 가면 코너에 있는 불암치안센터를 끼고 우측(69번 지방도)으로 간다. 도로 주변에는 장어집 간판이 즐비하다. 불암장어축제가

신어산동봉 정상. 저 멀리 보이는 봉우리는 신어산 정상이다.

열리는 그 유명한 장어마을이다. 300m쯤 길이 끝나는 곳에서 좌측 '대동' '초정IC' 이정표 방향으로 간다. 남해고속도로 아래를 지나면 바로 등산로 입구가 보인다. '서낙동강 둘레길' '신어산 누리길' 안내판이 서 있다.

계단을 오르면서 산행이 시작된다. '신어산 6.4㎞'라 적힌 이정표가 서 있다.

발밑엔 남해고속도로와 서낙동강, 저 멀리 북부산TG도 보인다. 한 굽이 올라서면 온통 묘지. 묘지가 끝날 무렵 사거리. 산재고개다. 왼쪽 해경사 방향 대신 직진형 두 갈래 길로 갈 수 있다. 왼쪽은 능선 오름길, 오른쪽은 산허리를 우회하는 송림길. 결국 만나므로 우측으로 간다. 아름드리 은행나무 앞 옛 재실이 보이면 벤치가 위치한 우측으로 간다. 살짝 돌면 샘터.

다시 직진한다. 15m 뒤 갈림길. 직진 대신 무덤이 보이는 왼쪽으로 오른다. 중국 민항기 희생자 위령비와 돌탑을 보기 위해서다. 거친 이 길은 아마도 참사 이후 생긴 길일 터. 무려 20년이 지났건만 여객기가 미끄러져 푹 팬 산자락을 따라 검게 타버린 나무가 방치돼 당시의 참혹함을 대변한다.

곧 희생된 129명의 영혼을 달래는 위령비와 돌탑이 깔끔하게 정비돼 있다. 돌탑 우측 저 멀리 규모는 작지만 기암괴석으로 이뤄진 돛대산이 보인다.

위령 돌탑을 끼고 우측 돛대산 방향으로 내려선다. 임도와 만나지만 임도와 나란히 달리는 우측 산길로 간다. 7분 뒤 갈림길. 진달래가 지천이다. 직진하면 곧바로 신어산, 산행팀은 우측 돛대산으로 오른다. 거친 된비알이지만 노란 생강나무꽃과 연분홍 진달래가 이를 잊게 해준다. 10분 뒤 갈림길. 우측 돛대산을 보고 다시 돌아와 좌측 신어산 방향으로 간다. 돛대산 정상은 기암괴석들이 마치 연꽃 모양으로 벌어져 있다. 전망도 빼어나 서낙동강과 김해

돛대산 위령 돌탑과 위령비. 최근에는 대리석으로 만든 위령비도 세워졌다. 돌틈 사이로 동체 파편도 보인다.

평야가 턱밑에 있다. 주변 봉우리를 살펴보면 진행 방향으로 7시 신어산, 그 우측 푹 꺼진 생명고개와 장척산, 11시 까치산과 그 뒤로 백두산이 확인된다.

　이제 신어산으로 향한다. 정면 저 멀리 천문대가 위치한 분성산과 인제대가 보인다. 4분 뒤 대형 평상과 천불사 갈림길을 연이어 지나면 전망대. 발아래 돛대산을 바라보니 참사 당시 민항기가 미끄러진 상흔이 뚜렷하다. 심한 곳은 뻥 뚫려 마치 헬기장을 보는 듯하다.

　이어지는 능선 길. 오래전 산불 뒤 조림한 편백 해송 잣나무 등이 자라 제법 숲을 이루고 있다. 정면 신어산 8부 능선에 위치한 영구암도 보인다.

　다시 임도. 대각선 방향으로 건너 '신어산 정상 1.7km'라 적힌 이정표를 따라 산길로 오른다. 15분 뒤 솔밭쉼터. 여기서 40m 뒤 갈림길. 침목계단길로 직진하면 신어산, 산행팀은 오른쪽 청풍 김씨묘 쪽으로 간다. 신어산 대신 신어산 동봉으로 바로 가기 위해서다. 15분이면 닿는다. 김해가야산악회가 정상석을 세워 놓았다. 그간 동봉 또는 605봉으로 불리다 '신어산 동봉'이란 새 이름을 부여받은 셈이다. 발아래 생명고개, 그 뒤로 장척산과 동신어산도 보인다. 백두산 왼쪽 뒤로 부산 화명동과 금정산, 김해평야 뒤로 용지봉 불모산 굴암산도 확인된다. 정면 산불초소가 보이는 신어산은 왕복 20분. 참고하길.

　하산은 올라온 쪽에서 우측으로 내려선다. 급경사길이다. 이내 우측 바위전망대. 탕건바위이다. 20분쯤 뒤 임도를 만난다. 대동과 상동을 잇는 이른바 생명고개이다. 동신어산에서 출발한 종주자들이 가장 고전하는 구간이다.

　임도를 따르다 '백두산' 이정표를 보고 산으로 오른다. 임도와 산길을 두 번 반복한 후 세 번째 임도에서 다시 우측 '백두산(6.9

1. 솜나물 2. 양지꽃 3. 생강나무꽃 4.산자고

km)' 이정표를 따른다. 무시무시한 된비알이다. 6분 뒤 갈림길. 우측 까치산 대신 왼쪽으로 내려선다. 다시 임도. 바로 건너 급경사 침목계단으로 오른다. 이렇게 20여 분. 갈림길을 만난다. 우측 백두산 대신 좌측으로 10m만 더 가면 벤치가 두 개 있다. 장척산 정상이다. 우측으로 가면 낙남정맥의 시종점 동신어산을 거쳐 매리 쪽으로 내려선다. 백두산은 도중 갈라진다.

이제 본격 하산길. 인적이 드물어서인지 지난가을 낙엽이 그대로 누워 있고 진달래도 곳곳에 눈에 띈다. 등로 우측 발아래 계곡

산행 막바지에 만나는 이정표.

에는 신촌공단이 빼곡히 들어서 있다. 40분 뒤 갈림길. 직진하지 않고 왼쪽 능선으로 내려선다. 진달래길이라 해도 무방할 정도로 주변이 온통 진달래 천지다.

신어산은 이제 왼쪽으로 보인다. 하산 막바지 왼쪽으로 롯데자이언츠 전용 야구장인 상동구장이 보인다. 25분이면 도로와 만난다. 상동면 대감마을이다. 8분이면 상동면사무소에 닿고 그 옆 탑마트 앞에서 부산행 버스를 탄다.

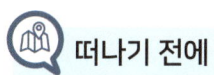 **떠나기 전에**

- 돛대산 뒤로 김해공항 활주로 보여 '아찔'

4월 15일은 중국 민항기 추락일이다. 벌써 20년이 흘렀다. 당시 한국인 탑승객 137명 중 129명이 사망했고, 전체 생존자는 37명에 불과한 대형 참사였다. 산행팀은 당시 추락 현장을 지나면서 발걸음이 몹시 무거웠다. 특히 김해소방서 의무소방대원들이 희생자들의 영혼을 달래기 위해 세운 위령 돌탑의 돌 틈엔 당시 민항기 동체로 추정되는 파편과 전자기계 부품들도 눈에 띈다. 소방대원들이나 등산객들이 주워 정성스레 모았으리라.

돛대산의 상흔이 내려다 보이는 전망대에 서면 돛대산 뒤로 김해공항 활주로가 희미하게 확인된다. 산과 활주로가 이렇게 가깝다니. 사고 후 일각에서 돛대산을 깎아 없애자는 의견이 나올 만도 했겠다.

안타까운 장면 하나. 산꾼이라면 안다. 흔히 양지바른 묘지에 할미꽃이 핀다는 사실을. 하지만 산행팀은 안타깝게도 할미꽃 대신 할미꽃을 파간 흔적을 세 군데나 목격했다. 갓 떨어진 할미꽃잎이 이를 입증해줬다.

또 한 가지. 돛대산은 낙동강 하구에서 보면 돛대처럼 생겼다고 해서 붙여져 오랫동안 사용돼온 이름이다. 하지만 어느 순간 김해시 홈페이지나 관광안내도에도 돛대산이 돗대산으로 표기돼 있다. 그 이유와 출처에 대해 수소문했지만 누구 하나 속 시원히 답변해 주는 이가 없었다.

포털 검색을 쭈욱 해보니 돗대산이 돛대산의 오기였을 가능성이 크며, 돛대산으로 환원해야 한다는 목소리가 절반 이상이었다. 해서 산행팀도 돛대산으로 표기했음을 밝혀둔다.

 교통편

- 부산김해경전철 불암역 2번 출구로 나와야

부산김해경전철 불암역 2번 출구로 나오면 된다. 날머리 상동면사무소 옆 탑마트 버스정류장에서 구포행 70번 버스를 타면 된다. 종점은 구포시장. 오후 4시20분, 5시5분50분, 8시10분, 밤 9시30분(막차).

양산 배내천 트레킹길

산행코스
양산 원동면 대리 고점교~대팻집나무 연리지~염수봉 갈림길~풍호마을~쉼터~금천마을 갈림길~선리마을 갈림길~전망대 쉼터~장선마을 갈림길~도태정 갈림길~통도골 선녀탕~장선마을 갈림길~금수암 갈림길~중천사~하수처리장 갈림길~태봉마을 태봉교

배내골에 10㎞ 구간의 트레킹길이 조성돼 맑은 계류와 우거진 숲, 풍성한 열매가 맺힌 과수원 등 다양한 풍광을 만날 수 있다. 사진은 배내천 상류 방향으로 트인 덱 탐방로.

짙은 숲은 발길 붙들고
맑은 물은 마음 적시고

배내골은 울산 울주군에서 발원, 양산 원동면을 거쳐 밀양호(댐)로 흘러 들어가는 계곡을 말한다. 예나 지금이나 수려한 경관 덕분에 울산·밀양·양산에선 각각 울산 배내골·밀양 배내골·양산 배내골로 부르지만, 흔히 말하는 배내골은 양산지역에 가장 많이 걸쳐 있어 대체로 양산 배내골로 보면 된다. 실제 배내골은 '양산 8경'에만 포함돼 있을 뿐 '울산 12경'이나 밀양의 주요 관광지에는 언급조차 없다.

고점교 출발점에서 얼마 안 가 만나는 대팻집나무 연리지. 팻말이 서 있다.

산꾼들의 관점에서 보면 배내골은 천황산 재약산으로 대표되는 영남알프스 남서부 능선과 간월산 신불산 영축산 오룡산 염수봉 등 영남알프스 남동부 능선을 잇는 고갯마루인 배내고개에서 밀양 매봉산 금오산과 양산 안전산 축전산을 잇는 배태고개까지의 70리(28km) 계곡을 의미한다.

지금까지 배내골은 산꾼들의 영남알프스 남동부, 남서부 능선의 1000m대 주요 봉우리 등산을 위한 시점이나 종점으로 애용됐지만 배내골 그 자체를 둘러보려는 시도는 거의 없었다.

양산시와 마을주민들은 산꾼들과 관광객들이 배내골이 스쳐 가는 곳이 아니라 머무르는 명소로 만들기 위해 2016년부터 2년에 걸쳐 9.77km 거리의 트레킹 코스를 조성했다. 걷는 도중 마을 길도 일부 포함돼 있고 계곡과 바로 맞붙거나 경사가 급해 위험한 일

고점교에서 출발한 배내천 트레킹길 코스의 막바지 태봉교로 가는 산길.

부 비탈 구간에는 덱 탐방로와 안전 펜스가 설치돼 있지만 코스 대부분은 배내골을 가까이 바라보고 우거진 숲속의 완만한 산허리 길을 여유롭게 배회하며 자연과 함께한다. 대팻집나무 연리지와 통도골 계곡의 선녀탕 등 볼거리도 적지 않다.

또 한 가지. 이번 트레킹에서 흔히 배내골이라 불리는 물길의 이름을 알리는 안내판에 '단장천'이라 적혀 있다. 공식적인 이름은 단장천이 맞다.

배내천 트레킹길은 울주 배내골과 경계인 양산 태봉마을에서 시작해 하류로 가면서 장선마을과 대리마을(이정표의 금천마을), 풍호마을을 거쳐 고점교에서 끝난다. 트레킹 도중 마을로 내려가는 갈림길은 물론 영축산~염수봉 능선으로 올라가는 길이 갈라지는 지점에도 어김없이 이정표가 꼼꼼하게 설치돼 있다. 단 한 군데 금

배내골에서 통도사로 넘어가는 지름길인 통도골의 비경 선녀탕. 영화 '달마야 놀자'의 촬영지다.

수암 갈림길에서 펜션 사이를 지나 중천사로 올라가는 갈림길에 이정표가 없어 잠시 헤맸다. 이 지점은 순방향으로 내려오면 별다른 어려움 없이 지나갈 수 있다.

 산행팀은 고점교에서 출발, 태봉교(마을)까지 물길을 거슬러 올라갔다. 중간지점인 선리마을 징검다리까지는 단장천을 지척에 두고 걷고, 이후로는 대체로 비탈을 가로질러 산허리 숲길을 걷는다. 바닥이 미끄러운 곳이 더러 있지만 따가운 햇볕을 피할 수 있다.

 구체적으로 양산 원동면 대리 고점교~대팻집나무 연리지~염수봉 갈림길~풍호마을~쉼터~금천마을 갈림길~선리마을 갈림길~전망대 쉼터~장선마을 갈림길~도태정 갈림길~통도골 선녀탕~장선마을 갈림길~금수암 갈림길~중천사~하수처리장 갈림길~태봉마을 태봉교 순. 전체 거리는 9.77km 정도로 3시간~3시간 30분 걸린다.

1. 배내천 트레킹길 고점교 출발점 2. 반대편인 태봉 출발점 3. 배내천 트레킹길 안내판.

　배내사거리에서 배내고개 방향으로 가다 '고점성불사' 버스정류장에서 내린다. 버스 진행 반대 방향으로 200m 가면 고점교 바로 옆에 배내천 트레킹길 출발 지점이 있다. 출입문 모양의 시설물과 안내도, 에어건, 벤치 등이 있어 놓칠 수가 없다.

　출발하면 곧장 사면을 가로질러 완만한 숲길을 걷는다. 가느다란 대팻집나무 연리지를 지난다. 길은 두 사람이 나란히 걸을 정도로 넓다. 작은 계곡을 건너 덱 계단을 내려가면 단장천 물길이 바로 눈앞이다. 염수봉으로 바로 치고 오르는 길이 갈라지는 삼거리를 만난다. 이정표의 태봉마을 방향만 따라가면 된다.

　곧 풍호마을을 지난다. 배내스캠프 펜션을 돌아가 한동안 물길을 따라 걷는다. 너덜을 따라 설치한 긴 덱 탐방로를 지나면 쉼터. 여기서 100m쯤 가서 작은 계곡을 건너면 갈림길. 우측으로 간다.

배내천 트레킹길 도중에 만나는 솟대와 캘리그래피 작품들.
전 배내산장 대표이자 산꾼인 김성달 씨 작품이다.

　잠시 단장천과 멀어져 산자락을 걷다가 내려서면 금천마을 삼거리(태봉마을 6.22km)다. 다시 덱 계단을 올라간다. 정면 저 멀리 간월산 서봉이 보인다. 덱 계단을 내려가면 선리마을 징검다리 앞 사거리를 지나 전망대 쉼터로 오른다. 차츰 오르막이다. 장선마을 갈림길에서 포장로를 따라 올라간다. 한참 올라가서 모퉁이를 돌면 발아래 통도골이 내려다보인다. 통도골로 올라가면 주능선을 넘어 곧바로 통도사로 이어진다. 도태정 갈림길에서 계곡으로 내려가 물길을 건너면 영화 '달마야 놀자'를 촬영한 선녀탕. 유량이 풍부해 폭포와 소가 장관을 이룬다.
　이후 장선마을로 내려가는 갈림길 세 곳을 잇달아 지난다. 금수암 갈림길에서 태봉마을 방향으로 가면 곧 펜션 앞에서 이정표가 없는 갈림길을 만난다. 우측으로 올라가면 중천사 앞에서 다시 산길이 시작된다. 이후로는 단장천을 바라보기 어렵다. 하수처리장 갈림길을 지나 20분쯤 내려가면 태봉마을 태봉교 앞이다.

떠나기 전에

- 배내천의 공식적인 명칭은 알고 보니 단장천

주의 깊게 본 사람은 아마도 의아해했으리라. 이번 코스를 걷다 보면 평소 '배내천'으로 알고 있던 물길의 이름이 '단장천'으로 표기돼 있기 때문이다. 공식적인 명칭은 단장천이 맞다. 울주 양산 배내골 쪽이 단장천의 상류이고, 이 흐름이 밀양호(댐)를 거쳐 하류인 단장면을 흐르다 밀양강에 이어 낙동강으로 수렴된다.

덧붙이자면 '단장천'이란 이름이 상류 쪽인 '배내천' '배내골'이란 이름의 유명세에 가려 그동안 사람의 인식 속으로 들어올 틈이 없었던 것으로 풀이된다.

또 한 가지. 배내골을 땅의 생김새, 즉 풍수지리학적으로 보면 배가 바다에 떠 있는 형상인 전형적인 행주형(行舟形)의 지세다. 오랫동안 배내골에서 '배내산장'을 운영한 김성달 씨는 배내골의 주변 지세를 근거로 설명했다.

배내골을 하나의 배로 가정할 때 골짝의 배내골의 두 진입로 중 해발고도가 낮은 배태고개를 뱃머리로, 약간 더 높은 배내고개를 배의 뒷부분인 선미로 분석했다. 배내골을 감싸고 있는 영남알프스 남서부, 남동부 능선은 각각 밀양 얼음골이나 양산 통도사에서 보면 거의 직벽이라 양쪽 산줄기를 배의 측면으로 간주했다. 예부터 행주형 지세에서 배가 떠나면 흉하다고 하여 비보(裨補) 차원에서 인근에 지명으로나마 포구를 만들었다고 하는데 배태고개 아래의 원동면 영포리 내포리 등이 그 예에 해당한다고 덧붙였다.

배내골로 이어지는 길은 크게 세 가지다. 울산 울주군 언양에서 석남사를 거쳐 밀양으로 넘어가는 옛 24번 국도를 타고 오다 만나는 갈림길에서 69번 지방도로 갈아타고 배내고개를 넘으면 된다. 양산 원동역에서 원동휴양림과 신흥사를 잇따라 지나 상수도 보호구역임을 알리는 대형 이정석이 서 있는 배태고개를 지나도 만날 수 있다. 경부고속도로 양산IC로 나와 어곡터널과 신불산 공원묘지와 에덴밸리리조트를 지나면 손쉽게 접근이 가능해 부산 쪽에선 대부분 이 길을 이용한다.

맛집 한 곳 소개한다. 배내천 트레킹 길을 걷고 난 뒤 출출해진 배를 채우려면 선리에 있는 배내골산장을 찾으면 된다. 부산 출신 공효식 김미영 부부가 운영하는 이곳은 흑염소숯불구이(**사진**), 꾸지뽕 닭백숙이 일품이다. 단체 손님 식사도 가능하다. (055)387-3292, 010-9133-5292

교통편

- 부산도시철도 양산역 내려 시내버스 1000번 타야

이번 코스는 대중교통을 이용하면 어렵지 않게 갈 수 있다. 다만 버스 운행 편수가 많지 않아 들어가고 나오는 버스 시간을 잘 맞춰야 한다.

출발 지점인 고점교에 가려면 부산도시철도 2호선 양산역에서 내려 양산역 환승센터에서 1000번 버스를 타고 고점성불사 정류장에서 내린다. 오전 7시, 10시 출발.

열차를 이용해도 된다. 부산역에서 원동행 열차는 오전 7시39분, 8시51분에 있다. 부전역에서 원동행 열차는 오전 6시17분, 10시20분에 있다. 원동역에서 도시형 8번 버스를 타고 고점성불사역에서 내린다. 버스는 열차 도착 시간에 맞춰 출발한다.

날머리 태봉(파래소폭포 입구)에서 원동행 도시형 8번 버스는 오후 3시20분, 5시35분에 있다. 오후 8시5분 버스를 타려면 예약(010-4821-8514)을 해야 한다.

김해 무척산

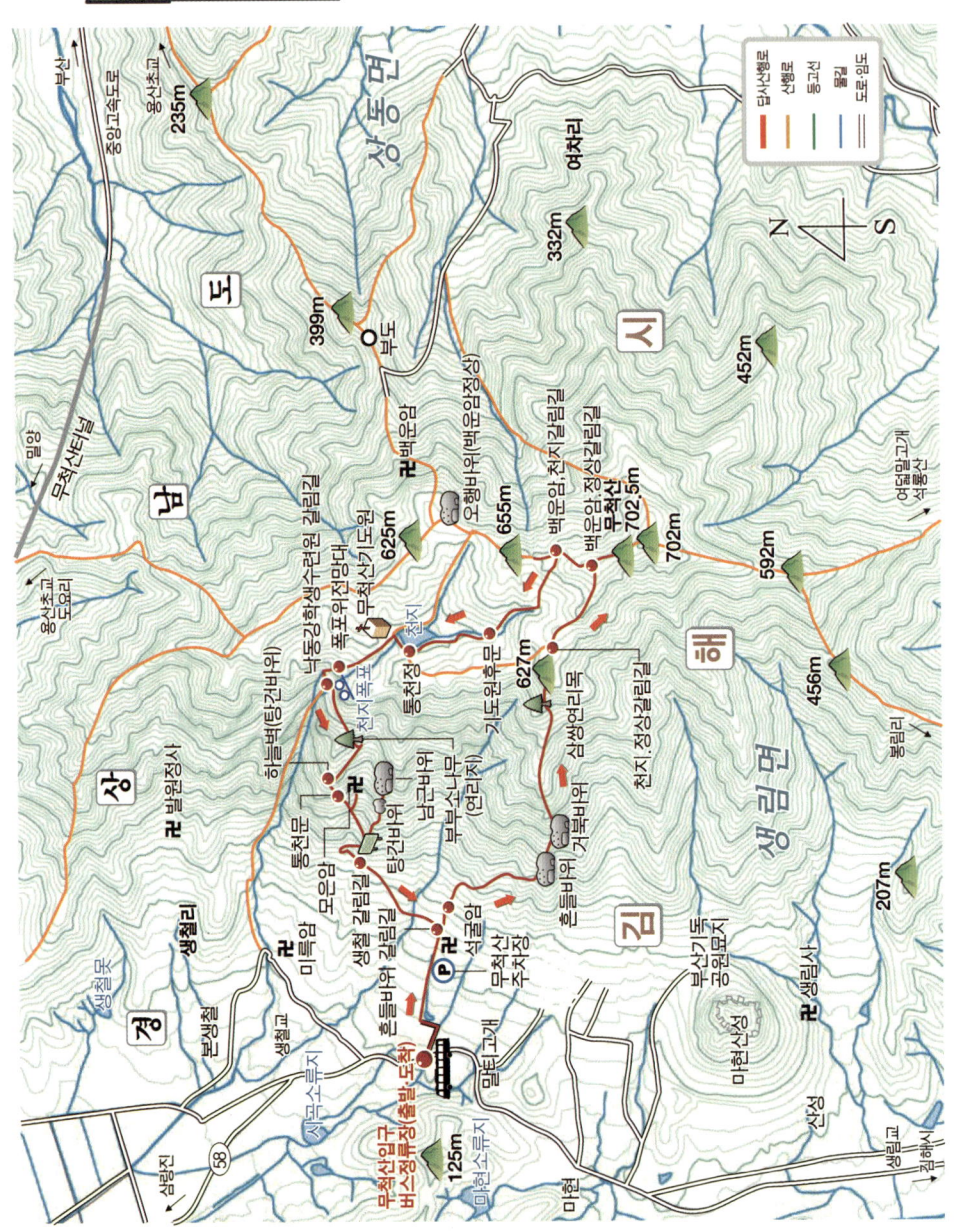

산행코스: 김해 생림면 '무척산 입구' 버스정류장~무척산 주차장~모은암·흔들바위 갈림길~흔들바위~거북바위~삼쌍연리목~천지·정상 갈림길~백운암~정상 갈림길~무척산 정상(~다시 백운암~정상 갈림길)~백운암~천지 갈림길~천지~폭포~부부 소나무 연리지~하늘벽(탕건바위)~통천문~모은암~남근(탕건)바위~생철리 갈림길~무척산 주차장

무척산 정상으로 가는 도중 만나는 전망대에서 내려다본 풍광. 영남의 젖줄 낙동강이 흐르는 가운데 그 뒤로 왼쪽 양산 토곡산에서 오른쪽으로 용굴산 오봉산 그리고 저 멀리 금정산이 확인된다. 사진 가운데 낙동강으로 머리를 불쑥 내민 곳이 용산이고, 그 용산을 신대구부산고속도로가 관통하고 있다.

기기묘묘한 바위 너머로
탁 트인 낙동강 물줄기

　신어산 불모산과 함께 김해의 3대 명산으로 불리는 무척산(702.5m)은 60대 이상의 지역 산꾼들에게 추억의 인기 등산지였다. 대중교통이 불편했던 1970, 80년 산꾼들은 버스로 북쪽의 생림면으로 이동해 모은암~천지~정상~백운암을 거쳐 산 너머 상동면 용당나루터 쪽으로 하산, 나룻배를 타고 낙동강을 건넌 뒤 원동역에서 완행열차에 고단한 몸을 실었다. '버스 타고, 나룻배 타고, 열차 타는' 소위 '타고' 산행의 전형적인 사례였다.

무척산은 조망의 산이기도 하다. 태백에서 발원한 영남의 젖줄 낙동강의 풍광이 아름다운 곳이 몇 곳 있다. 경북 상주 경천대가 상류의 가장 아름다운 풍광을 볼 수 있는 포인트라면 하류 쪽은 경부선 열차와 1022번 지방도가 나란히 달리는 원동역 부근의 낙동강 풍광이다. 그 풍광을 제대로 감상할 수 있는 곳이 바로 무척산이다. 무척산에선 또 부산 김해 양산 밀양 창녕 울산(울주) 지역의 이름 있는 웬만한 봉우리가 죄다 확인된다. 영남지역 최고의 전망대라 불러도 손색이 없다.

무척산은 또 가락국의 전설이 서려 있는 유서 깊은 콘텐츠의 보고다. 산행 중 만나는 모은암은 가락국 수로왕의 맏아들이자 2대왕인 거등왕이 그의 어머니 허황후를 위해 지었고, 백운암은 가락국 불교 진흥을 위해 무척 대사가 창건했으며, 산정호수 천지는 김수로왕릉과 관련이 있다.

산세 또한 독특하다. 모은암 등을 품은 서쪽 생림면 쪽은 기암절벽과 남근바위 탕건바위 거북바위 등의 근육질 암릉이 우세한 반

무척산 정상을 오르는 급경사 길의 흙이 침식돼 나무 뿌리가 드러나 있다.

면 낙동강을 바라보는 동쪽은 바위보다는 숲이 특히 울창하다. 산행 도중 다양한 볼거리도 빼놓을 수 없다. 연리목과 부부 소나무, 흔들바위 등이 그것이다. 하나같이 발걸음을 멈추게 할 만큼 신기하고 독특하다.

무척산(無隻山)이란 이름을 풀이하면 '한 쌍이 될 짝이 없는 산'이다. 경관이 아름다워 주변에 짝을 찾을 수 없을 만큼 아름답다는 의미로 해석된다.

영화 '달마야 놀자' 촬영지인 은하사가 신어산에 있어 지명도 면에서 신어산에 비해 약간 떨어지지만 산세로만 보면 무척산이 약간 낫다는 것이 지역 산꾼들의 대체적인 평이다.

구체적인 코스는 김해 생림면 '무척산 입구' 버스정류장~무척산 주차장~모은암·흔들바위 갈림길~흔들바위~거북바위~삼쌍연리목~천지·정상 갈림길~백운암-정상 갈림길~무척산 정상(~다시 백운암-정상 갈림길)~백운암-천지 갈림길~천지~폭포~부부 소나무 연리지~하늘벽(탕건바위)~통천문~모은암~남근(탕건)바위

암벽등반장으로 애용되는 탕건바위(하늘벽)에서 산행팀이 북쪽으로 김해 생림면 벌판과 낙동강 그리고 그 너머 밀양 삼랑진읍 일대를 조망하고 있다.

등산로 들머리 입구의 이정표. 산행팀은 흔들바위 쪽으로 올라 천지 방향에서 내려온다.

~생철리 갈림길을 지나 주차장과 버스정류장으로 돌아가는 원점회귀 코스다. 전체 산행 거리는 7km 정도로 순수하게 걷는 시간은 3시간~3시간 30분, 휴식을 포함하면 4시간 30분 정도 걸린다.

'무척산 입구' 버스정류장에 내려 길을 건너 이정표가 안내하는 대로 무척산으로 향한다. 무척산 주차장 입구에 커다란 무척산 안내도가 설치돼 있다. 포장로를 따라 산 쪽으로 오르면 갈림길. 이정표가 서 있다. 두 길 모두 무척산 정상으로 안내하지만 산행팀은 오른쪽 '흔들바위' 방향을 택했다. 왼쪽은 하산길이다.

돌계단을 오르면 굵은 돌이 드문드문 깔린 흙길이다. 시원하게 뻗은 소나무 사이로 푹신한 흙길 따라 완만하게 큰 '갈 지(之)' 자로 오른다. 이따금 끊어진 옛길의 흔적을 알아볼 수 있다. 급경사 사면에 조성한 길에는 석축을 쌓아 흙이 무너져내리는 것을 막아두었다.

'무척산 정상 1.9km' 이정표를 지나 100m가량 힘겹게 오른 뒤 덱 계단에 올라서면 흔들바위를 만난다. 거대한 바위를 기단으로 아래쪽이 좁은 흔들바위가 절묘하게 터를 잡고 있다. 이름과는 달리 어른 두 명이 흔들어도 움직일 기미가 없다. 바위 옆 전망대에서 남쪽과 서쪽으로 조망이 시원하다. 출발한 도로 맞은편 봉우리는 작약산.

거북바위도 곧 만난다. 나무에 안내판을 걸어뒀다. 점점 경사가 가팔라진다. 우락부락하게 생긴 바위들 옆으로 올라가면 덱 계단이 잇달아 나온다. 곧 전망이 탁 트인 곳이 나온다. 북으로는 낙동강과 합류하는 밀양강이 뚜렷하고 서쪽으로는 김해 진영 쪽의 평야가 드넓게 펼쳐진다. 잠시 뒤 나무 계단을 오르면 완만한 흙길을 걷는다. 이어 바위 사이로 지나는 가파른 길을 오르면 커다란 바위에 붙은 삼쌍연리목을 만난다. 서어나무로 보이며, 두 그루 나무가 세 군데 연결돼 있다.

연리목을 지나 급경사 나무 계단을 오른다. 정면 오른쪽에 소나무 사이로 정상이 보인다. 곧 이정표 삼거리다. 왼쪽은 천지(0.6km) 방향, 산행팀은 정면 무척산 정상(0.5km)으로 간다. 흙이 침식돼 뿌리가 드러난 급경사를 올라 덱 계단을 지나면 다시 삼거리. 향후 진행 방향은 왼쪽 백운암 쪽이지만 정상을 잠시 보기 위해 이정표 상의 오른쪽 여덟말고개 방향으로 간다. 곧 바위로 이뤄진 무척산 정상에 선다. 동쪽으로 낙동강이 가까이 내려다보이고 강 건너에는 양산의 근육질 암봉 토곡산이 우뚝하다.

다시 직전 삼거리로 돌아와 백운암 방향으로 내려간다. 낙엽이 적당히 깔린 푹신한 길이다. 5분 정도 가면 또 이정표 삼거리다. 직진하면 백운암 방향, 산행팀은 왼쪽 '무척산 주차장(2.9km)' 방향으로 간다. 곧 천지로 흘러드는 작은 물길을 만난다. 완만한 돌길을 잠시 내려가면 무척산 기도원 후문이다. 여기서는 왼쪽으로 꺾어 물길을 건넌다. 산정호

무척산 정상석.

산행팀이 흔들바위를 실제로 밀어보고 있다.

천지 인근의 무척산교회.

수 천지가 시야에 들어온다. 곧 계곡물이 천지로 흘러드는 곳에 닿는다. 왼쪽 물가로 잠시 가면 정자가 있고, 둑을 지나면 이정표가 서 있다. 계곡 옆으로 편안한 길을 200m쯤 내려가면 폭포수가 떨어져 내리는 지점 옆에 전망대가 있다. 밀양 삼랑진 쪽과 태백에서 1300리를 쉼 없이 달려온 낙동강 물이 한결 가까이 보인다.

암벽을 우회해 내려가면 곧 낙동강학생수련원 가는 길이 갈라진다. 산행팀은 직진해 높이 30m 정도의 폭포 아래를 지난다. 완만하게 사면을 돌아가면 곧 가파른 돌계단을 만난다. '주차장 1.6km' 이정표를 지나면 부부 소나무 연리지다. 소나무 두 그루가 5, 6m 높이에서 가지를 합치고 있다. 다시 경사 급한 돌길이다. 10여 분 급경사를 지그재그로 내려가면 이제 '주차장 1.1km' 이정표 아래 커다란 하늘벽(탕건바위)이 우뚝 솟아 있다. 바위 왼쪽으로 돌아가면 암벽등반을 하는 곳이라 곳곳에 확보물이 박혀 있다.

잇단 암벽을 지나 급경사 길을 내려가면 커다란 바위들이 맞물려 통로처럼 만들어진 곳 앞에서 길이 갈라진다. 왼쪽 바위 통로인 통천문을 지난다. 곧 모은암이 올려다보인다. 잠시 모은암을 들렀다가 온다. 모은암은 암벽 사이에 절묘하게 자리를 잡고 있다. 다시 내려와 돌계단을 내려가면 주차장이 있고 포장로가 기다린다. 암벽등반장으로 쓰이는 남근바위를 보려면 길이 처음 오른쪽으로 꺾이는 지점에서 왼쪽 능선으로 갈아타 낙엽 덮인 희미한 길을 15분 정도 오르면 만난다.

되돌아 내려와 포장로를 20분 정도 걸으면 무척산 주차장을 거쳐 무척산 입구 버스정류장에 닿는다.

 떠나기 전에

- 무척산 천지, 규모 작지만 백두산과 닮은꼴

많은 산꾼이 무척산 하면 천지를 떠올린다. 백두산 천지처럼 산정에 있다고 해서 명명된 이름이다. 명확하게 구분하자면 무척산 천지(**사진**)는 산정호수가 아니다. 백두산 천지는 화산 폭발로 날아간 산의 정상부에 자연적으로 생긴 산정호수

지만 무척산 천지는 산 사면에 인공적으로 만든 호수다. 무척산 천지의 수면 높이는 GPS로 측정하니 540m대로 정상과는 160m 정도 고도차가 난다.

무척산 천지의 규모는 백두산에 비할 바는 못 되지만 갖출 건 다 갖추고 있다. 백두산 달문처럼 이름은 없지만 못에서 서쪽으로 물이 흘러내리고 멀지 않은 곳에 높이 30m의 폭포가 있다.

천지는 가락국 김수로왕릉과 관련이 있다. 수로왕이 붕어한 뒤 현재 김해 서상동에 위치한 수로왕릉에 묘를 만드는데, 땅을 파니 계속 물이 나와 못처럼 되었다고 한다. 그때 지나가는 도인이 '고을의 높은 산에 못을 파면 능 자리의 물이 없어질 것'이란 말에 김해 땅에서 가장 높은 무척산에 못을 파니 도인의 예언대로 왕릉 자리로 흐르는 물길이 막혀 무사히 묘를 만들었다고 전해온다.

또 한 가지. 무척산 끝자락, 낙동강으로 머리를 불쑥 내민 용산(**사진**). 금오산 향일암에서 본 거북머리를 연상시키는 용산은 명당이라 예부터 상동면 여차리 용산마을 주민들은 무덤도 안 썼다. 하지만 신대구부산고속도로를 만들면서 대안이 없다는 이유로 용산을 뚫었다. 그 위로 동물이동길을 조성했다. 산행 중 이러한 사연의 용산을 꼭 확인해보자. 용산 강 건너엔 삼국시대부터 명맥을 이어온 용신제를 지내는 가야진사가 있다.

 교통편

- 부산김해경전철 부원역에서 내려 60, 61번 시내버스 타야

원점회귀 코스라 승용차를 이용하면 편리하나 부산김해경전철과 김해 시내버스를 이용해도 크게 불편하지 않다.

부산김해경천철 부원역에서 내려 마사행 60, 61번 시내버스를 타고 무척산 입구 버스정류장에서 내린다. 60번 버스는 오전 6시25분, 7시20분, 9시20분, 10시50분, 61번 버스는 오전 8시5분, 11시50분에 있다. 부원역 정류장에서 무척산 입구 정류장까지는 45분 정도 걸린다.

하산 후 무척산 입구 정류장에서 풍유행 60번 버스는 오후 3시20분, 6시40분, 8시30분, 9시10분, 61번 버스는 오후 4시40분, 7시50분, 밤 10시10분에 있다.

승용차를 이용할 땐 '무척산 주차장'을 내비게이션 목적지로 하면 된다.

양산 법기 치유둘레길

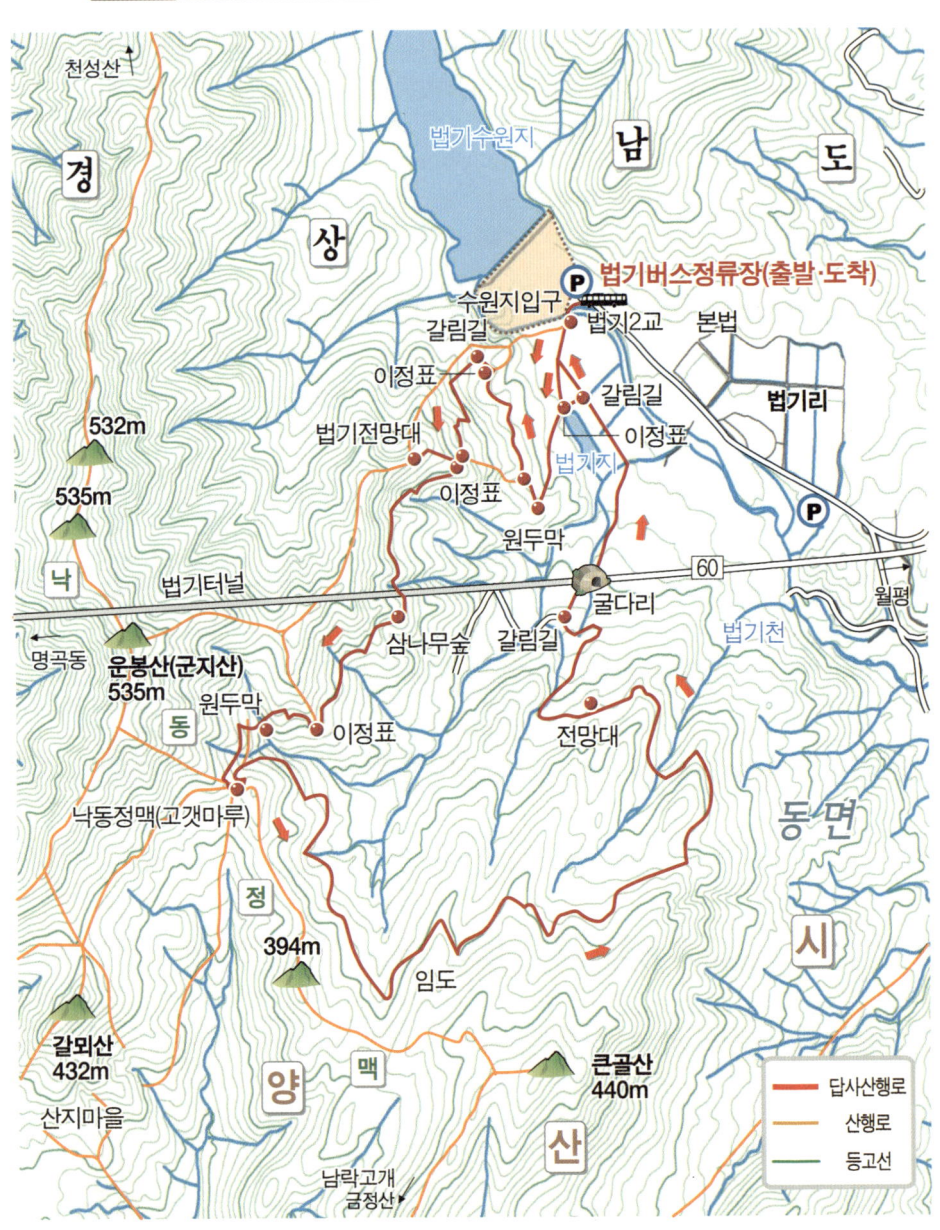

산행코스: 양산 동면 법기수원지 입구 법기버스정류장~법기2교~정원가든~법기지 야외무대(파고라)~편백숲 원두막~법기수원지·법기전망대 갈림길~둘레길(임도 방향)·법기수원지 분기점 갈림길~법기전망대·둘레길(임도 방향) 갈림길~법기전망대~법기전망대·둘레길(임도 방향) 갈림길~둘레길(임도 방향)·운봉산 갈림길~낙동정맥 고개 임도 갈림길~임도 삼거리~60번 지방도 굴다리~법기버스정류장

법기 치유의 길 B코스인 법기전망대에 서면 한창 연두빛 봄물이 오른 수원지가 펼쳐진다. 저 멀리 천성산이 보이며, 그 앞 원득봉에서 갈라지는 능선을 따라 오른쪽은 청송산, 왼쪽은 운봉산으로 이어져 발아래 수원지를 포근하게 감싼다.

생태계 보고 법기수원지의 봄
둘레길 연둣빛 새 옷 입었네

스무고개.
 우선 양산에 있지만 부산과 아주 가깝다. 원시림을 그대로 간직하고 있어 도심 속 스트레스를 최단 시간에 날려버릴 수 있는 최적의 숲길이다. 울창한 숲과 맑은 물이 공존해 발길 닿는 곳이 모두 절경이다. 입구에 들어서면 이국적인 풍경의 히말라야시다(개잎갈나무), 편백, 벚나무 등 많은 나무가 자생하고 있어 마음을 평온하게 감싸준다.

법기 치유둘레길 코스 중 초입에서 삼나무 숲을 지나가는 산행팀.

감을 잡으셨나요. 좀 더 힌트를 드립니다.

부산 최초의 근대식 수원지인 구덕수원지(1902년)와 성지곡수원지(1909년)에 이어 1932년에 완공됐다. 일제강점기 지역에 살던 일본인의 식수로 이용돼 오랫동안 일반인 출입금지 지역이었다. 그러다 2011년 7월 79년 동안 '금단의 땅' 장벽이 무너지며 댐과 수림지 일부를 민간에 개방했다. 개방 후 첫 한 달 동안 7000여 명이 다녀갈 정도로 이 '비밀의 정원'은 인기가 좋았다. 2004년에는 천연기념물 제327호인 원앙이 70여 마리 이상 발견돼 청정 자연생태계 보고임을 재확인했다.

놓쳐선 안 될 수목은 140년 수령의 반송 7그루(칠형제 반송). 이곳을 찾는 십중팔구는 이 반송을 배경으로 인생샷을 남긴다. 또 한

법기수원지 입구의 히말라야시다 숲. 30m 높이의 히말라야시다 숲은 법기수원지의 명물이다.

가지. 이곳에선 등산 배낭과 음식물 반입 및 섭취를 할 수 없다. 정답은 양산시 동면의 법기수원지다.

양산시는 자연생태계가 살아 숨 쉬는 법기수원지를 둘러보는 '법기 치유 둘레길' 3개 코스를 조성했다. 세 코스 모두 법기수원지를 관망하는 둘레길이다.

A코스 '법기 조망 길'(0.5km)은 수원지 주차장에서 청송산(584.1m) 방향의 산비탈에 세운 전망대를 다녀온다. B코스 '법기 편백 숲길'(1.3km)은 운봉산(군지산·535m) 자락의 편백 숲과 법기수원지 전망대를 잇는 길이다. C코스 '법기 둘레길'(6.5km)은 B코스 편백 숲길에서 시작해 운봉산 산비탈의 운치 있는 오솔길을 걸은 후 낙동정맥이 지나가는 고갯마루에서 임도를 따라 법기마을로 원점회귀한다.

이번 법기 치유둘레길에서 해발고도가 가장 높은 고갯마루 임도. 천성산에서 운봉산을 거쳐 내려온 낙동정맥은 이 고갯마루를 거쳐 금정산으로 이어진다.

　산행팀은 법기수원지 입구에서 시작하는 B코스 법기 편백 숲길과 C코스 법기 둘레길을 연결해 소개한다.

　구체적 코스는 양산 동면 법기수원지 입구 법기버스정류장~법기2교~정원가든~법기지 야외무대(파고라)~편백숲 원두막~법기수원지ㆍ법기전망대 갈림길~둘레길(임도 방향)ㆍ법기수원지 분기점 갈림길~법기전망대ㆍ둘레길(임도 방향) 갈림길~법기전망대~법기전망대ㆍ둘레길(임도 방향) 갈림길~둘레길(임도 방향)ㆍ운봉산 갈림길~낙동정맥 고개 임도 갈림길~임도 삼거리~60번 지방도 굴다리~법기버스정류장 순. 총거리는 8km 정도이며, 3시간 안팎으로 차량 이동 포함하면 반나절이면 충분하다.

　법기버스정류장에서 내려 우선 법기수원지 관람 후 버스정류장으로 되돌아온다. 바로 옆 '법기천' 안내판 우측으로 간다. 법기2교를 건너 '정원가든'을 지나면 갈림길. 예전에는 좌측으로 100m쯤 가서 우측 입구 '법기 치유의 길' 안내판을 보고 작은 저수

법기수원기 둑 옆의 수령 140년 된 칠형제 반송.

지인 법기지 둑을 따라 걸으며 산 쪽 들머리로 접근했다. 하지만 최근 갈림길에서 직진형 오른쪽으로 길이 뚫렸다. 100m쯤 가면 야외무대(파고라)가 조성돼 있다. 야외무대 앞에서 우측이 들머리다. '편백 숲길 둘레길'이라 적힌 이정표도 서 있다.

좁다란 농로를 따라 가면 이내 B코스인 편백 숲길이 시작된다. 계속 오르다 원두막 직전의 갈림길에서 우측으로 꺾는다. 바로 나오는 갈림길에서 오른쪽 법기수원지(0.6km) 쪽으로 간다. 왼쪽은 법기 전망대(0.7km) 방향이다. 이제 산허리 길은 대숲을 빠져나가 갈림길에서 왼쪽 둘레길(임도 방향 2.0km)로 꺾는다. 오른쪽은 법기수원지 분기점(1.0km) 방향이다. 이제부터 법기 치유의 길 C코스인 법기 둘레길이 시작된다. 2분이면 쓰러진 산벚나무를 지나 이정표가 없는 갈림길에서 왼쪽으로 꺾는다. 오른쪽은 운봉산 등산로 방향이다.

지그재그 길을 10분 정도 오르면 만나는 갈림길에서 오른쪽 법기전망대(0.21km) 방향으로 간다. 왼쪽은 편백 숲길(쉼터) 방향.

이어 나오는 갈림길에서 둘레길 방향으로 직진해야 하지만 오른쪽 법기전망대(0.17km)를 다녀온다. 5분이면 운봉산 등산로에 있는 법기수원지 전망대에 선다. 왼쪽은 낙동정맥(운봉산), 오른쪽은 법기수원지 방향. 정면 저 멀리 보이는 봉우리가 천성산이며 그 앞 낮은 봉우리가 원득봉인데 능선이 '역Y'자로 갈라져 오른쪽 능선이 청송산에서 법기수원지 입구로 내려간다면, 왼쪽 능선은 운봉산으로 이어져 발아래 법기수원지를 포근하게 감싸는 형국이다.

다시 갈림길로 돌아온다. 둘레길(임도 방향·1.5km) 방향인 오른쪽으로 꺾어 편안한 오솔길을 걷는다. 법기전망대에서 15분이면 하늘로 쭉쭉 뻗은 키 큰 삼나무 숲을 지난다. 활엽수림으로 뒤덮인 산길은 송림 길로 바뀐다. 운봉산 갈림길에서 둘레길(임도 방향·0.5km) 방향으로 직진한다. 계류를 건너 원두막 직전 오른쪽 길로 오른다. 이후 만나는 갈림길에서 왼쪽 임도로 꺾지 말고 그대로 직진하면 잡풀로 희미한 산길. 차츰 뚜렷해지며 길은 왼쪽으로 안내한다. 곧 낙동정맥이 지나가는 고갯마루에 도착한다.

하산은 왼쪽 둘레길(법기터널 방향·3.5km) 방향 임도로 내려간다. 오른쪽 능선은 운봉산(0.6km), 맞은편은 남락고개(5.1km) 방향이다.

정자와 '법기 치유의 길' '양산 누리길' '산지 웰빙 누리길' 안내도가 보인다. 콘크리트와 흙길이 번갈아 나타나는 완만한 임도를 걷는다. 고갯마루에서 35분이면 임도 우측 20m 지점의 바위전망대에서 조망을 즐긴다. 혹한 속에서도 꾸준히 봄을 애타게 기다려온 수목들이 날이 차츰 풀리면서 가지마다 연둣빛 봄물이 올라 수원지 주위는 옅은 수채화를 뿌려놓은 듯하다. 임도 삼거리에선 우측으로 꺾어 60번 지방도 상의 굴다리를 지나 직진한다. '부부조경원'을 지나 콘크리트 다리를 건너 굴다리에서 10분이면 법기지 갈림길에 닿고, 여기서 3분이면 법기버스정류장에서 도착한다.

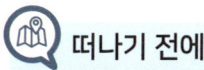 떠나기 전에

- 법기수원지 인근 법기지에 생태공원 조성

　법기저수지 주변의 본법(本法)마을은 서기 500년을 전후해 형성된 것으로 추정된다. 법기리 고분군의 형성 시기를 5세기로 보기 때문이다.
　임진왜란으로 마을이 본격적으로 형성됐다. 단양 우씨 등이 임란 때 청도 및 기장에서 이곳 법기로 이주해 마을을 형성됐다고 한다. 1860년대에는 마을 이름은 지금의 수원지 위쪽은 지동(紙洞), 아래쪽에는 하리(下里)였다. 하지만 호랑이가 자주 출몰해 위협을 느낀 상류의 지동마을 주민들이 지금의 상리(上里)와 중리(中里)로 옮겨왔다. 현재 김해 김씨, 밀양 박씨, 동래 정씨 등 10여 성씨가 살고 있다.
　법기수원지 인근 작은 저수지 법기지(사진)에는 최근 생태공원이 조성됐다. 물을 빼 연꽃을 많이 심었고, 저수지를 편안하게 걸을 수 있도록 목재 덱을 조성하고 야외무대와 쉼터, 포도터널, 포토존, 나룻배 덱도 만들었다. 하지만 주민들의 반응은 떨떠름하다. 자연 그대로 두면 친환경적으로 유지될 텐데 돈 들여 되레 망쳐놨다는 반응이다. 탐방객들이 많이 찾으면 시끄럽고 쓰레기가 무분별하게 배출돼 조용한 마을이 시끄러워질 것도 우려했다.

 교통편

- 도시철도 1호선 노포역 앞서 법기수원지행 마을버스 이용

　대중교통편과 승용차 모두 편리하다.
　도시철도 1호선 노포역 앞 버스정류장에서 법기수원지행 1, 1-1번 마을버스를 이용한다. 오전 7시부터 30분 간격으로 출발한다. 산행 후 법기버스정류장에서 노포동행 마을버스 역시 정각에서 30분 간격으로 있으며 막차는 밤 9시에 있다.
　승용차를 이용할 땐 법기수원지를 내비게이션 목적지로 한다. 수원지 입구 주차장에 주차하면 된다. 주차비 2000원.

양산 동산장성길

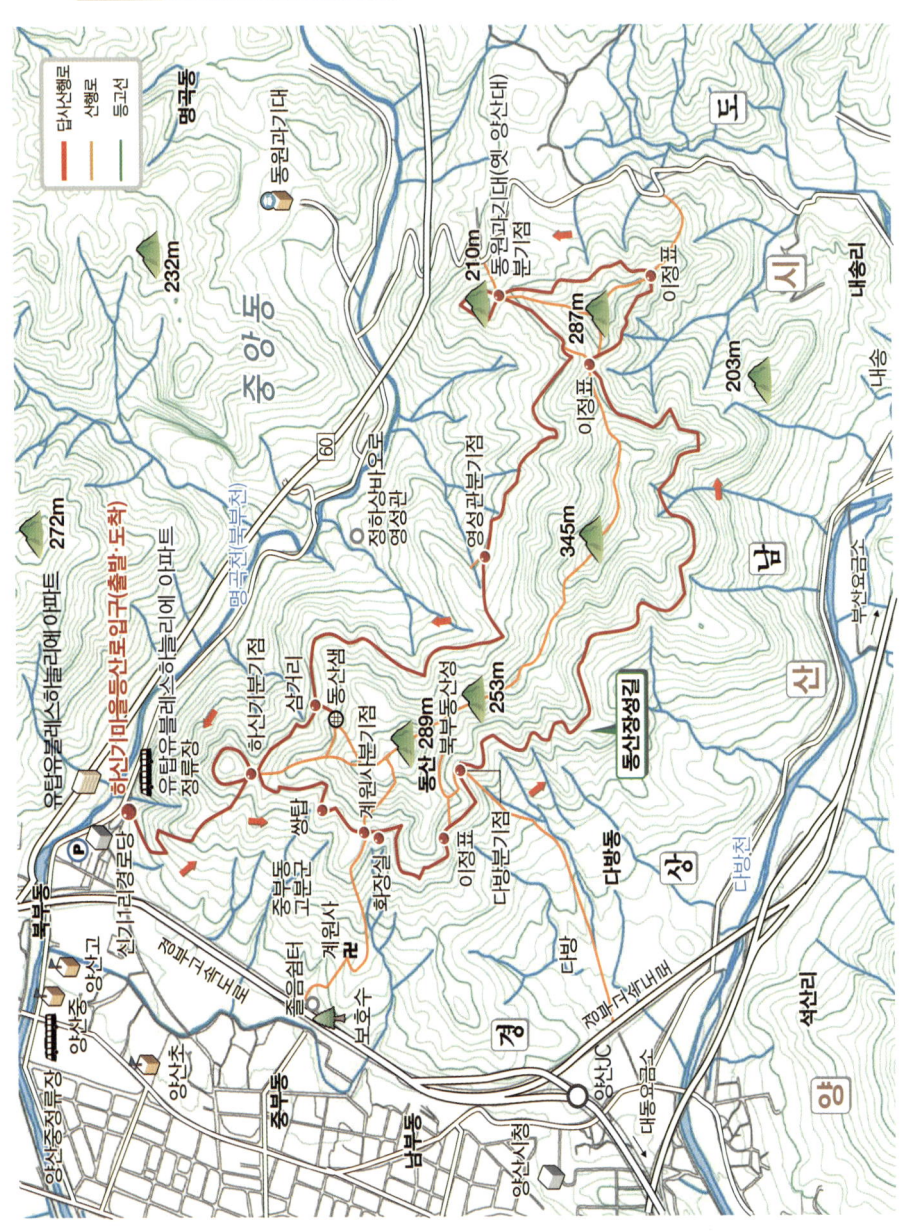

산행코스: 양산 북부동 하신기마을 등산로 입구 주차장~하신기 분기점~쌍탑~계원사 분기점~다방 분기점~안부 갈림길~양산대(현 동원과학기술대) 분기점~영성관 분기점~동산샘~하신기 분기점~하신기마을 등산로 입구 주차장

동산장성길은 양산시의 중심부인 중앙동과 동면을 가르는 동산의 산허리를 한 바퀴 도는 코스다. 산행팀이 다방분기점을 지나 산책로 같은 평탄한 길을 따라 동원과기대(옛 양산대) 분기점 방향으로 가고 있다.

울울창창 아늑한 숲길 힐링을

　개인적으로 마냥 편안하게 걸을 수 있는 숲길을 좋아한다. 약간의 오르내림이 있다면 옛길처럼 지그재그 길이었으면 좋겠다. 집 근처면 더할 나위 없겠지만 이동하더라도 1시간 안팎의 거리였으면 한다. 접근도 쉬워야 한다. 도중 원할 경우 쉽게 하산할 수 있는 탈출로 내지 진입로가 여럿 있어야 한다. 뒷동산 수준의 낮은 봉우리라도 적당한 조망이 있으면 더 좋고. 아울러 주변에 볼거리와 역사적으로도 의미 있는 유적이 있다면 더더욱 좋을 듯싶다.

동산장성길 초반 1㎞ 정도의 산죽(조릿대) 길도 만난다.

흔히 장삼이사가 언급하는 산 좋고 물 좋고 정자마저 좋으면 금상첨화련만 아무리 찾아도 그런 길은 좀처럼 찾을 수 없다. 거기에 필적하지는 못하지만 적어도 흉내는 낼 정도의 소박한 길을 산행팀이 찾았다.

경남 양산 동산장성길이 그것이다. 총거리는 8.1㎞ 정도. 능선길 남쪽 면은 쭉쭉 뻗은 소나무가 우점종이고, 북쪽 면은 굴참나무 신갈나무 등 활엽수가 우세하다. 하늘이 거의 보이지 않을 정도로 울울창창하고 아늑한 숲속의 힐링길이다.

동산장성길은 양산시청이 있는 시의 중심부인 중앙동과 동면을 가로지르는 동산(289m)의 산허리를 한 바퀴 도는 둘레길이다. 경부고속도로를 사이에 두고 부산의 진산인 금정산 고당봉과 장군봉과 마주하고 있다. 접근도 쉬워 부산에서 대중교통을 이용해 하신기마을·계원사·다방리·양산대(현 동원과기대)·(정하상)바오로 영성관에서 출발할 수 있다.

산줄기는 대체로 300m대를 오르내리는 동네 뒷산 수준이지만 신라시대 땐 지정학적으로 중요한 길목이어서 산성으로 추정되는 북부동산성이 있다. 이곳 북쪽에 위치한 성황산(331m)의 신기리산성처럼 당시 낙동강을 거슬러 올라 경주로 침입하려는 왜구를 막는 역할을 했으리라. 2013년 양산시는 이 동산의 9부 능선에 테메식인 북부동산성이 동서로 길게 이어진 사실에 착안, 이 둘레길 이름을 동산장성(東山長城)길로 명명했다.

전망도 괜찮은 편이다. 남쪽으로 금정산 고당봉과 장군봉, 서쪽으로 오봉산 토곡산 선암산, 그리고 양산시가지와 물금읍 등이 시야에 들어온다. 이 둘레길은 양산시에서 추천하는 '가을철 걷기 좋은 길'에 매년 선정되고 있다.

산행팀이 걸은 구체적 경로는 양산 북부동 하신기마을 등산로 입구 주차장~하신기 분기점~쌍탑~계원사 분기점~다방 분기점~안부 갈림길~양산대(현 동원과학기술대) 분기점~영성관 분기점~동산샘~하신기 분기점~하신기마을 등산로 입구 주차장 순. 총거리는 약 9.8km이며, 산행 시간은 3시간 30분 정도 걸린다.

들머리는 하신기마을 등산로 입구 주차장. 주차장 왼쪽 끝 입구에 서 있는 '동산장성길 안내도'를 보고 돌계단을 올라간다. 지그재그 산길은 두 번의 갈림길에서 모두 왼쪽으로 간다. 20분이면 정자가 있는 안부인 하신기 분기점(쉼터)에 도착한다. 오른쪽으로 꺾어 산허리 길을 돌면 계양사 분기점 방향이다. 오른쪽 가운데 능선은 동산 정상으로 가는 길, 직진하면 양산대 분기점 방향, 산행팀은 동산장성길을 돌아 다시 하신기 분기점으로 회귀한다. 동산장성길은 키 큰 소나무와 활엽수가 하늘을 가리는 운치 있는 오솔길로 높낮이가 거의 느껴지지 않을 만큼 평탄해 남녀노소 걷기에 좋다.

이 코스에서는 일정한 거리를 두고 세워진 동산장성 현 위치 표지목과 장성길 이정표가 걷는 동안 길잡이가 돼준다. 산행하러 온 사람의 건강과 안녕을 기원한다는 쌍탑을 지나면 아름다운 조릿대길이 소나무와 조화를 이뤄 1km가량 이어진다. 하신기 분기점에서 20분이면 나오는 체육공원의 계원사 분기점에 도착한다. 가야 할 동산장성길(다방 분기점·0.77km)은 직진한다. 왼쪽은 동산(0.35km), 오른쪽은 계원사(0.42km) 방향이다. 화장실을 지나 10분이면

다방분기점을 지나면 오른쪽 금정산 계명봉 장군봉과 발아래 사송신도시가 펼쳐진다.

동산장성길에서 단 하나뿐인 동산샘.

조릿대 길을 벗어난다. 갈림길 한 곳에서 동산장성길(다방 분기점)로 직진하면 곧 다방분기점에 도착한다. 동산장성길(양산대 분기점)은 직진한다. 오른쪽은 다방마을(0.86km), 왼쪽은 등산로(동산 0.61km) 방향.

평탄한 산길은 345봉과 287봉 사이 안부에 도착해 오른쪽 산허리를 돌아간다. 저 멀리 해운대 장산과 금정산 계명봉 장군봉의 공룡 등 같은 울퉁불퉁한 능선이 모습을 드러낸다. 발아래는 사송신도시. 양산대 분기점(0.6km)·정상(1.0km) 이정표에서 왼쪽으로 방향을 틀어 동쪽 산비탈 길을 간다. 곧 나오는 갈림길에서 직진해 능선 안부 갈림길에서 15분이면 교명이 동원과학기술대학교로 바뀐 양산대 분기점에 도착한다. 오른쪽은 동원과기대(1.34km) 방향. 동산장성로(영성관 방향)는 왼쪽인데 산행팀은 오른쪽 두 번째 산길인 '조망로·쉼터(0.3km)'를 다녀온다. 210봉을 도는데 덱 쉼터에선 조망은 열리지 않는다.

동산장성길은 이 돌계단을 오르면서 산행이 시작된다. 왼쪽 옆엔 등산안내도가 서 있다.

5분이면 다시 양산대 분기점으로 나온다. 이제 영성관 분기점(1.1km)은 직진한다. 둘레길은 약간의 오르내림이 있지만 그렇다고 힘든 코스는 아니다. 영성관 분기점에서 하신기 분기점(1.5km)은 왼쪽으로 간다. 영성관에서 올라오는 길은 통행이 드문지 잡초에 묻혔다.

영성관 분기점에서 15분이면 동산샘 삼거리. 산행팀은 왼쪽으로 110m 떨어진 동산샘에 올라 바위틈에서 흐르는 석간수로 목을 축인 뒤 다시 삼거리로 내려와 하신기 분기점으로 향한다. 2분이면 앞서 거쳤던 하신기 분기점에 도착한다.

곧장 하산하지 않고 오른쪽 조망로(400m)를 따라 봉우리를 한 바퀴 돌아 다시 분기점에 온다. 왔던 길을 되짚어 15분이면 출발했던 하신기마을 등산로 입구 주차장에 도착한다.

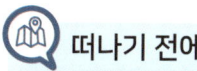
떠나기 전에

- 동산장성길 등 등산로 입구 지팡이 비치에 호평

동산장성길을 걸을 때 빼놓을 수 없는 곳이 계원사다. 계원사에서 양산 시가지를 향해 서서 왼쪽을 바라보면 가까운 능선 끝에 바위가 눈에 띈다. 바로 '닭바위'다. 오래전 계원사 아래 삼동리 마을사람들이 새벽이면 닭바위에서 나는 닭 울음소리를 듣고 새벽을 열었다 해서 이같이 명명됐다고 전해온다. 마치 금정산 계명봉의 전설과 유사하다.

2003년 4월 경내에서 다양한 신라 토기가 출토돼 당시에는 지역의 명찰이었던 것으로 추정된다. 일제강점기 때인 1910년 중창됐으나 1959년 사라호 태풍 때 전체 전각이 휩쓸려 없어졌으나 1960년 대웅전 삼성각 등을 지어 오늘에 이른다.

사적 제98호 북부동 산성은 북부동 남부동 중부동 다방동 등에 걸쳐 있다. 해발 276.8m로 동산의 9부 능선을 띠를 두르듯 돌로 쌓은 테메식 산성이다. 성안에서 채집되는 유물과 성의 동쪽 사면의 중부동 고분군을 근거로 삼국시대에 축조된 것으로 추정된다. 인근에 양산패총이 발견돼 이 일대가 신라시대의 중요한 곳이었다는 사실을 방증한다.

또 한 가지. 최근 등산로 입구에 지팡이(**사진**)를 비치해둔 곳이 적지 않다. 대표적인 곳이 경남 양산시다.

시는 숲 가꾸기 및 가로수 가지치기 과정에서 나온 폐 나뭇가지를 재활용한 등산용 지팡이 1000여 개를 제작해 동산장성길을 비롯해 오봉산 천성산 금정산 등 주요 등산로 입구에 비치한 것이었다. 지팡이 보관함도 폐 가로수 지주목을 재활용해 폐기물 처리예산 절감은 물론 시민의 안전한 등산을 돕는 일석이조의 효과를 거두고 있다.

양산 북부동 동산정성길 입구에서 만난 한 시민은 "수백억 원이 들어가는 단체장의 치적용 하드웨어보다는 등산용 지팡이처럼 소소하지만 실제로 주민들에게 도움이 되는 곳에 계속 주안점을 뒀으면 좋겠다"고 말했다.

교통편

- 양산역 환승센터서 52, 57, 87번 타고 유탑유블레스 아파트 하차

이번 산행은 부산과 가까워 대중교통편과 승용차 이용 모두 괜찮다.

도시철도 2호선을 타고 양산역에서 내려 양산역 환승센터에서 52, 57, 87번 버스를 타고 유탑유블레스하늘리에아파트 정류장에서 내린다.

부산도시철도 1호선인 명륜역 1번 출구 앞 정류장에서 언양행 11, 12번 시내버스를 타고 양산 남부시장을 지나 양산중학교 정류장에서 내린다. 명곡천(북부천)을 따라 산행 들머리까지 800m. 걸어서는 약 12분 소요된다.

승용차를 이용 때에는 경남 양산시 북부동 727 신기1리 경로당(신기1리마을고고씽 어울림센터)을 내비게이션 목적지로 하면 된다.

양산 선암산

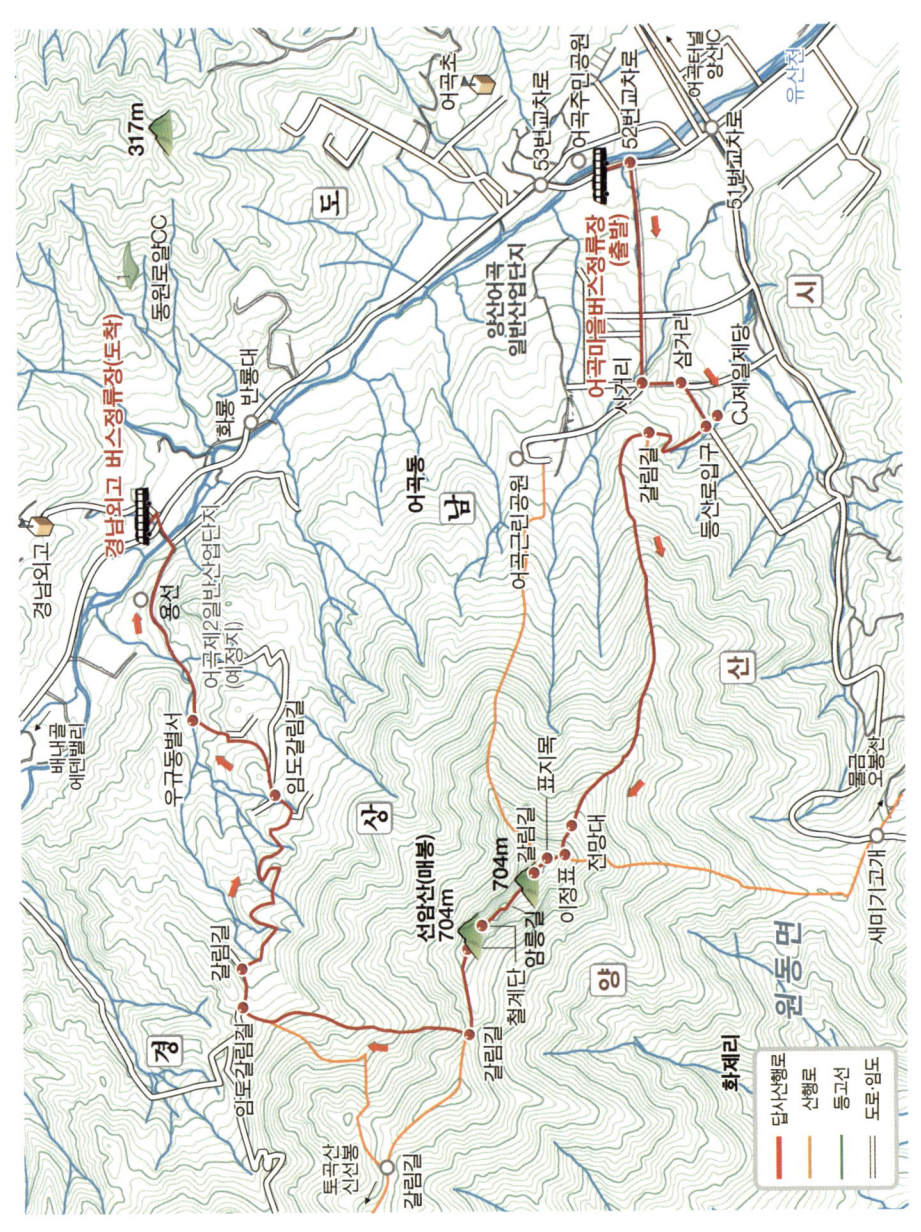

산행코스: 양산 어곡동 어곡마을 버스정류장~어곡산단 CJ제일제당 양산공장~바위 전망대~선암산·오봉산 갈림길~704봉~암릉 길~선암산 매봉 정상~토곡산·화룡마을 갈림길~우규동별서~경남외국어고 버스정류장

정상 암릉에 오르기 전 오봉산 갈림길 아래 바위 전망대에서는 어곡산업단지를 비롯한 양산시 일대와 천성산 금정산 등이 한눈에 들어온다. 정상 주변 암릉 조망보다는 못하지만 긴 숲길에서 빠져나와 처음 하늘이 열리는 곳이라 한결 시원하게 느껴진다.

구름 아래 바위봉 앉으니
신선놀음 따로 없구려

 얼마 전 한 독자로부터 전화를 받았다. 산 이름이 잘못 알려져 있다며 바로잡아달라는 거였다. 양산 어곡동과 원동면의 경계에 위치한 선암산이 아직도 일부 산꾼 사이에서 어곡산이라 불린다고 한다.
 오래전 선암산 정상에 '선암산(매봉)'이라 적은 정상석을 세운 양산산악회 소속이라고 밝힌 그는 그 근거로 73년 전통의 어곡초등학교 교가에 선암산이란 이름이 나오고, 조상 대대로 산 아래 살아온 어르신들이 지금까지 선암산이라 부르고 있다는 것이다.

암릉 끝에 우뚝 솟은 선암암 정상 매봉. 지금은 철계단이 설치돼 오르는 데 그리 어렵지 않았지만 과거에는 밧줄에 의지에 올랐다(작은 사진).

예부터 신선이 놀던 자리라고 해서 명명된 선암산(仙岩山) 정상은 엄청난 크기의 바위가 똬리를 틀고 있다. 산 아래에선 매가 앉아 있는 형상이라 하여 일명 매바위 또는 매봉으로도 불린다.

매바위의 규모는 상상 이상이다. 앞에 서면 입이 쩍 벌어진다. 설악산 금강산의 바위봉우리에 뒤지지 않는 모양새다. 부산지역에서 찾자면 기장 달음산 정상의 그것과 비슷하다. 달음산 정상이 여러 개의 바위로 구성된 반면 선암산 매바위는 하나의 암봉이다. 해서, 바위 틈새를 잡고 안간힘을 쓰며 오르는 달음산과 달리 매바위는 밧줄에 의지하지 않고는 정상 등극이 쉽지 않다. 다행히 양산시는 산꾼들의 안전을 위해 철계단을 설치해놓았다.

산꾼이 아니더라도 조금만 신경 쓰면 확인할 수 있다. 경부고속도로에서다. 양산휴게소를 앞두고 정면 양산 시가지 뒤로 보이는 삼각형의 봉우리가 선암산이다.

산행 코스는 양산 어곡동 어곡마을 버스정류장~어곡산단 CJ제일제당 양산공장~바위 전망대~선암산·오봉산 갈림길~704봉~암릉 길~선암산 매봉 정상~토곡산·화룡마을 갈림길~우규동별서~경남외국어고 버스정류장 순. 전체 거리는 7.6km 정도로 소요시간은 4시간 안팎이다.

'어곡마을' 버스정류장에서 내려 버스 진행 방향과 반대 방향인 유산천을 따라 100m 정도 내려간다. 52번 교차로 팻말에서 건널목을 건너 어곡산단 쪽으로 올라간다. 선암산이 보이지만 정상은 뒤쪽에 있는지 아직 모습을 보여주지 않는다.

길 끝까지 12분 정도 오르면 산 아래 사거리. 왼쪽 도로로 가다 만나는 삼거리에서 오른쪽으로 100m쯤 가면 CJ제일제당 양산공장이 나온다. 입구 맞은편 열린 임도를 오르면서 산행은 시작된다. 이내 만나는 무덤 앞에서 임도가 끝나고 본격적인 산길이다. 울창한 송림 길을 50m쯤 가면 갈림길. 오른쪽 길로 능선을 따라 올라간다. 여기서부터 정상 암릉 직전의 오봉산 갈림길까지는 외길이라 내처 오르면 된다.

차츰 경사가 가팔라진다. 숨 돌릴 만한 곳도 없는 급경사 흙길을 1시간 정도 오르면 예닐곱 개 바윗덩어리가 모인 곳과 만난다. 여기서 10분쯤 급경사 길을 오르다 경사가 완만해지는 지점에서 오른쪽으로 길을 살짝 벗어나면 처음으로 시야가 트이는 전망대가 나온다. 어곡산단을 비롯해 일대가 모두 눈에 들어온다.

여기까지 오면 오르막의 큰 고비는 넘긴 셈. 15분가량 더 오르면 오봉산과 이어지는 길과 만나고 10분 정도 더 가면 암봉인 704봉이 나온다. 119 표지목에는 매봉산 정상이라고 적혀 있지만 실제 선암산 정상이 매봉으로 불린다. 북쪽으로 선암산 정상과 에덴

어곡산단에서 출발. 산행 초반에는 급경사 오르막길로 인해 땀깨나 흘려야 한다.

선암산 정상에 오른 부산지역 산꾼들과 기념촬영을 하고 있다.

밸리 리조트, 능걸산이 시야에 들어온다. 여기서부터는 암릉 길을 따라 걷는다. 다소 위험한 곳이 있으니 주의하자.

400m 정도 아찔한 암릉 길을 오르내리면 선암산 정상이 바로 앞에 나타난다. 철계단을 따라 우뚝 솟은 바위 봉우리인 선암산 매봉에 오른다. 사방으로 시원하게 시야가 열리고 주변 산군이 한눈에 들어온다. 우선 북쪽으로 능걸산 영축산에 재약산 천황산, 동쪽으로 정족산과 천성산, 서쪽으로 토곡산 오봉산과 강 건너 신어산, 남쪽으로 금정산 고당봉 계명봉 장군봉과 백양산 엄광산 구덕산까지 시원하게 펼쳐진다. 가까이로는 발밑의 어곡산단과 양산 시가지. 원동면 화제 들판과 낙동강이 시야에 들어온다. 가히, 조망의 산이라 해도 결코 과장되지 않다.

하산은 정면 계단으로 내려선다. 깎아지른 벼랑을 뒤로한 채 능선을 따라 작은 봉우리를 넘어선 뒤 짧은 급경사를 내려가면 안부 삼거리다. 이정표는 없고 리본만 여럿 달려 있다. 능선을 따라 직진하면 토곡산과 염수봉으로 갈 수 있다.

산행팀은 오른쪽 급경사 비탈길로 내려간다. 30분 정도 내려가면 주택 옆 임도와 만난다. 오른쪽으로 내려가 100m 정도 가면 만나는 기도원 입구에서 오른쪽으로 길이 꺾인다. 임도를 따라가면 '우규동 별서(別墅)'를 지나 4차선 도로의 경남외국어고 버스정류장에 도착한다.

 떠나기 전에

- 얼레지 산괴불주머니 큰구슬붕이 등 야생화 지천

우규동 별서.

선암산 등산은 산줄기를 기준으로 어곡동과 반대편인 화제리 새미기고개를 들머리로 하는 코스가 주로 애용됐다. 오봉산~선암산 코스나 토곡산~선암산 코스는 전문 산꾼들이 선호하지만 모두 20㎞ 안팎의 장거리 코스여서 누구나 도전할 수 없는 것이 단점이다.

이번에는 선암산 매봉의 조망만 노리고 어곡마을에서 출발해 우규동 별서 쪽으로 내려오는 코스를 잡았다. 다른 코스보다 상대적으로 짧지만 쉬운 길은 아니다. 애오라지 정상 암봉을 비롯해 주변 400m 정도 거리의 암릉에서 누리는 조망을 위해 급경사의 오르막과 내리막을 감수해야 한다.

이번 산행의 들머리. CJ제일제당 정문 맞은편이다.

하산길에 만나는 어곡동 우규동 별서는 조선 후기 의금부도사와 통정대부의 벼슬을 지낸 우규동이 3.1운동 다음 해인 1920년 고향 양산 어곡리에 별장처럼 따로 지은 정자다. 원래 소한정(小閒亭)과 세심당(洗心塘)이라는 정자가 있었으나 6·25 전쟁 때 불에 타 지금은 세심당만 남아 있다. 소한정은 터만 남아 있고 그 축대에 소한정이라는 각석이 확인된다.

정자 주위에는 대나무 매화나무 백양목 백일홍 매실나무 회화나무 등을 심어 놓았고, 주변의 각각의 암석에는 거북 봉황 용 학과 같은 불로장생을 상징하는 동식물로 열두 경관의 이름을 붙였다. 경북도 문화재자료 189호이다. 오래전 어곡초등학교의 단골 소풍지였다고 한다.

어곡공단 뒷산으로 통칭하는 선암산은 금정산 고당봉, 기장 달음산과 함께 부산 근교 3대 암봉으로 불린다. 선암산에는 얼레지 개별꽃 산괴불주머니 수사해당화 큰구슬붕이와 진달래 철쭉 등 야생화가 지천이다.

 교통편

- 도시철도 2호선 양산역서 1000번 버스로 갈아타 어곡마을 정류장 하차

이번 코스는 교통카드만으로 다녀올 수 있다. 부산도시철도 2호선 양산역 인근 양산역 환승센터에서 배내골을 오가는 1000번(좌석), 24번 버스를 타고 '어곡마을' 버스정류장에 내리면 된다. 호포역에서 23번 버스를 타도 된다.

산행을 마친 뒤에는 경남외국어고 정류장에서 24번, 1000번 버스를 타면 된다.

승용차를 이용할 때는 경남 양산시 대동로 3 대동회관을 목적지로 해서 찾아간 뒤 인근에 주차 장소를 찾으면 된다. 산행 후에는 24번 버스를 이용하거나 도보(2.2km)로 차량을 회수하면 된다.

양산 용굴산~토곡산

산행코스 양산 원동면 수청마을 버스정류장~송전탑~잇단 전망대~용굴산 정상~안부 폐헬기장~전망대~석이바위~원동초등학교·토곡산 갈림길~복천암 갈림길~토곡산 정상~능선 갈림길~숯가마터~폐가~함포 마을 급수시설~산신각~함포마을회관

산행 도중 만나는 전망대에선 아름다운 한 폭의 한국화를 만난다. 낙동강이 유유히 흐르는 가운데 왼쪽 오봉산과 그 뒤로 금정산이 보이고, 강 건너 우측으로 신어산 등 김해지역 산줄기가 확인된다.

암릉길 곳곳이 전망대
아찔한 암벽은 천연 성채

경남 양산 원동면 토곡산(855.5m)은 한마디로 암릉이 즐비한 근육질의 악산이다. 신불산·천성산 공룡능선에 견줘도 전혀 손색이 없다. 밋밋한 워킹 위주의 산행이 지겨울 때 토곡산을 찾으면 안성맞춤이다.

토곡산은 이웃한 천태산과 함께 1970, 80년대 기차 타고 떠나는 최고의 근교산 산행지였다. 이후 주변의 도로망이 확충되고 열

용굴산은 작지만 옹골찬 봉우리다. 정상에 오르기 전의 암벽은 밧줄에 의지해야 한다.

차 편수가 줄면서 한동안 기억에서 사라졌다. 하지만 최근 매화마을, 임경대, 가야진사 등 원동 지역에 볼거리가 생기고 이곳이 낙동강 하류에서 가장 풍광이 빼어나다며 전국적인 지명도가 높아지면서 관광객들이 늘었다. 덩달아 산꾼들도 이곳을 찾으면서 소위 추억의 산행 코스로 최근 각광을 받고 있다.

낙동강과 인접한 토곡산의 주요 들머리는 원동면의 내포리 원동자연휴양림 명전고개, 원리 함포마을 함포국수공장 원동초등학교, 서룡리 수청마을, 화제리 내화마을. 이 중 원동역 인근의 원동초등학교에서 출발해 상봉을 거쳐 함포마을로 하산하는 코스가 산꾼들이 가장 즐겨찾는 기본 코스다.

하지만 이 코스는 토곡산의 암릉미의 진수를 맛보기에는 약간 부족하다. 해서, 산행팀은 서룡리 수청마을에서 출발해 근육질 암릉 길의 연속인 용굴산(591m)을 이어 토곡산까지 연결했다. 용굴산 가는 길은 석이바위를 비롯해 능선 곳곳에서 바위를 타고 넘어야 한다. 특히 용굴산 정상 가까이에서는 20m 정도 높이의 암벽을 로프에 의지해 올라야 한다.

구체적인 경로는 양산 원동면 수청마을 버스정류장~송전탑~잇단 전망대~용굴산 정상~안부 폐헬기장~전망대~석이바위~원동초등학교·토곡산 갈림길~복천암 갈림길~토곡산 정상~능선 갈림길~숯 가마터~폐가~함포 마을 급수시설~산신각~함포마을회관 순. 전체 산행 거리는 9.5㎞ 정도이고, 순수 산행 시간은 5시간~5시간 30분, 휴식을 포함하면 6시간 30분 정도 걸린다.

이번 산행 코스는 일반 워킹 산행치고는 난도가 높다. 암릉 길의 연속이어서 보통 산길보다 두 배 정도 시간이 더 걸린다. 여기에 낙동강과 인접해 있어 들머리의 해발고도가 20m 정도여서 해발 855m의 토곡산 정상까지 무려 830m나 올라야 한다. 해발 801m의 금정산 고당봉의 들머리인 범어사가 해발 400m인 점을 감안하면 이번 용굴산~토곡산 산행은 어지간한 1000m급 이상의 봉우리를 오르내리는 강행군인 셈이다.

들머리 찾기는 아주 쉽다. 수청 버스정류장에서 내려 바로 길만 건너면 들머리다. 입구에 빛이 바랬지만 토곡산 등산안내도 서 있다. 계단을 오르면 길 양쪽으로 찔레꽃이 한창이다. 두 번째 작은 안내도를 지나 밀양 박씨묘 뒤로 본격 산길이 시작된다.

처음부터 급경사길이 기다린다. 10여 분 오르면 송전탑 아래를 지나고 곧 시야가 트이는 바위 전망대에 선다. 뒤돌아보면 화제리 들판 너머로 이웃한 오봉산이 우뚝하다. 송전선이 가로지르기는 하지만 낙동강이 남쪽과 서쪽으로 시야를 가득 채운다. 강 건너 송전선이 가는 방향 왼쪽에 김해 금동산, 저 멀리 오른쪽에 무척산이 모습을 드러낸다. 잠시 뒤 커다란 바위 앞에서 길이 갈라진다. 어느 쪽으로 올라도 상관없다. 곧 두 길이 만나기 때문이다. 오른쪽 길로 올라 바위 위에 서면 조망이 한결 시원하다.

암릉 길이 이어진다. 소나무가 많긴 하지만 길을 조금만 벗어나면 바위에서 조망하거나 쉬어갈 수 있다. 송전탑에서 20여 분 오

이번 코스는 바윗길을 많이 만난다. 용굴산에서 토곡산으로 가는 도중 석이바위 앞 암릉 길을 지나고 있다.

르면 잠시 완만한 길을 지나 야트막한 봉우리에 선다. 정면으로 용골산 정상 직전의 전위봉이 올려다보인다. 우뚝한 바위 위에 소나무 몇 그루가 운치 있게 서 있다. 5분쯤 울창한 송림 숲길을 걸으면 경사가 서서히 가팔라진다. 잠시 완만한 곳에서 숨을 고르면 다시 된비알이 기다린다. 솔가리가 깔려 길은 푹신하다. 20분 정도 숲길을 여유 있게 걸으면 바위 전망대에 올라선다. 정면 능선의 왼쪽으로 토곡산 정상부가 처음 모습을 드러낸다.

　전망대를 지나면 곧 용굴산 전위봉의 수직으로 솟아오른 암벽이 시야에 들어온다. 정상까지는 계속 암릉 길이다. 잠시 급경사를 오르면 아찔한 암벽이 길을 가로막는다. 80도쯤 돼 보이는 경사에 높이가 20m 정도로 상단부 절반 정도는 로프를 잡지 않으면 올라가기 어렵다. 로프는 오래된 듯 상태가 썩 좋아 보이지는 않는다. 암벽을 오르는 게 부담스럽거나 로프가 미덥지 않으면 암벽 오른쪽으로 우회할 수 있다. 길이 희미하지만 어렵지 않게 찾을 수 있다. 올라서면 전위봉이 눈앞이다. 수직의 바위기둥들이 둘러서 있는 모양새다. 전위봉 암벽 아래에 닿으면 오른쪽으로 길이 이어진다.

용굴산 정상에 오르기 전에 만나는 바위전망대. 우측 뒤로 정상 직전의 암봉이 우뚝 서 있다.

낙엽이 두텁게 쌓인 된비알을 오르면 거칠 것 없이 시야가 트이는 암봉 위에 선다. 이번 코스에서 조망이 가장 빼어난 지점이다.

여기서부터 낙엽이 푹신한 완만한 능선길을 150m쯤 가면 용굴산 정상이다. 키 큰 나무들로 둘러싸여 있어 조망은 시원찮다. 정면 내리막길로 토곡산으로 향한다. 20분이면 작은 암봉에 오른다. 낙동강 쪽으로 조망이 열려 있어 잠시 쉬어가기 좋다. 15분 정도 완만한 능선을 오르내리면 페헬기장 안부에 닿는다. 다시 급경사 오르막길이다. 낙엽이 수북이 깔린 흙길이 '갈 지(之)'자를 반복한다. 잠시 숨 고를 곳이 있지만 대체로 경사가 가파르다.

20분 정도면 우뚝 솟은 바위 전망대에 오른다. 정면으로 원동초등학교를 들머리로 토곡산 정상으로 이어지는 능선이 시야에 들어온다. 전망대에서 10분쯤 더 가면 경사가 가팔라지면서 이내 암릉길이 시작된다. 폭이 좁고 양쪽은 위태로워 보이는 급경사다.

암릉 길을 40m쯤 가면 커다란 바위가 나타난다. 석이바위다. 바위 왼쪽으로 내려가 우회해서 오른다. 10분 뒤 봉우리에 오르면 갈림길. 왼쪽은 원동초등학교에서 올라오는 길, 산행팀은 토곡

토곡산 정상에서 하산하는 도중 수북이 깔린 낙엽길을 걷고 있는 이창우 산행대장.

산을 향해 오른쪽으로 발걸음을 옮긴다. 곧 복천암 갈림길을 지나 완만한 능선을 5분 정도 오르면 토곡산 정상이다. 커다란 정상석이 서 있다. 사방으로 김해 양산 밀양의 산들이 파노라마처럼 펼쳐진다.

종착지 함포마을로 가는 길은 정상석 뒤로 이어진다. 곧 암릉길이다. 다행히 경사가 가파르지 않다. 10분이면 소나무 네댓 그루가 그늘을 드리운 바위쉼터를 지난다. 하산길 왼쪽은 아찔한 벼랑이다.

가파른 길을 5분 내려가면 작은 봉우리로 오르기 전 갈림길을 만난다. 왼쪽으로 내려간다. 낙엽이 발목 깊이까지 쌓여 길을 알아보기 어려우니 유심히 살펴야 한다. 커다란 바위를 만나 왼쪽으로 내려서면 숯가마 터를 지난다. 너덜을 만나면 너덜의 오른쪽 끝부분을 따라 내려간다. 10분이면 허물어진 숯가마 터를 지나고 곧 계곡변의 폐가를 만난다. 이후부턴 길이 한층 또렷해진다. 20분 뒤 능선에서 내려오는 길과 만난다. 계속 직진한다. 함포마을 급수시설과 산신각을 잇따라 지나면 마을로 들어선다. 마을 배수지에서 왼쪽으로 꺾어 포장로를 따라 내려가면 도로변의 함포마을회관에 닿는다.

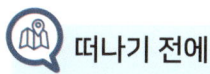

떠나기 전에

- 용굴산 20m 높이 암벽 로프 잡고 올라야

토곡산이야 예전부터 익히 알려진 산이지만 용굴산은 토곡산의 줄기에 속한 무명봉이었다. 오래전 산행팀은 수청마을에서 올라가는 길을 개척한 후 인근 사찰에서 용굴산으로 부른다는 사실을 확인하고 이후 용굴산이라 명명했다.

지금은 토곡산과 함께 용굴산이란 이름이 일반화됐고 양산시청 홈페이지에도 토곡산 등산로 안내에 용굴산이란 이름이 표시돼 있다. 용굴산은 함박산이나 굴밧산으로 불리기도 한다.

국제신문 산행팀이 1990년대 중반 처음 소개한 이후 등산로의 상태도 많은 변화가 있었다. 등로가 뚜렷해진 것은 물론 용굴산으로 이어지는 암릉길 중 만나는 20m 높이의 암벽에는 로프가 설치돼 있다. 이와 관련 이창우 산행대장은 "당시 취재 때는 암벽의 오른쪽으로 크게 돌아 올랐다. 소개 이후 등산객의 발길이 잦아지면서 로프가 등장했고 이후 수차례 교체됐다. 로프 설치 이후 우회하는 길은 희미해졌다"고 말했다.

날머리 함포마을로 가는 하산길의 폐가는 예전 답사 때도 빈집이었지만 이번 답사에서는 완전히 허물어져 있었다.

이번 용굴산~토곡산 산행은 매화가 꽃망울을 터뜨리기 시작할 때 하길 권한다. 열차에서 보면 우측 산비탈이 온통 매화 천지다. 버스를 탄다면 창을 활짝 열고 매향을 느껴보자.

또 한 가지. 함포마을에서 재배되는 미나리는 맛과 향이 진해 양산의 특산품으로 자리매김하고 있다. 한 움큼 사서 삼겹살을 함께 곁들이면 피로를 잊게 해준다.

교통편

- 도시철도 2호선 증산역에서 137번 타고 수청서 하차

산행 들머리인 양산 원동면 수청마을 버스정류장에 가려면 도시철도 2호선 증산역에서 양산 시내버스 137번 버스를 타야 한다. 오전 7시35분, 10시20분. 양산역 인근 시내버스 환승센터에선 138번 버스를 타면 된다. 오전 8시10분, 11시10분(북정 출발).

날머리 함포마을회관 버스정류장에서 원동역을 가기 위해선 도시형 7, 8번 버스를 타면 된다.

도시형 7번 버스는 오후 3시55분, 4시20분, 5시35분, 6시(어영마을 출발), 오후 3시10분, 4시20분, 6시(천태사 출발)에 있지만 어영마을에서 출발하는 오후 3시55분만 규칙적으로 다니고, 나머지 시간 버스는 모두 1시간 전에 콜(010-4821-8513)해야 탈 수 있다. 도시형 8번 버스는 오후 3시50분, 6시5분에 있다. 오후 8시5분 버스는 콜(010-4821-8514)해야 한다.

원동역에서 부산행 열차는 오후 3시26분(부전역), 4시49분(부산역), 6시22분(〃), 오후 8시6분(부전역)에 있다.

양산 오봉산 둘레길

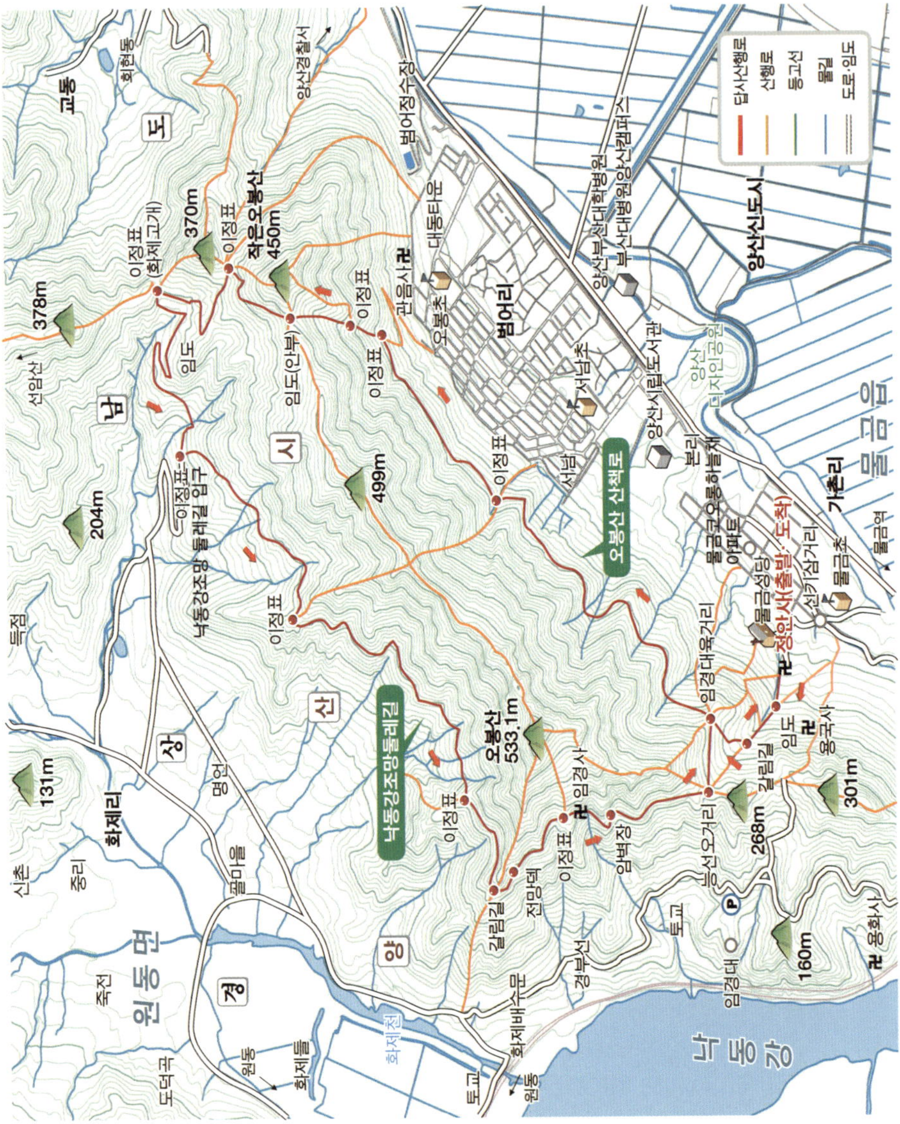

산행코스
양산시 물금읍 가촌리 정안사 주차장~육거리 쉼터(오봉산 산책로)~96계단 사거리~팔각정 산책로 삼거리(오봉산 산책로 끝 지점)~안부 사거리(헬기장)~임도~선암산 갈림길~임경사·명언마을 갈림길(낙동강 조망 둘레길 시작)~낙동강 전망 덱~임경사·임경대(낙동강 조망 둘레길~오봉산 산책로 경계)~암벽 전망대~체육시설 오거리~육거리 쉼터~정안사 주차장

오봉산 북쪽 비탈을 걷다 만나는 덱 전망대에서 보이는 영남의 젖줄 낙동강과 원동 화제리 들판. 강 건너로 김해 무척산이 보인다. 작은 사진은 임경대에서 바라본 낙동강. 현재 김해 매리와 양산 신기동을 잇는 국지도 60호선 공사가 한창이다.

낙동강 진면목 여기서 만나다

    12세 어린 나이에 당으로 유학을 떠나 18세 때 빈공과에 장원급제한 고운 최치원. 25세 때 쓴 '격황소서(檄黃巢書)'는 반란 수괴가 읽다가 놀라 침상에서 굴러떨어졌다 하니 천하가 찬탄한 신라의 천재이자 석학이었다. 천년 왕국 조국 신라의 누란 극복에 일조하고자 29세 때 귀국했지만 골품제와 기득권인 성골·진골은 높은 벽이었다. 도처에 반란이 들불처럼 번지자 '시무십여조' 국정쇄신책을 올려봤지만 허사였다.

양산 오봉산 둘레길 _ 241

나아질 최소한의 희망마저 없음을 확인한 그는 마침내 관직을 버린 채 정처 없는 유랑의 길에 나선다. 경남 함양 하동 사천 창원을 거쳐 양산 땅의 풍광 좋은 지점에 다다른 그는 거울처럼 맑고 깨끗한 강을 끼고 솟은 산에 이른다. 중턱쯤 오르자 광활한 물줄기가 굽이치는 모습이 한눈에 들어오는 가파른 절벽 위, 그리 넓지는 않아도 편평한 바위들이 펼쳐져 그대로 대(臺)가 되는 지점에 선다. 산 중턱의 편평한 지점인 임경대(臨鏡臺)가 있는 곳이 오봉산이고, 오봉산 임경대에서 내려다본 강이 황산강(지금의 낙동강)이다.

잠시 오봉산 설명을 덧붙인다. 흔히 부산서 경부선 열차나 1022번 지방도로 원동역 부근을 지날 때 원동 매화마을과 낙동강은 최

임경사를 지나 만나는 전망대 뒤쪽의 암벽 규모가 상상을 초월한다.

이창우 산행대장이 들머리 정안사에서 오봉산 산책로 구간인 육거리 쉼터로 올라가고 있다.

고의 풍광이라 불린다. 그런데 정작 매화마을과 낙동강이라는 두 명소를 포근히 감싸며 철로 오른쪽에 여인처럼 누워있는 산줄기가 오봉산이라는 사실을 잘 모른다.

양산 원동면과 물금읍에 걸쳐 있는 오봉산은 산세 자체로는 크게 두드러지지 않는다. 울창한 숲, 걷기 좋은 산길을 갖췄지만 그래도 그저 평범한 산일 뿐이다.

하지만 상대적으로 접근성이 뛰어나 적지 않은 산꾼들이 즐겨 찾는다. 5개의 봉우리가 형제처럼 모여 있다 해서 명명된 오봉산(五峰山·533.1m)은 둘째 형 격인 작은오봉산(450m)과 완만하게 이어져 영남의 젖줄 낙동강과 북서쪽 원동의 화제 벌판, 남동쪽 물금읍 시가지를 내려다본다.

이번에 산행팀은 오봉산 중턱을 빙 도는 둘레길을 걸었다. 이 명칭은 공식적인 이름은 아니다. 현재 오봉산에는 정상 남서쪽 자락의 임경사 인근을 경계로 하는 오봉산 산책로(3.75km)와 낙동강

오봉산 전망대에서 바라본 낙동강 일몰의 모습은 한마디로 백문(百聞)이 불여일견(而不如一見)이다.

조망 둘레길(4.1km)이 조성돼 있다. 아직 두 길이 완전히 연결되지는 않는다. 임경사에서 시작해 물금읍 범어리 대동타운아파트에서 올라오는 길과 만나는 팔각정에서 오봉산 산책로가 끝나는데 여기서 주능선을 넘어 북쪽 산자락의 원동 명언마을로 가는 임도를 3km 이상 걸어야 낙동강 조망 둘레길에 올라타 오봉산 중턱을 온전히 한 바퀴 연결해 걸을 수 있다. 두 길을 연결하는 오르막과 내리막의 경사가 가팔라 힘들지만 워낙 숲이 우거져 있어 햇볕은 피할 수 있다.

이번 산행은 양산시 물금읍 가촌리 정안사 주차장~육거리 쉼터(오봉산 산책로)~96계단 사거리~팔각정 산책로 삼거리(오봉산 산책로 끝 지점)~안부 사거리(헬기장)~임도~선암산 갈림길~임경사·명언마을 갈림길(낙동강 조망 둘레길 시작)~낙동강 전망덱~임경사·임경대(낙동강 조망 둘레길-오봉산 산책로 경계)~암벽 전망대~체육시설 오거리~육거리 쉼터~정안사 주차장 순의 원점회귀 코스. 전체 거리는 12.3km 정도로 소요 시간은 4시간~4시간 30 정도 걸린다. 갈림길이 많지만 이정표가 대체로 잘 설치돼 길 찾기는 어렵지 않다. 물금 시가지와 인접한 오봉산 산책로는 찾는 이가 많아 길도 좋고 이정표도 잘 정비돼 있는 반면 북쪽 비탈의 낙동강 조망 둘레길은 예상외로 거칠다.

정안사 주차장에서 출발한다. 포장로가 끝날 무렵 우측으로 산길이 열려 있다. 초반에는 오르막이다. 이정표 오른쪽으로 간다. 넓은 길과 만난 뒤 체육시설을 지나 50m쯤 오르면 갈림길. 오른쪽으로 잠시 가풀막을 올라가면 정자가 있는 육거리에 닿는다. 여기서부터 오봉산 산책로. 길은 여섯 갈래인데 이정표는 사각형 기둥에 6개 길이 4개 방향으로만 안내한다. 11시 방향 '96계단·범어대동아파트' 방향으로 간다. 걷기 편안한 길이다. 20분에 걸쳐 체육시설 세 곳을 지나면 만나는 이정표 없는 갈림길. 왼쪽으로 방향을 잡고 계곡을 건너 올라가면 96계단 사거리에서 작은오봉산 정상(1.8㎞) 방향이다. 틈틈이 나무 사이로 물금 시가지가 보인다.

범어대동아파트에서 올라오는 길과 만나는 팔각정 삼거리를 만난다. 육거리에서 50분 정도 걸린다. 오봉산 산책로는 여기서 끝난다. 작은오봉산 정상으로 올라가다 만나는 갈림길에서 이정표 상의 오봉산 방향으로 간다. 팔각정 삼거리에서 능선까지 오르막은 이번 코스에서 가장 힘든 구간이다. 안부의 헬기장 사거리에서 둘레길은 정면 '화제' 방향 임도로 내려간다. 40분 정도 내려가면 선암산 갈림길. 이후 송전탑을 지나면 이정표와 등산로 안내도가 서 있는 갈림길을 만난다. 여기서부터는 낙동강 조망 둘레길이다.

10분 정도 급경사 지그재그 산길을 오르면 길이 평탄해진다. 선암산이 바라보이는 너덜을 지나면 96계단·명언마을 갈림길을 지난다. 활엽수가 울창한 숲길을 걸으며 좌우로 간간이 모습을 드러내는 오봉상 정상과 낙동강을 숨바꼭질하듯 보다 낙동강 전망 덱에 오른다. 북쪽으로 원동 화제 들판 너머 용굴산과 토곡산, 강 건너 김해 무척산과 신어산, 그리고 낙동강변으로 튀어나온, 김해 상동면 여차리 주민이 신성시하는 용산이 시야에 들어온다.

15분 뒤 임경사. 법당 옆 암벽에 붉은색의 임경대 글자가 새겨져 있다. 법당을 지나 철계단으로 내려가 왼쪽으로 간다. 이내 만나는 갈림길에서 왼쪽으로 가면 암벽 아래 덱 전망대가 있다. 여기서도 유유히 흐르는 낙동강과 신어산, 김해 상동공단 등이 눈에 들어온다. 계속 내려가면 체육시설이 있는 오거리다. 안내도는 있지만 이정표는 없다. 정면 통나무 계단이 설치된 두 갈래 내리막길 중 왼쪽으로 간다. 이내 처음 오봉산 산책로와 만났던 육거리 정자를 다시 만난다. 여기서 올라온 길을 되짚어가면 정안사 주차장에 닿는다.

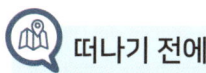 **떠나기 전에**

- 임경대서 보는 낙동강 물길, 한반도 형상 빼닮아

'멧부리 웅긋종긋 강물은 넘실넘실(煙巒簇簇水溶溶) / 집과 산 거울인 듯 서로 마주 비치는데(鏡裏人家對碧峯) / 돛단배 바람 태워 어디로 가버렸나(何處孤帆飽風去) / 나는 새 어느 결에 자취 없이 사라지듯(警然飛鳥杳無踪)'. '임경대 제영(臨鏡臺 題詠)' 또는 '황산강 임경대'로 전해지는 고운 최치원의 시를 이은상이 번역한 거다.

임경대라는 명칭은 최치원의 시에서 유래됐다. 당에서 귀국 후 벼슬을 내던지고 정처 없이 주유하며 발길 닿은 곳이 오봉산 중턱. 고민에 고민을 거듭하던 최치원의 눈에 비로소 낙동강이 한눈에 들어왔으리라. 예나 지금이나 임경대 풍광은 시시각각 변한다. 구름 한 점 없는 맑은 날씨에 햇살 반짝이는 강물이 흘러갈 땐 운해가 뒤덮여 바다처럼 보이고, 황혼이 깃들 무렵이면 온 천지가 붉은빛으로 물들어 장관을 이룬다.

'양산 8경' 중 7경인 오봉산 임경대의 위치는 정확히 알 수 없다. 현재 알려진 곳은 두 곳이다.

하나는 2014년 양산시가 낙동강이 훤히 내려다보이는 1022번 지방도 변에 정자를 짓고 현재 관광객을 맞이하고 있다. 다른 하나는 이번 산행 코스 중 오봉산 정상 남서쪽에 위치한 임경사 인근으로 추정된다. 임경사 법당 암벽에 임경대라는 글자가 새겨져 있기 때문이다. 하지만 양산지역 학계나 심지어 최치원의 후손들도 인정하지 않고 있는 형국이다.

현재 전자의 임경대에서 내려다본 낙동강의 굽이치는 광활한 물길은 한반도의 형상을 빼닮았다. 최근에는 이 형상에 낙동강을 가로지르는 다리(김해 매리와 양산 신기동을 잇는 국지도 60호선)가 건설 중이다. 경관의 관점에선 눈살을 찌푸리게 하지만 현대 문명의 피할 수 없는 한계이기도 하다. 강과 다리의 조화를 위한 상상력이 필요할 듯싶다.

 교통편

- 도시철도 2호선 증산역서 32·128번 버스 타고 신기삼거리 정류장 하차

이번 코스는 원점 회귀라 승용차가 편리하지만 대중교통을 이용해도 어렵지 않게 갈 수 있다.

부산 도시철도 역 앞에서 갈아타면 된다. 호포역(21번) 증산역(32, 33, 128, 128-1, 137, 1500, 23번) 양산(32, 138번) 양산역 환승센터(32, 33, 128, 128-1, 138번) 물금역(21, 137, 138번) 금곡·동원·율리·수정·덕천역(21번) 명륜·온천장·부산대역(1500번)에서 괄호 안의 버스를 타고 '물금한신더휴' 정류장에서 내려 '물금성당' 혹은 '물금코오롱하늘채' 방향으로 250m 정도 가면 길 입구에 '정안사' 안내판이 보인다. 산행후 다시 '물금한신더휴' 버스정류장으로 나오면 된다.

승용차를 이용할 땐 정안사(양산시 물금읍 가촌서로 17-43)를 내비게이션 목적지로 하면 된다.

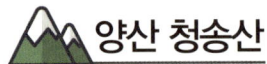 양산 청송산

산행코스: 양산 법기수원지 주차장~전망 덱~용천지맥 갈림길~청송산~갈림길~전망대(600m)~안부 사거리~용천지맥 분기점~원득봉~방화선 삼거리~명곡·다람쥐 캠프장 갈림길~군지산(운봉산)~법기 수원지 주차장

하산길 전망대에서 바라본 법기수원지. 수원지는 조망 각도와 시간에 따라 시시각각 그 모습을 달리한다.

능선서 본 법기수원지
조망 따라 다채로운 변신

 겨울 산에서 연암 박지원(1737~1805)이 이야기한 통곡장(痛哭場)을 떠올렸다. 기온이 갑자기 떨어진 12월 초 어느 날 경남 양산시 동면 청송산에 오르면서다.
 "한바탕 통곡하기 좋은 곳이로구나." 1780년 7월 8일, 청나라 건륭제의 70회 생일을 축하하는 사절단의 일원으로 연행 길에 나선 연암은 요동 벌판에 이르러 탄성을 터뜨린다. 압록강을 건너 베이징으로 들어가는 관문인 산하이관까지 1200리(약 480km)의 머나먼 길에 눈을 씻고 찾아봐도 산은커녕 언덕조차 볼 수 없는 광활

법기수원지에 들어서면 우선 하늘을 향해 쭉쭉 뻗은 높이 30m의 히말라야시다 숲길에 압도당한다.

한 벌판이 펼쳐진다. 이를 보고 크게 깨우친 연암이 내뱉은 게송(偈頌) 같은 한마디다.

무슨 말일까. 함께 연행 길에 오른 한 선비가 눈이 휘둥그레져 연암에게 묻는다. "천지간에 이렇게 시야가 툭 터진 곳을 만나 별안간 통곡할 것을 생각하시니, 무슨 까닭입니까?"

연암이 답하기를 "사람들은 단지 인간의 칠정(七情) 중에서 오로지 슬픔만이 울음을 유발한다고 알고 있지, 칠정이 모두 울음을 자아내는 줄은 모르고 있네. (…) 정말 칠정에 느껴서 나오는 지극하고 진실한 통곡 소리는 천지 사이에 억누르고 참고 억제하여 감히 아무 장소에서나 터져 나오지 못하는 법이네. (…) 1200리가 하늘끝과 땅끝이 마치 아교로 붙인 듯, 실로 꿰맨 듯하고 고금의 구름과 비만이 창창하니 여기가 바로 한바탕 울어 볼 장소가 아니겠는가?"

그 배경에는 인간 존재에 대한 연암의 실존적 자각이 스며 있다. '사람이란 본래 의지하고 붙일 곳 없이 단지 하늘을 이고 땅을 밟고 이리저리 나다니는 존재'라는 것이다. 혹한의 엄습을 선전포고하듯, 잎이 져 앙상한 가지만 남은 나무들을 휩쓸고 지나가는 겨울 산의 칼바람 소리가 연암의 실존적 자각을 연상케 한다. 세상의 끝에 선 것 같은 허허로움에서다. 겨울 산의 허허로움에 대한 인식은 더는 물러설 곳도, 물러설 필요도 없다는 당당한 각성으로 확장된다.

그 당당함은 처음의 풋풋함을 되새기게 한다. 겨울 산행은 그래서 '초심으로 돌아가는 여행'이다. 여름 산의 녹음과 가을 산의 화려한 단풍의 기억이 걷혀나가고 처음과 끝을 관통하는 뼈대만 남은 기분, 이것이 겨울 산행의 매력인 것 같다. 그런 깨달음을 주는 겨울 산행은 요동 벌판처럼 한바탕 진솔한 울음을 자아낼 듯하다. 그런저런 생각을 하며 산으로 발걸음을 재촉했다.

이번 산행은 청송산을 비롯한 법기수원지 주변 산들을 한 바퀴 도는 코스로, 총거리는 약 15km이며 소요 시간은 6시간 정도 걸린다. 능선에서 바라보는 법기수원지의 모습은 가까이서 혹은 멀리서 조망하는 각도와 시간 흐름에 따라 달라져 재미를 더한다.

산행은 법기수원지 주차장에서 시작한다. 법지수원지 쪽으로 가까이 오다 오면 주차장이 네 개나 있다. 법기수원지 정문 앞 '수원지 입구 주차장' 가장자리에 목재 덱 길이 열려 있다. 곧 '법기정'이란 정자를 만나고 그 옆에 전망 덱까지의 이 길이 '법기 치유의 길' 세 코스 중 가장 짧은 '법기조망길(0.5km)'임을 알려준다.

도중 갈림길을 두 개 정도 만나지만 하나는 지름길, 다른 하나는 둘러 가는 길이라 크게 신경 쓸 필요가 없다. 쉬엄쉬엄 15분이면 전망 덱에 올라선다. 산의 무릎 정도까지 물을 담은 길이 260m의 수원지는 총면적이 680만㎡에 달한다. 현재 그중 댐과 수림지 2만㎡만 개방돼 있다.

들머리에서 15분쯤 쉬엄쉬엄 오르면 만나는 첫 전망대에서 바라본 법기수원지와 주변의 전경. 이번 코스는 법기수원지를 중심으로 반시계 방향으로 돈다는 사실을 확인할 수 있다.

이제 다시 숲으로. 근데 입구에 '천성산 누리길'이라는 안내목이 서 있다. 이 길은 향후 오를 원득봉을 거쳐 천성산으로 이어지기 때문에 전혀 이상할 것이 없다.

전망 덱에서 15분 뒤 만나는 갈림길에서 직진하면 5분 뒤 첫 봉우리에 올라선다. 544봉이다. 용천지맥 갈림길이다. 용천지맥은 낙동정맥의 분기점인 원득봉에서 출발, 544봉에서 갈라져 용천산 백운산 문래봉 아홉산 산성산 장산 간비오산을 거쳐 동백섬에 이르는 총거리 44km의 산줄기다. 해운대 기장지역과 바다를 보면 걸을 수 있어 지역 산꾼들이 즐겨 찾는 코스다.

이어지는 산길. 544봉에서 5분쯤 뒤 만나는 갈림길에서 직진해 다시 5분쯤 오르면 청송산 정상(584m). 조망이 빼어나다. 잠시 살펴보면 왼쪽으로 무척산 토곡산 매봉 신선봉 축전산 신불재 천마산, 오른쪽으로 대운산 시명산 등 동해안 쪽 봉우리들이 시원하게 펼쳐진다.

청송산을 내려오면서 철모르는 철쭉을 만났다. 봄인 줄 알고 꽃을 피웠다가 기온이 급강하하자 황급히 꽃잎을 거둬들이는 중이었다. 40분 뒤 만나는 안부 사거리에서 곧장 올라간다. 30분 뒤 원득봉(718m)에 도달한다. 낙동정맥과 용천지맥의 분기점이다. 천성산이 눈앞에 성큼 다가와 있고, 그 뒤로 부산의 진산 금정산 고당봉과 장군봉, 계명봉 등이 확인된다.

원득봉에서 20m가량 왔던 길을 되밟아 가다 오른쪽으로 하산하면 25분 뒤 임도를 만난다. 3분 뒤 천성블루팜 입구 오른쪽 산길로 진입해 50분 정도 걸으면 방화선 삼거리에 이른다. 여기서 다람쥐캠프장 쪽으로 가다 10분 뒤 만나는 갈림길에서 오른쪽으로 방향을 튼다.

이후 20분 정도 걸으면 만나는 사거리 두 곳에서 모두 남락마을 쪽으로 방향을 잡아 30분 정도 가면 군지산(운봉산) 정상(535m)에 닿는다. 군지산 정상에서 법기치유의 길 쪽으로 하산한다. 이후부턴 길 찾기는 어렵지 않다. 40분 정도 걸으면 만나는 삼거리 다섯 곳에서 모두 법기수원지 쪽으로 진행하면 출발지로 돌아온다.

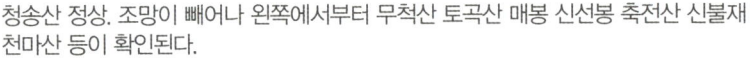

청송산 정상. 조망이 빼어나 왼쪽에서부터 무척산 토곡산 매봉 신선봉 축전산 신불재 천마산 등이 확인된다.

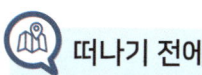 떠나기 전에

- 법기수원지 편백 최적 힐링 숲 각광

법기수원지는 일제강점기인 1927년 공사를 시작해 1932년 완공됐다. 수자원 보호를 위해 일반인의 접근을 차단해 오다 2011년 일부를 개방했다. 드넓은 댐 외 법기수원지의 또 다른 매력은 울창한 숲이다. 수원지 정문으로 들어서면 하늘을 찌를 듯 곧게 자란 히말라야시다들이 방문자를 반긴다.

수원지의 숲에는 편백 413그루, 히말라야시다 59그루, 벚나무 131그루, 추자(가래)나무 25그루, 반송 14그루 등 모두 7종 644그루의 나무들이 심겨 있다. 이 중 우아한 자태를 뽐내며 댐 산책로에 나란히 늘어선 '칠형제 반송'이 특히 눈길을 끈다. 수령이 130여 년 된 이들 소나무는 원래 댐 아래쪽에 있었으나 댐 건설 당시 지금의 자리에 옮겨 심었다.

법기수원지 주변 임도.

2002년 한일월드컵 때 일본 천황의 사촌 부부가 경기 관람차 부산을 방문, 새벽에 새소리를 들을 수 있는 풍광 좋은 곳을 소개해 달라고 요청했다. 이에 부산시는 법기수원지를 추천했다. 원앙과 반딧불이가 서식할 정도로 청정한 곳이기 때문이다. 법기수원지는 수질도 1급수를 자랑한다.

법기수원지는 하절기(4~10월)에는 오전 8시~오후 6시, 동절기(11~3월)엔 오전 8시~오후 5시 개방한다. 단, 음식물과 애완견, 자전거, 돗자리는 반입을 금지하고 있다. 법기수원지 인근 주차장은 주차비 2000원을 받는다.

교통편

- 도시철도 1호선 노포역 앞 정류장서 법기수원지행 마을버스 이용

대중교통편과 승용차 모두 편리하다.

도시철도 1호선 노포역 앞 버스정류장에서 법기수원지행 1, 1-1번 마을버스를 이용한다. 오전 7시부터 30분 간격으로 출발한다. 산행 후 법기버스정류장에서 노포동행 마을버스 역시 정각에서 30분 간격으로 있으며 막차는 밤 9시에 있다.

승용차를 이용할 땐 법기수원지를 내비게이션 목적지로 한다. 수원지 입구 주차장에 주차하면 된다.

양산 시루봉~밀양 작원잔도

산행
코스

양산 원동면 용당리 중리마을~은진 송씨묘~102봉~궁둥이바위 전망대~장씨묘~333봉~암릉~고릴라 얼굴전망대~시루봉 갈림길~시루봉 전망대~시루봉 정상(239m)~검세터널~작원마을~작원관지~작원양수장~작원관 최초 터~작원잔도 옛길~중리마을 자전거 쉼터~중리마을회관

들머리 양산 원동면 중리마을에서 시루봉으로 가는 산길은 낙동강 조망의 끝판왕이라 할 만큼 전망이 빼어나다. 사진은 389봉 직전 갈림길 인근 전망대에서 바라본 풍광. 발 아래 시루봉부터 물돌이하는 낙동강, 강 건너 밀양 매봉산 덕대산 종남산이 확인된다.

아직도 이런 산길이…
낙동강 조망 '끝판왕'

  양산 원동면 용당리 중리마을은 원동에서 밀양 삼랑진으로 이어지는 1022번 지방도가 지나가는 마을. 정확히 말하면 1022번 지방도와 짧은 접속도로로 이어진 낙동강에 접한 강변마을이다. 이 마을은 원동역에서 부챗살처럼 오가는 양산 시내버스의 종착역으로 양산의 사실상 서쪽 끝단이다. 마을 뒷산 시루봉이 산 너머 작원관지가 있는 삼랑진읍 검세리와의 연결을 막고 있는 형국이다.

  이 마을은 부산 근교의 봉우리들을 즐겨 오르는 산꾼들에게 중요한 일종의 베이스캠프다. 같은 들머리에서 영축산 천성산과 함

시루봉 암벽을 돌아가는 산행팀.

께 양산의 3대 명산이라 불리는 천태산과 삼랑진으로 이어지는 시루봉 산행을 할 수 있기 때문이다.

시루봉과 함께 양산 원동면과 밀양 삼랑진의 경계에 위치한 천태산의 들머리는 다양하다. 구체적으로 안태리 안태호나 행곡리에서 금오산과 연계하는 밀양 삼랑진 쪽보다는 용당리 천태사, 비석골, 당곡마을, 내포리 함포마을 등 양산 원동 쪽에서 오르는 산길이 조망이나 산세, 접근성 등에서 좀 더 낫다.

이 대목에서 산행팀은 목소리를 높인다. 원동에서 알려지지 않은 천태산 비경 코스가 하나 남았다고. 용당리 중리마을에서 오르는 산길이 그것이다. 산행 초입부터 펼쳐지는 영남의 젖줄 낙동강 비경에 '아직도 이런 산길이 남아 있다니…'라며 산행팀을 놀라게 했다.

이참에 산행팀은 천태산과 함께 원동과 삼랑진의 경계에 위치한 시루봉도 중리마을에서 올랐다. 원동의 명소 순매원에 매화가 활짝 핀 봄 산행팀은 중리마을에서 출발, 시루봉을 넘어 작원관지가

밀양 삼랑진 작원관지에서 들머리 양산 원동 중리마을로 돌아오는 길은 덱으로 조성된 자전거 길이다.

있는 삼랑진을 찍고 작원잔도를 통해 원점회귀했다.

구체적 여정은 양산 원동면 용당리 중리마을~은진 송씨묘~102봉~궁둥이바위 전망대~장씨묘~333봉~암릉~고릴라 얼굴전망대~시루봉 갈림길~시루봉 전망대~시루봉 정상(239m)~검세터널~작원마을~작원관지~작원양수장~작원관 최초 터~작원잔도 옛길~중리마을 자전거 쉼터~중리마을회관 순. 총거리는 약 10km이며, 5시간 안팎이 걸린다. 시루봉과 낙동강의 빼어난 조망에 산행 시간은 무의미하게 느껴진다.

출발한 원동면 용당리 중리마을회관에서 한다. 차가 들어왔던 길을 200m쯤 역방향으로 가면 좌측에 차량 교호를 위한 혹은 주차 공간으로 보이는 지점이 있다. 주변에서 가장 키가 큰 소나무도 한 그루 서 있다. 그 뒤로 무덤이 4기가 보인다. 들머리다. 산비탈의 무덤 뒤로 오른다. 취수 탱크와 여러 기의 무덤을 지나 은진 송씨묘에서 처음으로 낙동강 조망이 열린다.

완만한 102봉을 지나면 궁둥이바위와 앞으로 넘어야 할 333봉이 정면에 보인다. 곧 궁둥이바위 옆 전망대에서 선다. 마을회관에서 40분 걸린다. '낙동강 조망의 끝판왕' 답게 보다 넓게 한 폭의 한국화가 펼쳐진다. 장씨묘를 지나 완만하던 능선은 된비알 길로 바뀌며 돌무더기가 있는 333봉에 올라선다. 오른쪽으로 내려서면 바위 전망대가 나온다. 왼쪽에 바가지를 엎어 놓은 듯한 암봉이 시루봉이며, 삼랑진 일대와 낙동강, 389봉이 펼쳐진다.

이제부터 바위 능선을 조심해서 내려간다. 암릉을 벗어나면 편안한 능선이 이어진다. 왼쪽에 깎아지른 바위 절벽이 마치 고릴라 얼굴을 닮았다. 가야 할 길은 능선을 올라야 하지만 왼쪽으로 틀어 고릴라 얼굴을 닮은 바위 전망대를 다녀온다. 직진한 뒤 마사토가 깔린 산비탈을 비스듬하게 가로질러 봉우리에 올라선다

30m쯤 직진하면 중요한 갈림길 앞에 선다. 직진하면 1022번 지방도와 만나는 신불암고개 방향, 산행팀은 왼쪽 시루봉 방향으로 간다. 입구에 국제신문 근교산 노란 리본 2장을 묶어났다. 3분 뒤 만나는 시루봉 전망대에선 'S' 자로 흐르는 낙동강을 잠시 시야에 담는다.

20분이면 시루봉 바위 밑에 도착한다. 취재팀은 바위를 왼쪽으로 돌았다. 바위 벼랑을 돌 때 안전을 위해 암벽에 설치된 와이어의 도움을 받는다. 돌로 쌓은 화장실 왼쪽 철계단을 올라 정상으로 간다. 시루봉에서 바라보는 조망은 압권이다. 오른쪽 만어산에서 시계 반대 방향으로 밀양 쪽 화악산 종남산 덕대산 매봉산과 김해 쪽 무척산 석룡산 신어산 금동산이 펼쳐지며, 그 사이로 태백에서 1300리를 달려온 낙동강 물이 고단한 몸을 풀고 있다.

헌걸찬 암봉인 시루봉은 떡을 찌는 시루를 닮았다 해서 밀양 삼랑진에서 이렇게 부르며, 양산 원동과 강 건너 김해에서는 노적가리를 의미하는 노적봉(露積峰) 또는 노적바위로 부른다. 참고로 시루봉 암장에는 부산 빅월등산학교 OB산악회에서 개척한 23개 암

시루봉을 지나 삼랑진 작원마을로 가는 길은 낙엽이 수북이 깔린 편안한 산길이다.

벽 등반코스가 있다. 아직은 찾는 사람이 별로 없는 데다 바위산이라 안전에 유의해야 해 산행 유경험자와 함께 찾기를 권한다.

시루봉에서 하산하면 곧 갈림길. 오른쪽으로 간다. 왼쪽 로프가 묶인 길은 위험하니 내려가지 않도록 한다. 급경사 능선 길을 끝까지 내려가면 푹 팬 계곡을 만난다. 여기서부터 근교산 노란 리본을 확인하며 간다. 산길이 사라졌다 나타나기를 반복하기 때문이다. 폭이 좁은 잔도 같은 길에는 낙엽이 수북해 미끄러지지 않도록 주의한다.

푹 팬 계곡에서 20분이면 쌍무덤을 지나 산비탈에 설치된 철계단을 가로질러간다. 철계단에서 30분이면 무덤 4기와 만나면서 능선을 내려선다. 안전 난간 갈림길에서 오른쪽으로 꺾어 검세터널 위를 지나면 '깐촌'이라 불리는 작원마을. 이 마을의 자전거 대여소인 '자전거교실'에서 직진해 작원관지(鵲院關址)까지 간다. 작원관지는 과거 영남지방의 동서와 남북의 중요한 교통 요지로, 작원관이 있던 곳이다. 이곳은 여행하는 관원의 숙박지 기능과 왜

삼랑진 작원마을에 복원된 작원관지.

적을 방어하는 기능, 작원진이라는 나루터로 출입하는 사람들과 화물을 검문하는 기능을 했다. 즉 원(院) · 관(關) · 진(津)의 역할을 겸한 곳이었다. 일제강점기 때 경부선 철도 건설로 철거됐다가 1995년 원래 자리 인근에 작원관을 복원했다. 이곳에는 임진왜란 당시 밀양부사 박진이 동래성 함락 이후 밀려오는 왜적에 대항해 벌인 작원관전투에서 희생한 군사들의 위령탑이 있다.

작원관지에서 다시 '자전거교실' 갈림길로 되돌아가 오른쪽으로 방향을 꺾어 굴다리를 통과한다. 낙동강변 자전거길인 작원나루에서 벽화가 그려진 작원양수장을 지난다. 이제 정면으로 시루봉이 보인다. 낙동강 덱 길을 따라 작원관 최초 터와 마지막으로 남은 옛 벼랑길인 작원잔도를 보고 밀양 삼랑진과 양산 원동의 경계 지점을 지나면 중리마을 앞 자전거 쉼터에 닿는다. 여기서 왼쪽 굴다리를 지나면 중리마을에 도착한다. 작원양수장에서 55분 걸린다.

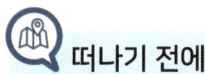
떠나기 전에

- 작원잔도, 창녕 남지 개비리길과 유사

조선시대 동래에서 대구~문경새재~충주~용인을 거쳐 한양으로 이어진 길을 영남대로라고 했다. 이 길은 거리로 치면 약 960리(384㎞)에 이른다. 이 길에 잔도라는 명칭이 붙은 곳이 있다. 작원잔도(鵲院棧道), 황산잔도(黃山棧道), 관갑천잔도(串岬遷棧道·일명 토끼벼루)가 그것이다. 잔

낙동강에서 본 작원잔도.

도는 글자 그대로 험한 벼랑 끝에 나 있는 좁은 길. 벼랑에 암반을 구축하거나 석축을 쌓아 만들었다.

작원잔도는 양산 원동면 용당리 하주막에서 밀양 삼랑진에 이르는 벼랑길이다. 황산잔도는 지금의 양산 물금취수장에서 원동에 이르는 낙동강변의 벼랑에 만들어진 길이고, 관갑천잔도는 문경 오정산 석현성 진남루 동쪽의 산자락과 영강이 만나 낭떠러지를 이루는 곳에 있는 벼랑이다.

이번 산행에서 하행길인 작원잔도는 경부선 철도가 생기면서 대부분 사라졌다. 지금 잔도가 남은 곳은 철길이 굴(작원터널)을 통해 지나가는 곳뿐이다. 안내판이 서 있어 찾기는 어렵지 않다. 경부선 철길이 난 뒤로는 잔도로 사람이 다닐 수 없게 됐다. 이후 여기에 자전거길이 생기기 전에는 얼마 남지 않은 이곳 잔도를 보려면 배를 타고 와야 했다.

낙동강변을 따라 걷는 이번 양산 시루봉~작원잔도 코스는 창녕 남지읍 마분산~개비리길 코스와 흡사하다. 시루봉이 양산 원동과 밀양 삼랑진을 가르듯 마분산이 용산리 용산마을과 신전리 영아지마을을 막고 있다. 대신 낙동강변을 따라 이어진 벼랑길(작원잔도·개비리길)이 두 마을을 이어주고 있다. 기회가 되면 창녕 남지읍도 찾아 비교해보자.

교통편

- 도시철도 2호선 증산역 하차, 양산 시내버스 137번 타야

도시철도 2호선 증산역에서 내려 양산 시내버스 137번을 타고 중리마을 버스 정류장에서 내린다. 오전 7시35분, 10시20분.

날머리 중리마을에서 도시철도 2호선 증산역행 137번 버스는 오후 2시45분, 5시45분, 7시50분에 있다.

승용차를 이용할 경우 내비게이션에 중리마을회관(경남 양산시 원동면 용당중리길 98)을 목적지로 하면 된다.

양산 비석봉~천태산

산행코스: 양산 원동면 용당리 비석골-성주 배씨묘-전망대-비석봉-임도 사거리-618봉-잇단 삼거리-동굴-천태사 갈림길-천태공원 갈림길-송전탑 사거리-천태산-금오산 갈림길-송전탑 삼거리-천태공원-천태호 정자-꿈바위-웅연폭포-천태사

비석봉에서 천태산으로 가는 도중의 암릉에서 동쪽으로 펼쳐진 산들을 바라보고 있다. 정면 큼지막하게 보이는 산이 토곡산이고, 그 앞은 배내골로 들어가는 길이다.

물결치듯 느긋한 능선길
천태호 품에 안고 낙동강 조망

　부산 근교에는 낙동강을 따라가며 강을 조망할 수 있는 산이 여럿이다. 금정산이나 승학산과 같은 부산의 산을 제외하더라도 상류로 가면서 김해 신어산 무척산, 양산 오봉산 토곡산 천태산, 밀양 매봉산 등이 있다. 모두 나름의 시점이 있고 각기 보는 맛이 다르지만 이 중 천태산은 북서쪽으로 향하던 낙동강이 서쪽으로 크게 방향을 트는 모습을 바라볼 수 있다. 흔히 산에선 안전을 위해 해가 떨어지기 전에 내려오라 하지만 이곳에서 바라보는 낙동강 저편으로 지는 해는 오랫동안 뇌리에 남으리라 확신한다.

이 모습을 확인하기 위해 산행팀은 양산 비석봉(561.3m)~천태산(630.9m)을 찾았다. 이 코스는 통상 천태산을 오를 때 천태사를 시종점으로 하거나 북쪽의 금오산과 연결해 걷는 것과 달리 천태산 자락이 낙동강과 만나는 지점인 원동면 비석골에서 시작한다. 비석골은 딱히 볼 만한 계곡이 있어서가 아니라 오래전 이 일대에 비석이 여럿 서 있었다는 데서 유래한다. 하지만 지금은 이름만 남아 있고 그 이름의 유래인 비석의 흔적을 찾아볼 수 없다.

산행은 양산 원동면 용당리 비석골~성주 배씨묘~전망대~비석봉~임도 사거리~618봉~잇단 삼거리~동굴~천태사 갈림길~천태공원 갈림길~송전탑 사거리~천태산~금오산 갈림길~송전탑 삼거리~천태공원~천태호 정자~꿈바위~웅연폭포~천태사 순. 전체 산행 거리는 11.5km 정도로 순수 산행 시간은 5시간 안팎, 휴식을 포함하면 6시간~6시간 30분 걸린다.

용당리 비석골은 낙동강에서 가까운 해발고도가 낮은 지점이라 산 높이만큼 온전히 치고 올라가야 한다. 하지만 500m대 중반인 비석봉만 무사히 오르면 천태산까지는 높이의 변화가 크게 없어 가볍게 능선을 오르내리면 된다. 실제 초반의 급경사 오르막도 낙동강과 가야진사, 저 멀리 남쪽의 오봉산과 금정산을 조망하다 보면 힘들다는 생각보다 시원한 조망에 매료돼 시나브로 올라와 있다.

비석골은 양산 원동면에서 밀양 삼랑진읍으로 이어지는 1022번 지방도를 타고 가다 당곡마을회관을 지나면 만난다. 이곳은 버스정류장이 없어 운전기사에게 천태사와 중리로 갈라지는 삼거리에 내려달라고 해야 한다. 이 삼거리에서 버스 진행 반대 방향으로 200m쯤 가면 성주 배씨묘가 바로 보인다. 이번 산행의 진짜 들머리다. 계단을 올라 무덤 오른쪽으로 오르면 잇단 무덤을 또 만난다. 위쪽 무덤에서 왼쪽으로 간 뒤 맨 위 무덤을 지나면 숲으로 들어선다.

길은 대체로 가파르다. 짧은 바윗길을 지나면 뒤로 조망이 트인다. 낙동강 건너편에 무척산, 동쪽 가까이 토곡산이 우뚝 서 있다. 짧게 완만한 구간이 있지만 급경사가 계속 이어진다. 30분 정도 오르면 전망 좋은 곳의 무덤을 지난다. 잔돌이 많아 미끄러운 급경사를 한참 오르면 갑자기 경사가 거의 느껴지지 않는 완만한 능선길이 기다린다.

계속되는 오름길의 연속. 10분 뒤 전망대에 이어 두툼한 낙엽길로 급경사를 계속 오르면 눈앞에 비석봉 정상이 보인다. 잠깐 내려섰다가 완만한 오르막에 이어 짧은 급경사를 살짝 오르면 갈림길에 이어 마침내 비석봉 정상에 선다. 갈림길에서 오른쪽으로 갈라지는 길은 비석봉을 오르지 않고 바로 천태산 쪽으로 이어진다. 정상은 나무로 둘러싸인 밋밋한 봉우리다. 정상석은 없고 삼각점과 나무 기둥에 매단 아크릴판에 '비석봉 561m'라고 적혀 있다. 천태산으로 가는 길은 올라온 길을 10m쯤 되돌아가 왼쪽으로 내려간다. 곧 정상으로 오르던 도중 갈라진 길과 만난다. 이후로는 중간중간 바윗길이 있고 큰 기복 없이 오르락내리락하는 능선이다.

천태호. 천태호는 양수발전이 주목적인 산정호수다.

천태사 상류에 위치한 웅연폭포 옆 급경사의 덱 탐방로를 내려오는 이창우 산행대장.

낙엽길을 15분 정도 가면 임도가 지나는 안부 사거리. 완만한 오르막인 왼쪽 임도로 간다. 바람에 날려 무릎 높이로 쌓인 낙엽을 헤치고 4분쯤 가면 길이 살짝 내리막으로 바뀌는 지점에서 오른쪽 산 사면으로 오른다. 낙엽에 파묻힌 길을 따라 능선에 오르면 삼거리에서 왼쪽으로 간다. 오른쪽으로 배내골로 가는 도로와 그 뒤로 에덴밸리 풍력발전기가 보인다. 완만하게 오르내리다가 짧은 급경사를 오르면 소나무 한 그루가 드러누워 있다. 팻말이 있는 618봉이다. 나무 사이로 천태호가 한결 넓게 드러난다. 5분 정도 내려서면 갈림길. 오른쪽 급경사길로 내려가면 119 표지목이 있는 삼거리에서는 왼쪽으로 간다. 오른쪽은 당곡마을로 표기돼 있지만 잘못된 방향 표시다.

사면을 가로질러 완만한 길을 10분 정도 가면 집채만 한 바위 아래 작은 동굴이 나온다. 다시 완만한 길을 10분 가면 왼쪽 천태사에서 올라오는 길과 만나는 이정표 삼거리다. 천태산으로 가려

산정호수인 천태호 위 사면에 위치한 작은 굴.

면 직진한다. 10분이면 능선에 올라서고 곧 천태공원으로 가는 길이 갈라지는 이정표 사거리에 닿는다. 직진하는 오르막길로 간다. 곧 송전탑 아래 사거리를 지나 능선을 따라 계속 가면 광주 안씨묘를 지나 짧은 급경사길을 오르면 마침내 천태산 정상에 선다. 커다란 바윗덩어리인 정상에 서면 북서쪽 일부를 제외하면 사방으로 조망이 트인다. 서쪽으로 낙동강과 삼랑진읍, 동쪽으로 에덴밸리 뒤로 오룡산 염수봉 신불산 간월산 등 영남알프스 남동부 능선이 시야에 들어온다.

  하산은 이정표상의 천태공원 방향으로 내려간다. 100m쯤 뒤 이정표 없는 갈림길에선 곧 두 길이 만나니 어느 길로 가도 상관없다. 이어 다시 이정표가 서 있는 삼거리에 선다. 직진하면 금오산 방향, 산행팀은 왼쪽 천태공원 방향으로 간다. 곧 이정표 갈림길에서 천태공원 쪽으로 가면 능선을 따라 10분 정도 오르내리다가 펑퍼짐한 577봉에 오른 뒤 왼쪽으로 길이 꺾인다. 곧 송전탑 아래

천태산 품에 안긴 천태사 전경. 일주문과 웅연폭포도 보인다.

삼거리에서 오른쪽으로 내려가면 도로와 만난다. 왼쪽으로 천태공원을 지나 내려간다. 천태호 옆으로 가면 정자를 지나 주차장에서 다시 산길로 들어간다. 계곡 방향으로 툭 솟아오른 꿈바위를 지나면 급경사 내리막길이다. 돌계단이 설치된 급경사를 10여 분 내려가면 계곡과 만나고 이어 웅연폭포를 지나 천태사에 닿는다.

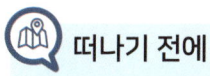 떠나기 전에

- 비석골~비석봉 코스, 국제신문 '근교산 시리즈' 초기 개척

태산같이 큰 바위가 산을 이루었다는 천태산(天台山)은 산꾼들에게 강 건너 김해 무척산과 함께 오래전부터 널리 알려진 산이고 접근하는 등산로 또한 다양하다. 하지만 주로 천태사에서 출발하거나 금오산과 연결해 밀양 삼랑진 방향에서 올라오는 길이 주로 애용됐다.

이번에 답사한 코스는 양산 비석골을 출발해 비석봉을 거쳐 올라가는 코스로, 국제신문 근교산 시리즈 초기에 개척한 코스 중 하나다. 개척 당시 제대로 된 길이나 하다못해 옛길조차 없던 코스였지만 애오라지 영남의 젖줄 낙동강을 조망하기 좋은 바윗길을 연결해 길을 냈다.

비석봉은 국토지리정보원 지형도에는 여전히 이름 없는 561봉으로 표기돼 있지만 국제신문이 '비석봉'으로 소개하면서 그 지도가 온라인을 통해 널리 알려져 지금은 지역 산꾼들에게 그 이름이 보편적으로 알려졌다. 약식이지만 누군가가 정상에 비석봉이라 적은 정상 표지판도 생겼다.

예전과 달라진 것이라면 천태사 방향으로 가는 버스 운행이 많이 줄었다는 것이다. 이는 비단 이곳만이 아니라 부산 근교 어느 곳도 예외는 아니다. 도로 사정이 좋아지며 한때 버스 운행이 늘기도 했지만 승용차 이용이 늘고 시골마다 거주 인구가 감소하면서 버스 운행도 이와 비례해 다시 줄어들었다. 최근에는 콜 운행이 생겨 필요할 때 최소 1시간 전에 연락하면 버스를 탈 수 있는 체계를 갖췄다.

 교통편

- 천태사에서 원동행 도시형 7번 버스는 미리 콜해야 탈 수 있어

열차 편으로 원동역까지 간 후 천태사행 버스를 이용하는 것이 편리하다.

부산역에서 원동역행 무궁화호 열차는 오전 7시39분, 8시51분, 10시20분(부전역) 출발한다. 원동역에선 도시형 7번(천태사)을 타고 당곡마을 지나 천태사와 중리로 갈라지는 삼거리에 내린다. 오전 7시50분, 8시20분, 오전 10시(콜 운행), 오전 11시10분. 참고로 원동역에서 들머리 비석골까지 도보로 30분 정도 걸린다.

도시철도 2호선 증산역에서 양산 시내버스 137번을 타고 당곡마을을 지나 역시 천태사와 중리로 갈라지는 삼거리에서 내린다. 오전 7시35분, 10시20분. 도시형7번과 137번은 비석골에 서지 않기 때문에 버스 기사에게 당곡마을을 지나 천태사와 중리로 갈라지는 삼거리에 내려달라고 해야 한다.

날머리 천태사에서 도시형 7번(천태사)을 타고 원동역에서 내린다. 오후 3시10분(콜운행), 4시20분(〃), 6시.(〃). 콜 운행이란 전화를 미리 하지 않으면 버스가 없다는 것이다. 버스를 이용하려면 최소 1시간 전에 연락해야 한다. 010-4821-8513

원동역에서 부산행 열차는 오후 3시26분(부전역), 4시49분(부산역), 6시22분(〃), 오후 8시6분(부전역)에 있다.

호남의 산

- 화순 모후산
- 곡성 봉두산
- 순천 조계산 천년불심길

화순 모후산

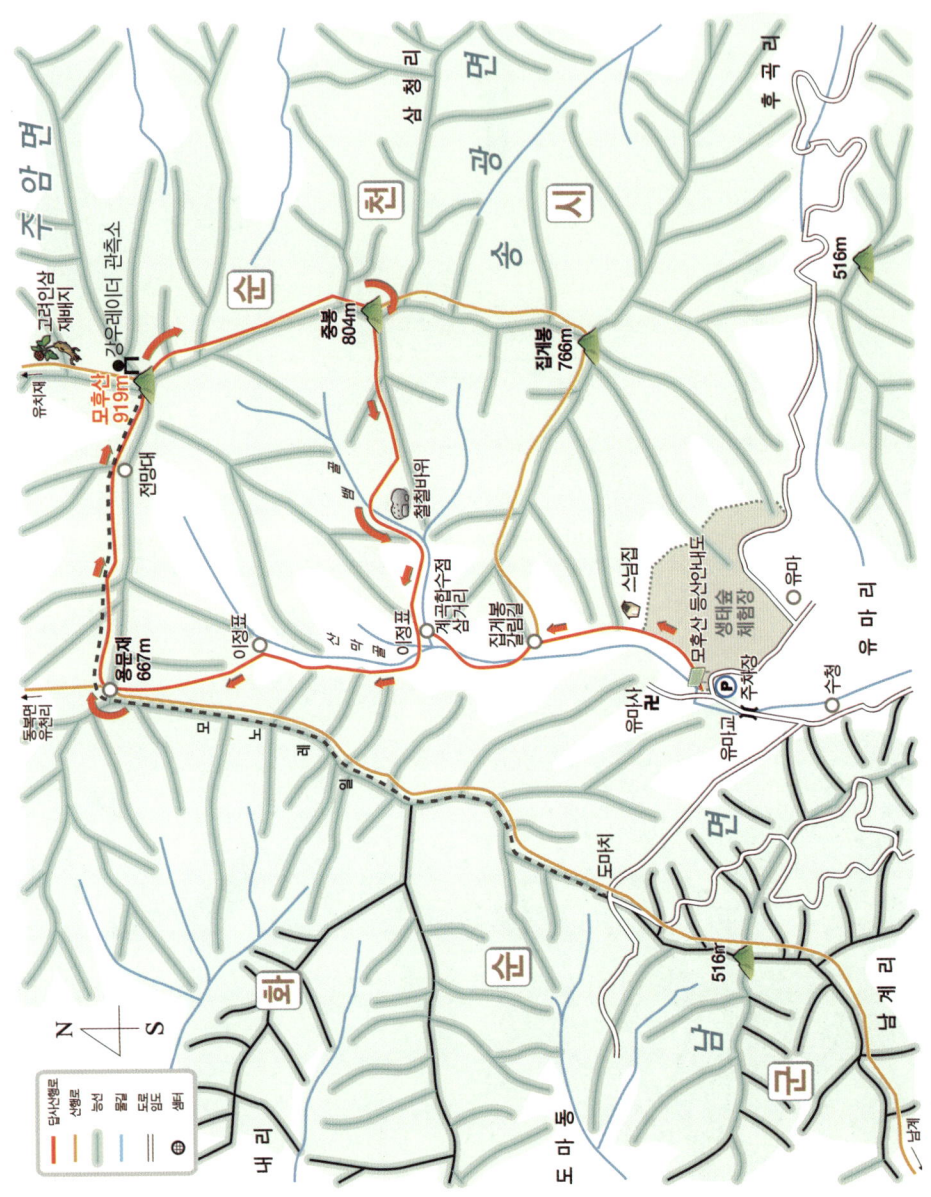

산행코스: 전남 화순군 남면 유마리 유마사 주차장~집게봉 갈림길~산막골~용문재(헬기장)~모후산(919m)~중봉~뱀골~철철바위~계곡합수점 삼거리~유마사~주차장

모후산 정상에 서면 주암호가 시원하게 펼쳐진다. 순천시와 화순군 보성군에 걸쳐 있는 내륙의 바다 주암호 뒤론 송광사와 선암사를 품은 조계산이 우뚝 서 있다.

고려 공민왕 홍건적 피해
왕비 모시고 피난 온 산

　산 이름도 곰곰히 살펴보면 재미가 쏠쏠하다. 이름 속에 때론 고개를 끄덕일 만한 사연이 숨어 있기 때문이다.
　우선 생긴 모양이 이름 속에 담겨 있는 경우. 바위들이 또아리를 튼 것처럼 얹혀 있어 명명된 광양 백운산 또아리봉, 주능선이 덕성스럽고 너그러운 무주 덕유산, 두 개의 암봉이 나란히 솟은 청도 쌍두봉 등이 대표적 사례. 산세가 너무나 가팔라 곰이 떨어져 죽었다고 해서 일명 곰바우산으로 불리는 웅석봉이나 산 이름 앞 숫자만큼 기암 괴봉이 병풍처럼 우뚝 솟아 있는 고흥 팔영산, 영덕 팔

첫 발자국을 찍으며 하염없이 눈길의 오르내림을 반복해도 이날은 전혀 힘들지 않았다.

각산, 진안 구봉산 등도 광의의 이 부류에 속한다고 봐도 무난할 듯하다.

산 이름 자체에 의미가 있는 경우도 간혹 있다. 광주 무등산(無等山)은 높이를 헤아릴 수 없고 견줄 만한 상대가 없다는 의미이고, '쇠 금(金)'에 '돈 전(錢)' 자를 쓰는 순천 금전산은 실제로 풍수지리학자들에 의해 돈을 부르는 기운이 있다고 입증됐다.

전설이나 설화가 숨은 산 이름도 있다. 붉은 단풍이 아름다워 명명된 '적악산'이 꿩의 보은 설화가 알려지면서 '붉은 적(赤)' 자 대신 '꿩 치(雉)' 자로 대체된 치악산이 그렇고, 17세의 김유신이 삼국통일의 염원을 담고 수련하던 중 단칼에 쪼갰다는 전설 속의 큰 바위가 정상 한가운데 실제로 존재하는 경주 단석산(斷石山)도 여기에 속한다.

전남 화순군과 순천시의 경계를 가르는 모후산(母后山)도 굳이 분류하자면 맨 마지막 범주에 속할 듯싶다. 과연 어떤 산이기에 '임금의 어머니'라는 이름을 갖게 되었을까. 알고 보니 고려 공민왕이 전설 속에 숨어 있었다. 원래 이름은 나복산(羅蔔山)이었지만 공민왕이 홍건적을 피해 왕비와 태후를 모시고 내려와 가궁을 짓고 환궁할 때까지 1년 남짓 머물렀기에 모후산으로 명명됐다. 그만큼 어머니의 품처럼 따뜻하다는 의미다.

실제로 본 모후산은 이웃한 조계산이나 무등산처럼 부드러우면서도 묵직한 전형적인 육산이다. 여기에 산 정상에서 펼쳐지는 푸르디푸른 주암호의 풍광은 그림같이 아름답다.

아쉬운 점도 있다. 급변하는 기후 변화에 대응하기 위해 2015년 모후산 정상에 강우레이더 관측소가 설치됐다. 여기에 들머리 인근 도마치에서 용문재를 거쳐 모후산 정상 강우레이더 관측소까지 일반인의 관광용을 겸한다는 명목으로 모노레일이 오가고 있지만 이용객이 거의 없어 현재 관측소 직원들의 출퇴근용으로 활용된다

모후산은 위도가 상대적으로 낮은 전남 화순에 있지만 겨울철에 특히 눈이 많이 내려 눈꽃 산행지로 손꼽힌다.

고 한다. 비록 무등산과 조계산의 그늘에 가려 있지만 나름 명산임을 생각할 때 기가 찰 노릇이라는 게 악계의 반응이다.

산행은 화순군 남면 유마리 유마사 주차장~집게봉 갈림길~산막골~용문재(헬기장)~모후산(919m)~중봉~뱀골~철철바위~유마사~주차장으로 돌아오는 원점회귀 코스. 이번 산행은 무릎까지 푹 빠지는 눈꽃산행. 순수하게 걷는 시간은 4시간 20분 정도며 이정표가 친절하게 안내하고 있어 길 찾기는 전혀 어렵지 않다.

모후산(유마사) 관광안내소가 위치한 주차장에서 출발, 포장로를 따라 가면 유마사 경내로 진입하는 길이 잇따라 좌측에 둘 열려 있다. 하나는 일주문을 통해 걸어가는 길, 또 하나는 차로 진입하는 길이다. 절 구경은 하산 뒤로 미루고 등산안내도가 보이는 포장로로 계속 간다.

산 아래에서 올려다본 모후산. 모후산은 광양 백운산, 광주 무등산에 이어 전남에서 세 번째로 높다.

　대숲과 나목 사이로 보이는 유마사를 지나면 얼음 밑 물소리가 들리면서 첫 번째 갈림길. 이정표 옆에 안내 리본이 많이 걸려 있다. 오른쪽은 집게봉 방향, 산행팀은 '용문재·정상'을 향해 직진한다. 주변은 방금까지 눈이 온 듯 온통 순백의 세계가 펼쳐져 있다. 계곡(산막골) 위에 놓인 다리를 건너 본격 산으로 들어선다. 도중 농짝만 한 바위엔 고드름이 주렁주렁 매달려 있고 딱따구리가 나무를 쪼는 소리도 들린다.

　첫 갈림길에서 10분 뒤 두 번째 갈림길을 만난다. 계곡 합수점이다. 우측은 '철철바위·중봉' 방향, 산행팀은 다리를 건너 정상(3.3km)을 향해 좌측으로 향한다. 등로 우측 나목 사이로 세 개의 봉우리가 나란히 보인다. 1시 방향 최고봉이 모후산 상봉이고 그 우측으로 중봉, 집게봉이다.

철철바위로 가는 또 한 번의 갈림길은 무시하고 용문재(0.6km)를 향해 본격적으로 오른다.

이 구간은 응달인 데다 심한 경우 눈이 허벅지까지 쌓여 있어 발걸음이 점차 더뎌진다. 다행인 점은 폭설을 대비해 등로를 따라 연둣빛 노끈을 이어놓아 길 찾는 데 아무 지장이 없다. 주변 숲이 생기처인 듯 유난히 새 울음소리가 맑게 다가온다.

마지막 갈림길에서 30분 정도 눈밭을 헤치면 마침내 용문재. 산불초소와 등산안내도가 서 있다. 헬기장이라지만 눈에 덮여 확인할 길이 없다. 왼쪽은 남계리로 이어지는 종주길, 직진하면 동복면 유천리, 산행팀은 오른쪽 정상으로 향한다. 이제 능선 방향이 동서로 바뀌어 북서풍이 콧잔등을 바로 때리지만 아무도 밟지 않은 순백의 눈길을 뽀드득 소리 내며 걷는 이 기분은 경험해보지 않은 사람들은 상상할 수 없을 정도로 상쾌하다. 아! 온산을 불태우

유마동천 보안교에 하얀 눈이 덮여 있다. 당에서 건너온 요동태수 딸 보안이 치마폭에 싸 놓았다는 전설 속의 돌다리이다.

는 진달래가 이보다 아름다울까. 눈이 힘겨워 고개를 푹 숙인 산죽도, 구름 한 점 없는 유난히 푸른 하늘도, 눈꽃의 일종인 상고대도 온통 웃고 있는 듯하다. 북서풍이 횡하니 몰아치거나 눈꽃터널 속에서 혹 발을 잘못 내디뎌 소나무 가지라도 건드리면 일순간 눈가루가 얼굴이며 목덜미를 감싸 안는다. 소위 말하는 눈꽃비다.

정신없이 주변 풍광을 감상하며 부드럽게 한 굽이 올라서면 시야가 트인다. 이제 둥그스름한 정상이 손에 잡히고, 우측 발아래로 유마사 쪽 들머리도 확인된다.

어른 키만 한 정상석이 서 있는 상봉에는 용문재에서 1시간이면 올라선다. 거침없는 조망이 또 한 번 산꾼들을 감탄케 한다. 이정표를 정면으로 보고 7시 방향 무등산, 9시 백아산, 11시 방향 지리산, 1시 광양 백운산, 9시 백아산, 7시 무등산 등 호남의 명산들이 뚜렷하게 확인되고, 산에 갇힌 듯한 유난히 푸른 주암호 뒤 3시 방향으로 이웃한 조계산이 보인다.

하지만 돔형지붕의 강우레이더 관측소도 우뚝하다. 기상재해를 예방하기 위해서라지만 굳이 거액을 들여 모노레일까지 설치해야 했느냐는 의문은 여전히 가시지 않는다.

하산은 우측 집게봉 방향으로 내려선다. 급경사 내리막길이어서 주의를 요한다. 밀가루를 뒤집어쓴 듯한 새하얀 봉우리 둘 중 앞엣것은 중봉, 뒤쪽은 집게봉이다.

'좌 주암호, 우 모후산'을 감상하며 화려한 눈길을 35분쯤 가면 중봉 삼거리에 닿는다. 직진하면 집게봉(1km), 산행팀은 유마사로 이어지는 우측 급경사 길로 내려선다. 집게봉을 경유해 원점회귀도 가능하지만 출발지가 먼 부산이라는 점을 고려해 중봉 경유가 적당할 듯싶다. 체력 좋은 장정들이라면 충분히 가능하다.

17분이면 계곡(뱀골)에 닿는다. 여름철 특히 뱀이 많아 붙여진 이름이다. 다리를 건너 좌측으로 계곡과 나란히 발걸음을 옮긴다.

눈 덮인 돌길이라 한 발 한 발 내딛기가 조심스럽다. 10여 분 뒤 눈이 덕지덕지 남아 있는 커다란 둥근 바위 위로 와류가 흐른다. 철철바위로, 발밑에 조그만 팻말이 서 있다. 과거 물이 '철철' 흘렀지만 요즘엔 '찔찔' 흘러 이름을 바꿔야겠다는 우스갯소리가 들린다. 바위 아래 소나무도 무척 운치 있다.

철철바위에서 계속 계곡을 따라 20분 정도 내려서면 앞서 지나왔던 계곡 합수점 갈림길에 닿고, 여기서 12분이면 유마사로 이어지는 갈림길로 접어든다. 물론 이정표가 친절하게 안내한다. 5분이면 경내에 들어선다. 절에서 주차장까지도 역시 5분 걸린다.

 떠나기 전에

- 6·25 땐 인민공화국 남로당 전남도당 위원회 있던 곳

모후산은 한때 모호산(母護山)으로 불렸다. 임진왜란 때 이곳 화순 땅 동복 현감을 지낸 서하당 김성원이 정유재란 때 68세의 나이로 90세 노모를 구하기 위해 맨몸으로 싸우다 전사한 산이었기 때문이다.

모후산 유마사는 6·25전쟁 당시 인민공화국 남로당 전남도당 위원회가 있었던 분단의 아픈 현실을 간직한 현대사 비운의 현장이다. 모후산 남릉의 집게봉 9부 능선에는 지금도 빨치산이 파놓은 참호가 남아 있다. 같은 화순 땅에 있으며 이보다 북쪽에 위치한 백아산은 조밀한 암벽이 천연 요새 역할을 해 빨치산 남부군 전남도 사령부가 있었다. 두 산 모두 6·25전쟁 당시에는 피비린내 나는 살육전이 잇따랐다. 결국 화순 땅은 무등산과 지리산으로 이어지는 인민군과 빨치산의 중심지였던 셈이다.

해서, 남로당 전남도당 위원회가 있던 백제 천년고찰 유마사는 6·25 전쟁 때 모두 전소됐으나 근래에 복원된 것이다. 고려시대 땐 호남에서 제일 큰 사찰이었던 유마사는 2007년 호남 최초로 비구니 승가대학을 설립해 승가 교육기관으로 거듭나고 있다.

유마사에선 보물 1116호인 해련부도와 일주문 인근의 유마동천 보안교를 빠뜨리지 말자. 해련부도는 지리산 연곡사 동·서부도에 비해 섬세함 면에서 떨어지지만 규모는 비슷하다. 건립 양식과 조각 수법으로 미뤄 고려 전기 작품으로 추

보물 제1116호인 해련부도

정된다. 당에서 건너온 요동 태수 유마운의 딸 보안이 치마폭에 싸 놓았다는 전설 속의 돌다리이다. 길이 5m, 폭 3m, 두께 0.5m의 화강암이다.

산행 초입 만나는 산막골에는 오래전 15가구가 모여 약초를 재배하며 살았다고 전해온다. 등로 주변의 숯가마 터와 복원 계획 중인 산약초 재배 움집이 그 흔적이다.

모후산은 고려(개성)인삼의 시배지로 유명하다. 정확한 위치는 모후산 정상에서 산행팀 경로와 반대 방향인 북릉 쪽에 있다. 이는 사도세자의 장인인 홍봉한이 쓴 '증보문헌비고'와 개성부 유수를 지낸 김이재의 '중경지(中京志)'에 표기돼 있다. 2005년 이곳에선 120년 된 2억 5000만 원 상당의 천종산삼 8뿌리가 발견됐다고 한다.

또 한 가지. 모후산 하면 '동복 삼복(三福)'을 빼놓을 수 없다. 고려 공민왕 때부터 조선 후기까지 궁중에 진상돼 당시 동복 현감의 골칫거리였다고 전해온다. 복청(福淸·모후산 토종꿀) 복삼(福蔘·천종산삼) 복천어(福川魚·동복천의 민물고기)가 바로 그것이다.

 교통편

- **내비게이션 목적지로 유마사 주차장**

대중교통편을 이용할 경우 연계 버스 시간이 맞지 않아 당일 산행은 불가능하다.
승용차를 이용할 경우 유마사 주차장(전남 화순군 사평면 유마로 602)을 내비게이션 목적지로 하면 된다.

곡성 봉두산

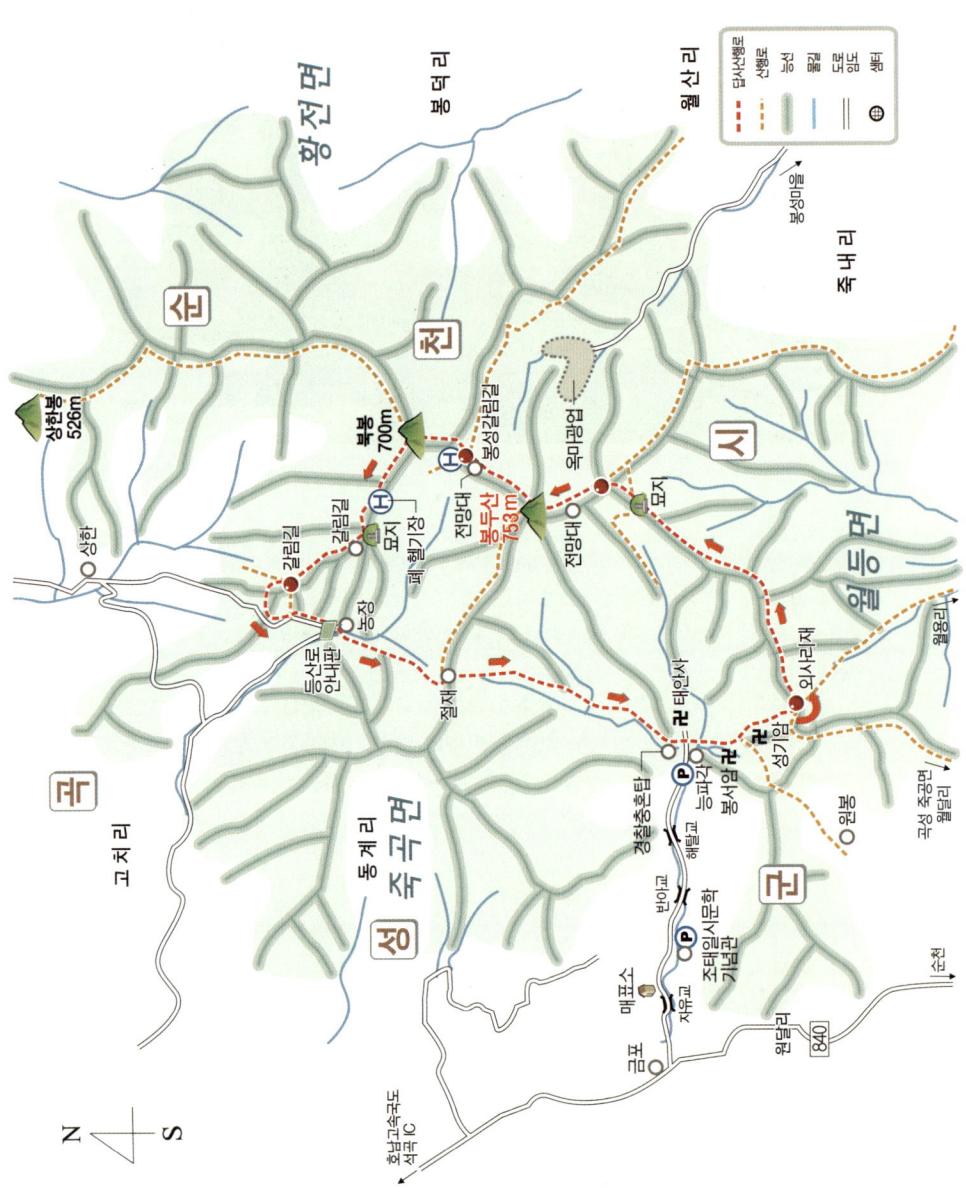

산행코스: 전남 곡성군 죽곡면 원달리 태안사 능파각~성기암 갈림길~외사리재~사거리(태안사 갈림길)~외동골 삼거리~전망대~봉두산(753m)~폐헬기장~북봉~폐헬기장~묘지~고치계곡·상한마을 갈림길~임도(고개)~등산안내판(컨테이너)~절재~태안사

만추에 곡성 봉두산을 찾으면 울긋불긋한 단풍과 함께 발밑에는 수북한 낙엽길이 기다리고 있다.

천년고찰 태안사 품은 옹골찬 산

명산(名山)에 대찰(大刹)이라 했던가.

우리 땅에는 대개 이름난 산의 명당자리에 큰 절집이 자리 잡고 있다. 비근한 예가 한국 불교의 맥을 이어가고 있는 이른바 7대 총림인 가야산 해인사, 조계산 송광사, 영축산 통도사, 덕숭산 수덕사, 금정산 범어사, 팔공산 동화사, 지리산 쌍계사다.

가야산 지리산이 국립공원이고 조계산 덕숭산 팔공산이 도립공원 그리고 영남알프스 산군 영축산과 부산의 진산 금정산도 두말하면 잔소리인 명산 아니던가.

두륜산 대흥사, 모악산 금산사, 내변산 내소사, 속리산 법주사, 토함산 불국사, 오대산 월정사, 황악산 직지사 등도 예외가 아니다. 공주 계룡산은 동학사와 갑사를 양쪽에 품고 있다.

봉두산 태안사로 들어오는 1.5km의 진입로는 아직도 비포장 옛길이라 더욱더 정감이 간다.

그러나 명산대찰이란 요건을 갖추고 있는데도 장삼이사들에게 한 곳만 알려진 곳도 제법 있다. 원주 치악산 구룡사와 곡성 봉두산 태안사가 우선 떠오른다. 전자는 절집이 치악산의 유명세에 묻혀 있고, 후자는 산이 아름다운 태안사에 가려 있다. 그렇다고 구룡사와 봉두산이 어디에 내놓아도 빠지는 절집과 산은 결코 아니다.

구룡사는 당에서 공부를 마치고 돌아온 의상 대사가 부처님의 가르침을 널리 펴기 위해 아홉 마리의 용을 몰아내고 지은 천년고찰이며, 봉두산(鳳頭山)은 산세로 봐서 봉황의 머리에 해당하는 작지만 옹골찬 봉우리다.

전남 곡성 죽곡면과 순천 황전면을 가르는 봉두산은 팔공산 기슭에 자리한 동화사와 마찬가지로 봉황과 오동나무의 전설이 내려온다. 풍수지리상으로 팔공산 동화사(桐華寺)는 봉황이 알을 품고 있는 형상이다. 대웅전이 봉황의 머리이며 절에서 맨 먼저 만나는 봉서루(鳳棲樓)가 꼬리, 봉서루 앞 커다란 바위 위 세 개의 둥근 돌이 봉황의 알을 의미한다.

봉두산의 경우 태안사를 품은 주변 산세가 오동나무 줄기 속처럼 아늑해서 예부터 '오동나무 동(桐)' 자를 써 '동리산(桐裏山)'이라 불렸다고 전해온다. 실제로 태안사 일주문 현판에는 '동리산 태안사'로 적혀 있다.

산행은 곡성 죽곡면 원달리 태안사 능파각~성기암 갈림길~외사리재~사거리(태안사 갈림길)~외동골 삼거리~전망대~봉두산(753m)~폐헬기장~북봉~폐헬기장~묘지~고치계곡·상한마을 갈림길~임도(고개)~등산안내판(컨테이너)~절재~태안사 순. 절 입구 등산안내도에 따라 한 바퀴 돌면 3시간도 채 걸리지 않지만 산행팀은 봉두산 뒤 북봉을 돌아 크게 원점회귀를 하다 보니 4시간 정도 걸렸다. 순천 쪽에선 북봉으로 다닌 흔적이 역력하지만 북봉에서 태안사로 가는 길은 묵어 길 찾기가 힘들었다.

통일신라 구산선문의 하나인 동리산문 태안사로 이어지는 1.5km의 진입로는 아직 흙먼지 풀풀 날리는 옛길. 절 아래 주차하고 여유 있게 걷고 싶었지만 시각은 이미 오전 11시30분을 향해 치닫고 있다. 어쩔 수 없이 능파각 아래 해우소 옆 간이주차장에 주차하고 등산화를 조여 맨다.

산행은 태안사에서 풍광이 가장 빼어난 능파각(凌坡閣)을 지나며 시작된다. 능파각은 물이 흐르는 개울 위에 자연석으로 석축을 쌓고 지붕을 얹은 다리이자 누각. 동시에 속세를 벗어나 도량으로 들어서는 산문 역할도 한다.

능파각을 건너면 수백 년 된 아름드리 전나무와 소나무가 하늘을 향해 뻗어 있는 숲길. 이 길을 따라 200m쯤 가면 이번 산행의 들머리인 이끼 낀 돌계단이 울창한 숲 사이로 열려 있다. 입구엔 '봉두산 등산로'라 적힌 팻말이 보인다. 우측 너른 길은 봉서암 가는 길이다.

발밑엔 낙엽, 머리 위론 끝물 단풍이 마지막 빛을 발하며 만추의 서

이번 산행의 들머리. 이끼 낀 돌계단을 통해 울창한 숲 사이로 오른다.

정을 느끼게 해주는 오솔길로 5분쯤 오르면 임도와 만난다. 잠시 후 길 좌측 바위 위에 흰색 페인트로 '←태안사' '봉두산 등산로·성기암'이라 적힌 기와 한 장이 놓여 있다. 그리고 보니 일주문을 통과해 경내에서 절집을 둘러보고 등산로로 이어지는 길도 있는가 보다.

50m쯤 더 가면 곡각지점에서 산으로 올라서는 본격 들머리가 보이고, 임도를 계속 따라가면 성기암을 만난다.

산죽과 낙엽이 뒤엉킨 완경사 낙엽융단길을 10분쯤 오르면 사거리인 외사리재. 우측 곡성 죽곡면 원달리, 직진하면 순천 월등면 월용리, 산행팀은 좌측 봉두산 방향으로 향한다.

곡성과 순천의 시군 경계인 이 길은 수북한 낙엽에 이따금 만나는 끝물 단풍 그리고 끝없이 이어지는 산죽길의 연속이다. 실제로 외사리재에서 27분 뒤에야 농짝만 한 바위를 처음 만날 정도로 지형지물이 거의 없다. 여기에 정상까지 거의 외길이라 길 찾기도 전혀 문제없다. 도중 인상적인 지점은 외사리재에서 47분쯤 뒤 아주 너른 묘지와 여기서 6분 뒤 한 굽이 오르면 만나는 외동골 삼거리 정도다. 외동골

조그만 정상석과 삼각점이 나란히 위치한 봉두산 정상에서의 필자.

삼거리에는 어른 손바닥 크기의 코팅된 표지기가 걸려 있다. 산 너머 순천 한울산악회에서 달아놓은 것이다. 봉두산은 태안사에서 오르기도 하지만 산 너머 순천 황전면에서도 많이 올라오는가 보다.

이제 봉두산은 불과 400m 남았다. 3분쯤 길 좌측 전망대에서 서면 태안사와 방금 올라온 능선이 한눈에 보인다. 부담 없이 올라왔지만 위에서 보니 능선의 굴곡이 꽤 심하다.

정상 직전 전망대다운 전망대를 하나 만난다. 앞선 전망대는 태안사 쪽이지만 이번에 만나는 전망대는 순천 황전면이 내려다 보인다. 순천 쪽 들머리인 봉성마을에서 계곡을 따라 올라오는 도로와 광산으로 파헤쳐진 흉물스러운 모습도 보인다.

조그만 정상석과 삼각점이 나란히 위치한 정상은 앞선 전망대와 큰 차이가 없지만 향후 오를 북봉이 보인다는 점이 차이라면 차이.

하산은 두 갈래 길. 커다란 안내판엔 좌측 '태안사(3.2km)·상한', 우측 '태안사(3.5km)·원달'이라 적혀 있다. 좌측은 절재를 거쳐 작게 한 바퀴 도는 코스이며, 우측은 북봉을 거쳐 크게 원점

천년고찰 태안사에서 경관이 빼어난 능파각.
송광사 우화각을 떠오르게 한다.

회귀하는 여정이다.

산행팀은 우측 북봉을 향해 내려선다. 150m쯤은 급내리막 길이지만 이후 완만해져 황홀한 낙엽길로 변한다. 정면으로 북봉이 보일 무렵, 대략 13분 뒤 바위 두 개가 엉겨 붙은 전망대를 만난다. 좌측으론 하산할 능선이, 우측 낮은 산줄기는 순천 땅 봉성 가는 능선이다. 주변엔 그간 안 보이던 키 작은 산죽도 다시 모습을 드러내고 빛바랜 노란 단풍 또한 마지막 불꽃을 태우고 있다.

곧 갈림길. 봉성 가는 반듯한 우측 길 대신 좁은 좌측 길로 향하면 잡풀 우거진 폐헬기장에 닿는다. 맨 왼쪽 비교적 반듯한 길은 산허리를 타는 무덤가는 길, 산행팀은 무덤가는 길 바로 옆 길섶을 헤치고 능선 길을 개척한다.

7분쯤 뒤 둥그스름한 지점에 닿는다. 주변을 둘러보면 제일 높아 북봉인 듯싶다. 지도에 표기돼 있지 않은 데다 봉두산의 북쪽에 위치해 산행팀이 그냥 북봉이라 명명한 것이다. 동시에 길 찾기에 유의할 지점이다. 직진하면 상한봉(상한마을), 산행팀은 좌측 능선을 따라 내려선다. 하산길 좌측으로 보이는 능선은 봉두산에서 절재 쪽으로 내려서는 산줄기다.

의외로 화려한 단풍이 발길을 붙잡는다. 하지만 여기서 절재까지는 길 찾기에 상당히 유의해야 할 구간이어서 산행팀은 노란 안내 리본을 촘촘하게 매어 놓았다.

폐헬기장을 지나 봉분이 약간 파헤쳐진 무덤 좌측으로 향한다. 100m쯤 뒤 갈림길. 우측으로 내려선다. 갑자기 급경사길로 돌변, 능선길이 아닌 것으로 보이나 서서히 낙엽 수북한 산죽길이 기다린다. 이후 상석이 없는 묘지를 지나자마자 사거리를 만난다. 좌측 고치리, 우측 상한마을, 산행팀은 직진한다. 5분이면 임도에 닿는다. 왼쪽으로 5분쯤 가면 비로소 등산안내판이 보인다. 목적지는 정면으로 보이는 능선의 고갯마루인 절재(1km)이지만 오랫동안 산꾼들이 다니지 않아 길 흔적이 거의 없다. 안내판 옆 물길, 다시 말해 고치리계곡을 건너 우측으로 간다. 좌측으론 컨테이너가 보인다. 촘촘히 달아 놓은 노란 리본을 확인하자. 움푹 팬 길로 40m쯤 가면 또 움푹 팬 지계곡. 건너면 산죽밭 사이로 산길이 열려 있다. 입구를 찾기 어려워서 그렇지 이 길만 찾으면 30분이면 절재에 올라선다. 등산안내판도 서 있다.

이제부턴 일사천리로 하산한다. 태안사까지는 1.7km. 간혹 돌길을 만나지만 유난히 울긋불긋한 끝물 단풍 덕에 발걸음이 가볍다. 25분이면 산을 벗어나고, 10분이면 능파각 아래 간이주차장에 닿는다.

일주문 현판에는 봉두산 대신 '동리산 태안사'로 적혀 있다. 절을 품은 산세가 오동나무 줄기 속처럼 아늑해서 '오동나무 동(桐)' 자를 썼다 한다.

떠나기 전에

경찰충효탑.　　　　　　　　태안사 삼층석탑.

- '태안사 얼굴' 능파각, 만추에 특히 아름다운 명소로 각광

　태안사는 장삼이사들에게 잘 알려져 있지 않지만 여행깨나 다녔다 하는 고수들의 뇌리에는 아름다운 사찰로 각인돼 있다. 매표소에서 능파각으로 이어지는 진입로는 여태 포장하지 않은 숲길이라 정감이 간다. 신라 경덕왕 때 당나라에서 공부한 혜철 선사가 구산선문의 하나인 동리산문을 열면서 한때 송광사와 화엄사를 말사로 거느릴 정도로 사세가 컸다. 풍수지리의 원조 도선 국사도 이 절에서 혜철 선사에게 가르침을 받았고, 조선시대에는 태종의 둘째인 효령대군이 이곳 태안사를 원당으로 삼았다.

　고려 때부턴 송광사의 위세에 눌려 위축됐으며 조선시대엔 쇠락의 길을 걷다 정유재란으로 일부 전각이 소실된 후 6·25전쟁 때 일주문과 능파각을 제외하고 모두 불에 탔다. 그러다 근래 들어 제법 절다운 규모를 갖췄다.

　능파각은 태안사의 얼굴이다. 계곡의 물굽이가 아름답게 어우러져 있다는 의미. 다리이자 누각인 능파각에는 사람들이 앉을 수 있게 해 여름이면 계곡의 물소리를 듣고, 만추엔 단풍과 떨어지는 낙엽을 감상하는 명소로 이미 소문이 자자하다.

　능파각 인근에는 뜻밖에도 경찰충혼탑이 있다. 6·25전쟁 때 곡성 경찰들이 태안사에 임시본부를 설치, 인민군과 전투하다 48명이 전사했는데 이들의 넋을 기리기 위해 세웠다. 매표소 인근에는 곡성이 고향인 민족시인 조태일 시문학기념

관도 있다. 조 시인은 태안사 대처승의 아들로 생전에 그는 '나의 시는 태안사에서 비롯됐고 태안사에서 끝이 난다'고 말했다 한다.

또 한 가지. 태안사 인근에는 신숭겸의 목무덤과 영적비가 있다. 곡성이 고향인 신숭겸은 왕건을 도와 개국에 공을 세우고 후에 팔공산에서 후백제와 대접전을 벌일 때 궁지에 몰린 왕건 대신 자신이 왕의 의복을 입고 싸우다 전사했다.

태안사 입구 교차로 한쪽에는 '장절공 신숭겸 영적비'가 있다. 후백제와 팔공산 전투 당시 목숨을 잃은 신숭겸의 목을 찾지 못한 왕건은 대구에 그의 묘를 만들고 극진히 모셨다. 그의 고향 곡성에도 영적비를 세웠다.

알고 보니 신숭겸의 목은 그의 말이 물고 이곳 태안사 인근에서 3일을 울고 죽었다. 스님들은 그 자리에 신숭겸의 목무덤을, 그 옆에 말의 무덤도 함께 만들었다고 한다.

맛집 한 곳 추천한다.

석곡면 소재지에 위치한 돌실숯불회관(061-363-1457). 돼지숯불구이(**사진**)전문점이다. 호남고속도로 석곡IC에서 차로 2, 3분 거리에 있다. 고속도로가 생기기 전 석곡은 광주로 가는 길의 중간기착지로, 이곳 식당 인근 석곡터미널 부근에서 드럼통 위에 돼지고기를 구워먹으며 허기를 채웠다고 전해온다. 석곡면에 유난히 숯불구이점이 많은 이유다. 그중에서 가장 전통 있고 맛있는 집이 돌실회관이다. 연탄 위에 초벌로 한 번 굽고 나서 숯불에 한 번 더 굽는 것이 맛의 비결. 3년 묵은김치와 갓김치 등 밑반찬도 한결같이 맛깔스럽다. 흑돼지 석쇠숯불구이(200g 1만 4000원). 석곡면에는 대중탕도 있어 목욕 후 식사하면 안성맞춤이다.

 교통편

- **호남고속도로 석곡IC서 내려 구례 석곡 태안사 방향**

부산에서 출발하는 곡성행 시외버스는 없다. 인접한 순천으로 가서 곡성행 버스를 타야 하지만 이럴 경우 당일치기는 불가능하다. 참고로 순천행 첫차는 오전 6시30분이다.

승용차를 이용할 경우 이정표 기준으로 태안사(전남 곡성군 죽곡면 태안로 622-215)를 내비게이션 목적지로 하면 된다.

순천 조계산 천년 불심길

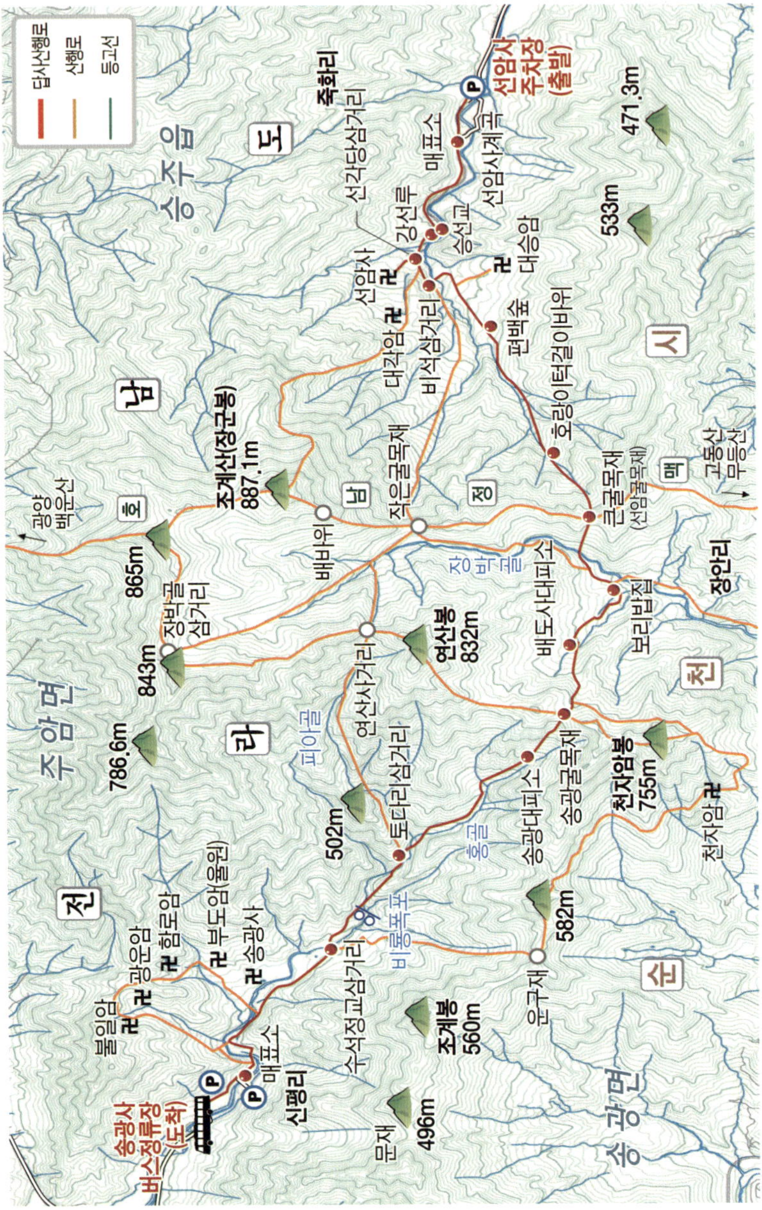

산행코스
전남 순천시 승주읍 선암사주차장~매표소~천년 불심길 시작점~승선교~강선루~선각당 삼거리~선암사~선각당 삼거리~송광사·대각암 갈림길~비석 갈림길~야외학습장~편백숲~호랑이 턱걸이 바위~큰굴목재(선암굴목재)~보리밥집~배도사대피소~천자암·송광사 갈림길~송광굴목재~송광대피소~토다리삼거리~수석정교 삼거리(천년불심길 종점)~송광사~버스정류장

전남 순천 조계산 천년 불심길은 1000여 전부터 선암사·송광사 스님들과 절 아래 사하촌 민초들이 오가던 길이다.

세속 번뇌 비우는 나라 땅 최고 옛길

'도랑 치고 가재 잡고'.

전남 순천 조계산 '천년 불심길'을 두고 하는 말이다. 장삼이사들은 통상 떠나기 전 절이면 절, 옛길이면 옛길, 산이면 산, 이렇게 목표를 정하지만 이곳 조계산 천년 불심길을 목적지로 정하면 이를 한 번에 충족시킬 수 있기 때문이다.

영암 월출산(809.8m) 광주 무등산(1186.8m)과 함께 호남의 3대 명산인 도립공원 조계산은 산 아래 동서 양쪽에 각각 태고종 총림인 선암사와 승보사찰 송광사라는 천년고찰을 품고 있어 1년 탐

정호승 시인의 시 '선암사'에도 등장하는 누운 소나무인 와송(臥松).

방객이 연간 55만 명 정도로 웬만한 국립공원에 버금간다.

 2018년 부석사 등과 함께 '산사, 한국의 산지 승원'이란 이름으로 세계문화유산에 등재된 선암사는 으레 있을 법한 국보 하나 없지만 단청 없는 전각과 색바랜 기왓장, 고색창연한 돌계단 그리고 사시사철 꽃이 지지 않는 매력으로 국내 산사 중 가장 아름다운 사찰 중 하나라고 평가받고 있다.

 대한불교조계종 7대 총림 중 하나인 송광사는 선암사에 비해 상대적으로 엄숙하고 조용하다. 고려부터 조선시대까지 보조국사 지눌을 비롯한 16명의 국사를 배출한 승보사찰이다. 두 사찰과 조계산을 묶어 명승 제65호에 지정됐을 만큼 수림도 울창하다.

 원래 천년 불심길은 1000여 전부터 선암사와 송광사 스님들과 절 아래 사하촌 민초들이 오가던 길로, 총길이는 6.8km 정도다. 지금은 중간쯤 지점에 보리밥집까지 있어 끼니 해결도 가능하다. 마

선암사에서 선암굴목재로 불리는 큰골목재 방향으로 가다 만나는 편백숲.

음 맞는 사람끼리 찬찬히 얘기를 나누며 보리밥 한 그릇을 뚝딱 비우고 쉬엄쉬엄 산보하듯 걸어도 3시간 남짓밖에 걸리지 않는다.

굴곡이 너무 없으면 싱거울까 봐 선암골목재와 송광굴목재라는 두 개의 고갯마루가 일정 간격을 두고 있고, 언제든 마음 변하면 주봉인 장군봉(887m)까지 산행도 가능하다. 전형적인 육산이라 산길 또한 부드럽고 길 곳곳에는 구수한 전설과 역사를 담은 안내글도 걸려 있어 무료함을 달래준다. 한마디로 나라 땅 최고의 옛길이 아닐까 싶다.

구체적 여정은 전남 순천시 승주읍 선암사주차장~매표소~천년불심길 시작점~승선교~강선루~선각당 삼거리~선암사~선각당 삼거리~송광사·대각암 갈

천년 불심길 산행에서 꼭 맛봐야 하는 장박골의 보리밥 한 상.

'신선이 되어 오르는 다리' 승선교(昇仙橋) 아래에서 보는 '신선이 내려와 노니는 누각' 강선루(降仙樓)의 자태는 한 폭의 그림 같다.

림길~비석 갈림길~야외학습장~편백숲~호랑이 턱걸이 바위~큰굴목재(선암굴목재)~보리밥집~배도사대피소~천자암·송광사 갈림길~송광굴목재~송광대피소~토다리 삼거리~수석정교 삼거리(천년 불심길 종점)~송광사~버스정류장 순. 천년 불심길 6.8km, 각 주차장에서 일주문까지 1.5km인 점을 감안하면 10km 정도이며 4시간 안팎 걸린다.

　선암사 주차장에서 일주일까지는 1.5km. 계곡과 나란히 걷는 이 길은 오래전 한국관광공사가 선정한 최고의 명상로다. 만추에 오면 금상첨화다. 매표소를 지나 도중 만나는 '신선이 되어 오르는 다리' 승선교(昇仙橋) 아래에서 보는 '신선이 내려와 노니는 누각' 강선루(降仙樓)의 자태는 한 폭의 그림 같다. 그 자태만큼이나 이름에도 운치가 묻어난다.

경내로 들어서기 전 작은 연못인 삼인당을 만난다. 오랫동안 화재가 잦자 도선국사가 물길을 내 조성했다고 전해온다. 잠시 볼거리 많은 선암사를 둘러본다. 선암사는 부석사 운문사와 함께 사시사철 탐방객이 많이 찾는 절이다.

연못 맞은편 찻집 선각당 삼거리에선 '송광사' '천년 불심길' 방향으로 간다. 이후 '야외학습장' '편백숲 가는 길' 안내판이 길잡이가 돼준다. '대각암' '장군봉' 방향으로 가선 안 된다. 비석삼거리에선 '송광사·큰골목재' 방향으로 직진한다. 임선교를 건너 대승암 갈림길에서 오른쪽 송광사 방향으로 꺾는다. 이제부터 큰굴목재까지는 오솔길에 외길이다.

원두막쉼터가 들어선 야외학습장을 지나 '천년 불심길' 출입문을 통과하면 편백숲을 만난다. 편백뿐 아니라 삼나무가 어우러진

천년 불심길 중 송광굴목재에서 송광사로 이어지는 단풍터널 속으로 등산객 두 명이 걸어가고 있다.

천년기념물인 천자암 쌍향수(곱향나무). 이 나무는 천년 불심길에서 보고 오려면 왕복 1시간을 잡아야 해 부담스럽긴 하다.

 멋진 숲이다. 목교를 건너 돌계단을 오르면 '호랑이 턱걸이 바위'를 지난다. 착한 사람에게는 길을 내주고 악한 사람은 고개를 넘지 못하게 막았다는 전설이 전해온다.
 가파른 돌계단을 한동안 오르면 사거리 안부인 큰굴목재. 길이 네 갈래로 나뉘는 고개 꼭대기다. 오른쪽은 작은굴목재을 거쳐 주봉인 장군봉 가는 길, 왼쪽은 고동산(4.8km) 방향. 광주 무등산에서 광양 백운산으로 이어지는 호남정맥 지점으로, 선암사 쪽에 있어 선암굴목재로도 불린다.

여기서부턴 돌·침목계단을 내려간다. 장박골에 놓인 굴목다리를 건너 잠시 거닐면 수많은 평상이 놓인 민가가 나타난다. 30년 된 원조보리밥집이다. 이 집이 유명세를 타면서 인근에 비슷한 보리밥집이 하나 더 생겼다.

평상에 둘러앉아 곰삭은 김치에 고추장과 참기름이 담긴 대접에 보리밥과 산나물·야채를 담은 후 쓱쓱 비벼 먹는 그 맛이란 진수성찬의 그것에 다름아니다. 골짜기 물소리를 들으며 동동주 한 잔을 곁들이면 금상첨화다.

원조보리밥집에서 10분이면 두 계곡이 만나는 배도사대피소를 지난다. 여기가 선암사·송광사의 중간지점이다. 돌밭 길을 살짝 오르면 송광사 산내 암자인 천자암 갈림길. 곱향나무인 그 유명한 쌍향수를 볼 수 있지만 30분 거리에 있다. 두 그루의 향나무가 같은 모습을 한 800년 묵은 높이 13m의 쌍향수는 나무 전체가 엿가락처럼 꼬여 있고 가지가 모두 땅을 향하고 있는 점이 독특하다. 세월의 무게처럼 묵직하게 다가온다. 왕복 1시간은 족히 잡아야 하기에 선택 사항.

사거리인 송광굴목재는 배도사대피소에서 10분 거리. 왼쪽은 천자봉(1.7km), 오른쪽 장군봉(4.4km) 방향.

이제 송광사(2.8km)까지 줄곧 내리막 돌밭길이다. 송광대피소를 지나 홍골을 끼고 간다. 홍골은 송광사에서 손꼽히는 단풍 군락지. 참나무 우거진 산죽길을 지나 목교를 건너면 토다리 갈림길. 오른쪽 장군봉 방향 대신 송광사로 간다. 목교 한 곳을 더 건너면 왼쪽에 요란한 물소리가 들린다. 7m 높이의 비룡폭포다.

이제 산행 막바지. 토다리 갈림길에서 23분이면 천년 불심길이 끝난다는 안내판이 서 있는 수석정교 삼거리에 닿는다. 직진해 삼청교 위의 우화각을 통해 송광사 경내로 들어간다. 대웅보전에서 송광사 버스정류장까지는 17분 걸린다.

떠나기 전에

- 송광사 인근 불일암, 법정스님 살아 생전 머문 암자

천년 불심길을 횡단하기 전에 선암사를 둘러보며 놓쳐선 안 될 곳을 안내한다.

선암사의 최대 명물은 600년 된 토종 매화 10여 그루. 칠전선원과 종정원인 무우전 사이 차밭 가는 돌담길에서 볼 수 있다. 매년 3월 말부터 4월 초 예의 고고한 자태를 뽐낸다. 청매와 백매는 꽃은 희지만 꽃받침이 초록이면 청매, 자색이면 백매다. 향도 아주 짙다. 절정인 4월 초쯤이면 경내가 온통 매화향으로 진동한다. 한 스님은 돌담 너머 선방으로 가지를 뻗친 홍매화의 진한 향기가 최고조에 달하는 오전 9시 전후해선 집중이 안 된단다.

정호승 시인의 시 '선암사'에도 등장하는 누운 소나무인 와송(臥松), 진홍생 영산홍과 자산홍 그리고 절 뒷산 수백 년을 이어온 전통 야생차밭도 눈여겨봐야 할 나무와 꽃이다. 이른바 선암사 '오랜 다섯 벗(五古友)'이다.

400년 된 뒷간도 놓쳐선 안 될 볼거리. 국내 화장실 중 가장 깊고 아름다워 지방문화재로 지정됐다. 아마도 화장실이 문화재인 곳은 국내는 물론 세계적으로 유례가 없지 않을까 싶다. 냄새가 거의 나지 않는 이 해우소는 지금도 건축 전공 대학생들이 찾아와 사진과 함께 짜임새를 조사하는 등 연구 대상으로 인기가 높다.

4단 다조(茶槽)도 빠뜨리지 말자. 칠전선원 내 달마전 마당에 있어 일반인 출입금지지만 스님께 정중하게 부탁, 운이 좋으면 볼 수 있다. 담장 너머 있는 야생차밭을 지나 지하에서 흘러나온 물을 나무 홈통으로 받아 4개의 돌확을 거치며 최고의 물맛을 낸다. 공부 중인 스님의 찻물로 이용된다.

송광사에는 세 가지 명물이 있다. 비사리구시, 능견난사, 쌍향수가 바로 그것. 승보전 옆에 놓인 비사리구시는 쌀 7가마 분량을 저장할 수 있는 배 모양의 나무 밥통이다. 성보박물관에 있는 능견난사(能見難思)는 문자 그대로 '능히 보기는 해도 그 이치는 생각하기 어렵다'는 뜻을 가진 그릇. 순서로 포개어도 포개

선암사 뒷간의 안(왼쪽)과 밖(오른쪽) 모습.

지는 그릇을 두고 조선 숙종이 장인에게 만들어보라고 하자 누구도 똑같이 만들 수 없었다는 후문이 전해온다.

천년기념물인 천자암의 쌍향수는 사실 천년 불심길에서 보고 오려면 부담스럽다. 왕복 1시간을 잡아야 한다. 꼭 보고 싶다면 차로 송광면 이읍리에서 2.5km 정도 들어간 뒤 450m 정도 걸으면 된다.

경내로 들어가는 우화각 인근에는 뼈대만 앙상한 나무 한 그루가 홀로 서 있다. 일명 '고향수'다. 보조국사 지눌이 지팡이를 꽂았다는 이 전설의 나무는 무려 800년이 지나도 쓰러지지 않아 불가사의로 손꼽힌다.

이번 코스에서 뺐지만 법정 스님이 살아생전 오래 주석한 불임암도 찾아보자. 송광사 성보박물관 인근에서 올라가는 길이 있다. 안내 팻말이 있어 찾기는 어렵지 않다. '무소유의 길'로 40분 정도 줄곧 오르지만 힘든 만큼 길이 운치가 이를 상쇄해준다. 오전 8시~오후 4시 참배 가능.

맛집 한 곳 소개한다.
진일기사식당(061-754-5320).
호남고속도로 승주IC에서 나와 선암사 방향으로 가는 857번 지방도 입구에 있다. 간판도 크고 주차장도 넓어 찾기 쉽다. 메뉴는 선택의 여지가 없는 단 하나, 김치찌개(**사진**).

냄비가 아닌 프라이팬에 끓여내 우선 독특하다. 맛의 비결은 별도로 담근 찌개용 김치에 큰솥에 미리 볶아놓은 시골 돼지고기를 넣어 한 번 더 끓이기 때문이다. 반찬은 15가지 정도. 혼자 와도 독상을 받을 수 있다. 1만 원.

 교통편

- **날머리 송광사서 선암사까지 택시비 3만 5000원 안팎**

대중교통편을 이용한 당일치기 산행은 쉽지 않아 승용차 이용을 권한다.
전남 순천시 승주읍 죽학리 755-3 선암사 주차장을 내비게이션 목적지로 하면 된다. 도착 지점 송광사에서 차가 있는 선암사로 가기 위해선 대중교통편을 이용한다. 송광사에서 111번 버스를 타고 승주읍 보건지소 앞에서 내린다. 평일 오후 3시35분, 4시40분, 5시40분, 6시40분(주말 오후 3시30분, 5시, 6시40분)에 출발한다. 보건지소 앞에서 선암사행 1번 버스는 오후 3시55분, 5시30분, 7시, 8시20분, 10시10분에 있다.
택시를 이용할 경우 송광사에서 승주읍까지 1만 원 선, 선암사까지는 3만 5000원 안팎이다.

경남의 산

- 창원 인성산
- 창원 여항산
- 창원 백암산~서북산
- 고성 구절산
- 의령 남산둘레길
- 창녕 마분산~개비리길

창원 인성산

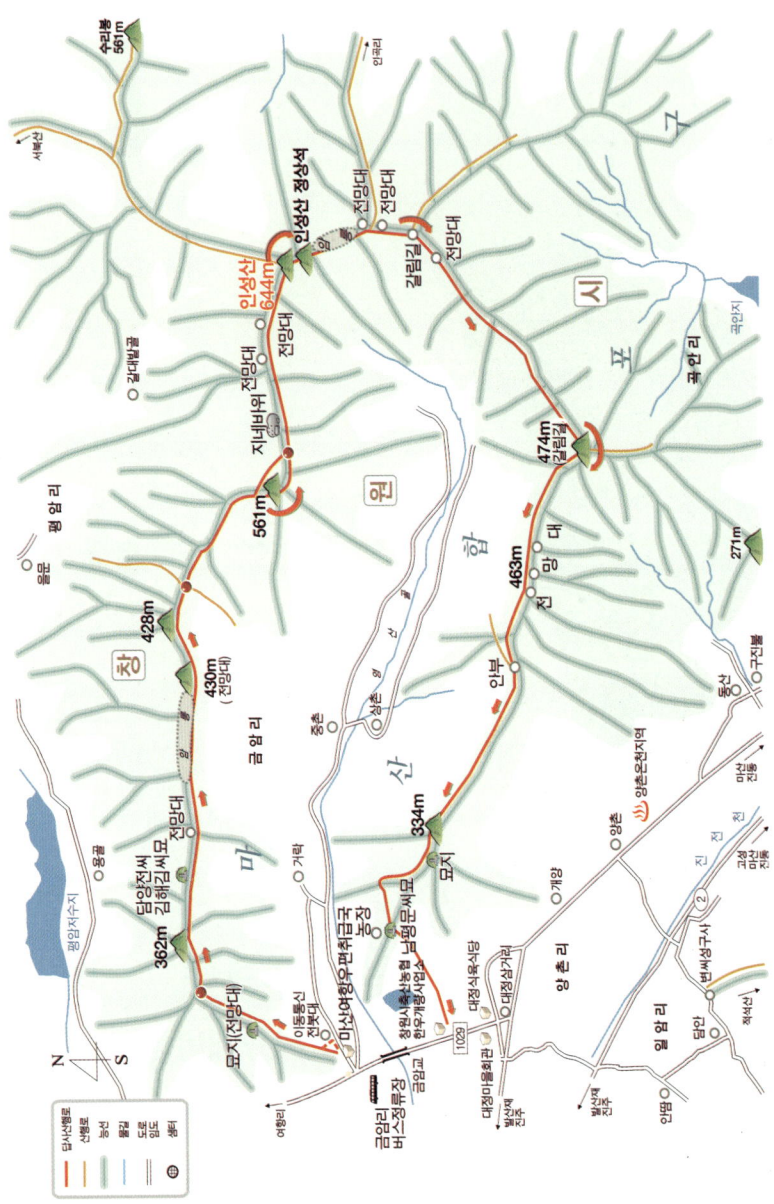

산행코스: 창원시 마산합포구 진전면 금암리 마산여항우편취급국~김해 김씨묘~430봉~사거리 고개~561봉~인성산~정상석 봉우리~474봉~334봉~남평 문씨묘~창원시 축산농협 한우개량사업소(대정버스정류장)

산줄기가 바다로 향하고 있는 인성산 정상에는 정상석이 없다. 정상에서 10분쯤 내려 가면 있다. 이곳이다. 이곳에 서면 마산 진해 거제 심지어 부산까지도 시야에 들어와 감탄사가 절로 인다.

통쾌하다 그래서 발길이 머문다

　세상사가 늘 그렇듯 이등은 이등일 뿐이다. 오직 일등만 부와 명성과 사랑을 독차지한다. 그런 팝송도 있지 않았던가. 아바의 'The Winner Takes it All'. 물론 의미 있는 이등도 잠깐 스포트라이트를 받곤 하지만 대개 그때뿐이다. 그래서 이등은 언제나 서럽다.

　산도 예외는 아니다. 애오라지 나 홀로 평가받는다면 정말 괜찮은 산이지만 인근에 지명도 높은 명산이 떡 버티고 있으면 그저 찬밥에 다름아니다.

　담양 병풍산과 추월산의 관계가 대표적 사례. 병풍산은 사실 내로라하는 명산의 반열에 슬쩍 끼워 놓아도 전혀 손색이 없다. 하지만

인성산은 높지 않지만 크고 작은 기암절벽이 있어 시종일관 정신줄을 놓아선 안 된다.

  병풍산은 담양호를 끼고 우뚝 솟은 추월산의 그림자에 가려 한동안 무명으로 쓸개즙을 되씹었다.
  그래도 병풍산을 부러워하는 산이 하나 있다. 고성군과 이웃한 창원시 마산합포구 진전면에 있는 인성산이다. 인성산은 병풍산이 그나마 형편이 나은 편이라고 목소리를 높인다. 산깨나 좀 탄다는 산꾼들조차 금시초문이고, 창원시 홈페이지에서도 찾을 길이 없다. 인성산에서 팔을 뻗으면 손에 잡힐 듯한 적석산(積石山)은 버젓이 명성을 높여가고 있는데 말이다. 그래서 인성산(仁星山·644m)은 서럽고 또 서럽다.

결론부터 말하자면 인성산은 적석산에 버금간다. 이름 그대로 어질게 무명으로 세월을 보내다 보니 별처럼 빛날 날이 시나브로 찾아온 것이다.

겉모습은 동네 뒷산 수준이지만 아기자기한 암릉 구간이 일품이고 곳곳에 열린 바위전망대에선 고성과 마산 거제 진해 쪽의 쪽빛 바다가 유혹한다. 여기에 산행 피로를 풀 수 있는 온천단지가 코앞에 있고 인근에는 입맛 당기는 돼지주물럭 집이 몰려 있다.

온천단지가 몰려 있는 양촌마을과 돼지주물럭으로 유명한 대정마을을 경계로 적석산과 마주 보고 있는 인성산은 적석산의 장점을 공유하면서도 인적이 드물어 '나만의' 호젓한 산행을 즐길 수 있다. 높이 또한 인성산이 152m나 높아 조망이 더 넓다.

산행은 창원 마산합포구 진전면 금암리 마산여항우편취급국~김해 김씨묘~430봉~사거리 고개~561봉~인성산~정상석 봉우리~474봉~334봉~남평 문씨묘~창원시 축산농협 한우개량사업소(대정버스정류장) 순. 순수하게 걷는 시간은 4시간 20분. 이정표 하나 없지만 촘촘하게 안내 리본을 매달아 산행하기에는 크게 무리가 없을 듯하다.

대정마을 입구 정류장에서 내려 대정식 육식당을 지나 금암리 방향으로 800m쯤 가면 금암리 정류장. 여기서 10m쯤 가서 우측으로 방향을 틀면 60m 전방에 마산여항우편취급국이 보인다. 주변은 온통 파밭이다. 우편취급국 앞 갈림길에서 왼쪽으로 70m쯤 가면 대형 이동통신기지국 전봇대 뒤로 산길이 열려 있다. 들머리다. 30m쯤 바짝 오르

인성산은 발길 닿는 곳이 전망대다.

면 낙엽과 솔가리가 수북한 송림터널이 기다린다. 이후 양지바른 곳이면 어김없이 묘지가 나타난다.

들머리에서 30분이면 방치된 무덤이 위치한 전망대에 선다. 우측으로 여항산, 11시 방향으로 깃대봉이 보인다. 계속되는 오름길의 연속. 7분쯤 뒤 힘든 된비알이 사실상 끝나고 등로는 우측으로 휜다. 잡목이나 잔가지가 얼굴을 때릴 만큼 거칠고 폭은 좁아진다. 심한 경우 아예 길이 사라지기도 한다. 깔끔한 김해 김씨묘를 지나면서 바윗길이 기다린다. 우회하기도 하고 바로 넘기도 하고 때론 바위군 사이를 통과하며 오르내린다. 이동 중 시야가 트이는 곳에선 왼쪽 저 멀리 여항산에서 서북산으로 이어지는 낙남정맥 길이 펼쳐진다.

계속되는 쉼 없는 된비알. 아주 미끄러운 낙엽길이다. 6분쯤 지났을까. 등로 우측 전망대바위가 기다린다. 발 아랜 들머리 양촌마을과 그 뒤로 볼록볼록 솟은, 구름다리가 보이는 적석산, 그 우측 깃

하산길 도중에도 바다는 시야에서 떠나지 않는다.

전망대에서 바라본 건너편 적석산(왼쪽)과 깃대봉(오른쪽).

대봉, 다시 그 우측 뒤로 뜻밖에도 저 멀리 눈 덮인 지리산 천왕봉과 남부능선이 확인된다.

뜸하던 암릉 길이 이때부터 재차 모습을 드러낸다. 재밌는 점은 바위 전부가 얇은 시루떡을 겹겹이 쌓아놓은 것처럼 층리면이 수평으로 발달한 퇴적암이다. 이웃한 적석산과 똑같다. 암릉에서 내려와 잠시 만나는 산길 역시 아주 거칠다. 곧 집채만 한 바위가 버티고 있다. 밧줄이 필요할 것 같지만 대충 나무를 잡고 오른다. 암봉인 430봉이다. 적석산 좌측으로 고성 쪽의 철마산 거류산 벽방산도 보인다. 시원한 전망과 달리 아뿔싸, 내려서는 지점을 찾을 길이 없다. 우왕좌왕 살피다 결국 바위 우측으로 내려선다. 꽤 험하지만 그래도 이곳밖에 없다. 내려서도 연이어 바윗길이 이어지다 낙엽길로 변한다. 잠시 뒤돌아보면 곁으로 드러난 조그만 바위 모양이 독특하다. 거북 멧돼지 공룡 등등.

이렇게 30분. 사거리 고개에 닿는다. 완경사 오름길로 직진한다.

인성산은 조망도 빼어나지만 수북이 깔린 낙엽길도 일품이다.

도중 연안 차씨묘도 지난다. 아주 힘들진 않지만 은근히 힘을 뺀다. 15분쯤 뒤 561봉. 바로 올라도 되고 좌측 산허리 길로 우회해도 된다. 우회하면 처음엔 길이 반듯하지만 나중엔 희미해져 봉우리로 바로 오르길 권한다. 어느 지점부턴가 우측으로 남해안의 바다가 시원하게 펼쳐진다. 도중 꼬리 부분이 가늘고 바위가 토막토막 나 있는 일명 '지네바위'와 소나무 아래 두 사람이 겨우 설 정도의 바위전망대도 잇따라 지난다. 이 전망대에 서면 인성산 정상과 정상석이 서 있는 암봉 지점, 향후 갈 능선, 앞서 본 고성의 산들에 이어 거제도의 산까지도 한눈에 보인다.

정상은 10여 분 뒤 닿는다. 동시에 갈림길이며 조망이 거의 없다. 왼쪽은 서북산 여항산 봉화산 베틀산 방향, 산행팀은 우측으로 내려선다. 이때부터 안 보이던 안내 리본이 등장한다. 이내 소나무 아래 전망대에서 발걸음을 멈춘다. 주변 조망을 한 번에 볼 수 있기 때문이다. 정면으로 철탑이 서 있는 광려산과 대산, 그 우측 뒤로 봉림산 비음산 대암산 용지봉 불모산 시루봉 진해시까지, 그 우측 뒤로 부산 사하구 장림 다대포, 다시 우측으로 가덕도 연대봉과 부산신항, 거제도 대금산 그리고 발아래 진동 앞바다가 시원하게 펼쳐진다. 아치형으로 일명 콰이강의 다리라 불리는 저도연륙교도 보인다.

7분 뒤 정상석이 서 있는 암봉. 앞선 전망대서 조망이 더 넓게 보이는 건 물론 우측으로 지리산 천왕봉과 남부능선을 기점으로 왼쪽 하동 금오산, 사천 와룡산, 광양 백운산, 오른쪽 진주 달아산 장군봉 등이 확인된다. 진짜 정상은 아니지만 조망이 빼어나 정상석이 서 있을 만하다.

이후부턴 줄곧 암릉지대로 발걸음을 옮기는 지점이 거의 다 전망대라고 봐도 무방하다. '좌 마산 앞바다, 우 지리산'을 감상하며 걸을 땐 콧바람이 절로 나온다. 그렇다고 내달리기만 하는 길은 결코 아니다. 크고 작은 암봉이 막기도 하지만 바로 올라도 되고 우회해도 상관없다. 하산하면서 보는 각도가 달라져 지리산 우측으로 웅석봉과 황매산, 좌측으로 거제 고현 앞바다 쪽 삼성중공업과 계룡산이 확인된다.

이어지는 산길. 정상석 봉에서 40분이면 474봉에 선다. 갈림길이다. 왼쪽 곡안리, 산행팀은 오른쪽으로 내려선다. 도중 좌측으로 양촌 온천단지가 보인다. 474봉에서 35분이면 주변이 벌목된 정점에 닿고, 이어 묘지 2기를 만나면 우측으로 발길을 잡아야 한다. 이제 산행 막바지. 이어 남평 문씨묘를 지나면서 산을 벗어나고 여기서 10분이면 대정버스정류장에 닿는다.

 떠나기 전에

- 최신 버전 2만 5000분의 1 지형도에 인성산 해발 644m로 표기돼

지금까지 인성산의 해발고도는 648m로 알려져 있지만 국립지리정보원의 최신판 2만5000분의 1 지형도에는 644m로 표기돼 있어 산행팀은 이를 따랐음을 밝혀둔다. 사실 인성산은 해발고도에 비해 힘이 많이 든다. 802m의 금정산 고당봉보다 더 힘들다. 오죽했으면 이창우 대장은 1000m급 봉우리를 오르내리는 것 같다고 했을까. 들머리가 거의 해발 제로이기 때문이다.

산줄기는 마치 밀양 용암봉~소천봉을 빼닮았다. 들머리 마을을 두고 말발굽 모양을 하고 있기 때문이다. 산행 중에는 진달래가 지천이어서 봄에 다시 찾으면 황홀한 꽃 산행을 할 수 있을 듯하다.

들머리 금암리에서 인성산까지의 구간은 국제신문 산행팀이 개척했으며, 전망이 빼어난 하산로 또한 서북산과 이어지는 능선길로 산꾼들이 잘 찾지 않는 코스이다.

맛집 한 곳 소개한다. 60년 전통의 돼지주물럭 전문 대정식육식당(055-271-7043). 들머리 금암리와 이웃해 있어 찾기는 어렵지 않다. 식육점을 겸업해 질

이 좋은 삼겹살과 목살에 양파를 듬뿍 썰어 넣고 참기름과 간장 등으로 잘 무친 다음 다시 고추장에 버무린다. 고기가 연하고 부드러워 맛이 깔끔하다. 1인분 8000원.

진전면 양촌리에는 고깃집이 의외로 많다. 이와 관련, 주인장 김영애(72·**사진**) 씨는 "진전면 면 소재지는 오서리이지만 오래 전 양촌리에는 우시장과 함께 큰 장이 열려 그 맥이 지금까지 이어져 내려오고 있는 것 같다"고 말했다.

이곳에서 차로 1분 거리에는 양촌온천이 있어 피로를 풀 수 있다. 이곳 온천수는 부드러운데다 미네랄이 풍부해 마산합포구 인근에선 새로운 명소로 떠오르고 있다. 현재 온천은 3개. 어딜 가나 큰 차이는 없다.

 교통편

– 부산 서부시외버스터미널서 마산남부터미널행 시외버스 타야

부산 서부시외버스터미널에서 마산남부시외버스터미널행 버스는 오전 6시, 7시 25분, 이후 30~40분 간격으로 출발한다. 들머리 마산여항우편취급국에 가기 위해선 400m 거리의 경남대 정문 앞 버스정류장으로 이동해 시내버스 75번(오전 9시) 76번(오전 8시30분)을 탄다. 버스 시간을 맞추기 어려울 경우, 진동환승센터로 가서 타는 방법도 있다. 경남대 정문 앞에서 진동환승센터로 가는 버스는 많다. 진동환승센터에선 75-1번을 타고 금암리에서 내린다. 오전 6시30분, 8시30분, 11시.

날머리 대정마을 정류소에서 75번(오후 5시5분, 8시35분, 11시25분) 76번(오후 4시35분, 8시5분, 11시)을 타고 경남대 정문 맞은편에서 내려 남부터미널로 이동한다. 남부터미널에서 부산 서부시외버스터미널행 버스는 20~30분 간격으로 있고 막차는 밤 9시55분에 출발한다. 노포동 종합터미널행 버스도 있다. 오후 4시30분, 6시20분, 7시20분, 9시(막차). 도시철도 1호선 동래역에도 정차한다.

대정마을 정류소에서 75-1번(오후 4시15분, 6시45분, 7시5분, 8시35분, 10시25분) 버스는 진동환승센터에 간다. 진동환승센터 맞은편 시외버스정류장에서 부산 서부시외버스터미널행 버스는 오후 5시30분, 5시40분, 6시5분, 7시, 7시35분, 8시10분, 9시10분(막차)에 있다.

승용차를 이용할 경우 내비게이션에 창원시 마산합포구 진전면 금암길11 '마산여항우편취급국'을 목적지로 해서 찾아가면 된다. 이번 등산 코스의 들머리와 날머리는 약 700m 떨어져 있다.

창원 여항산

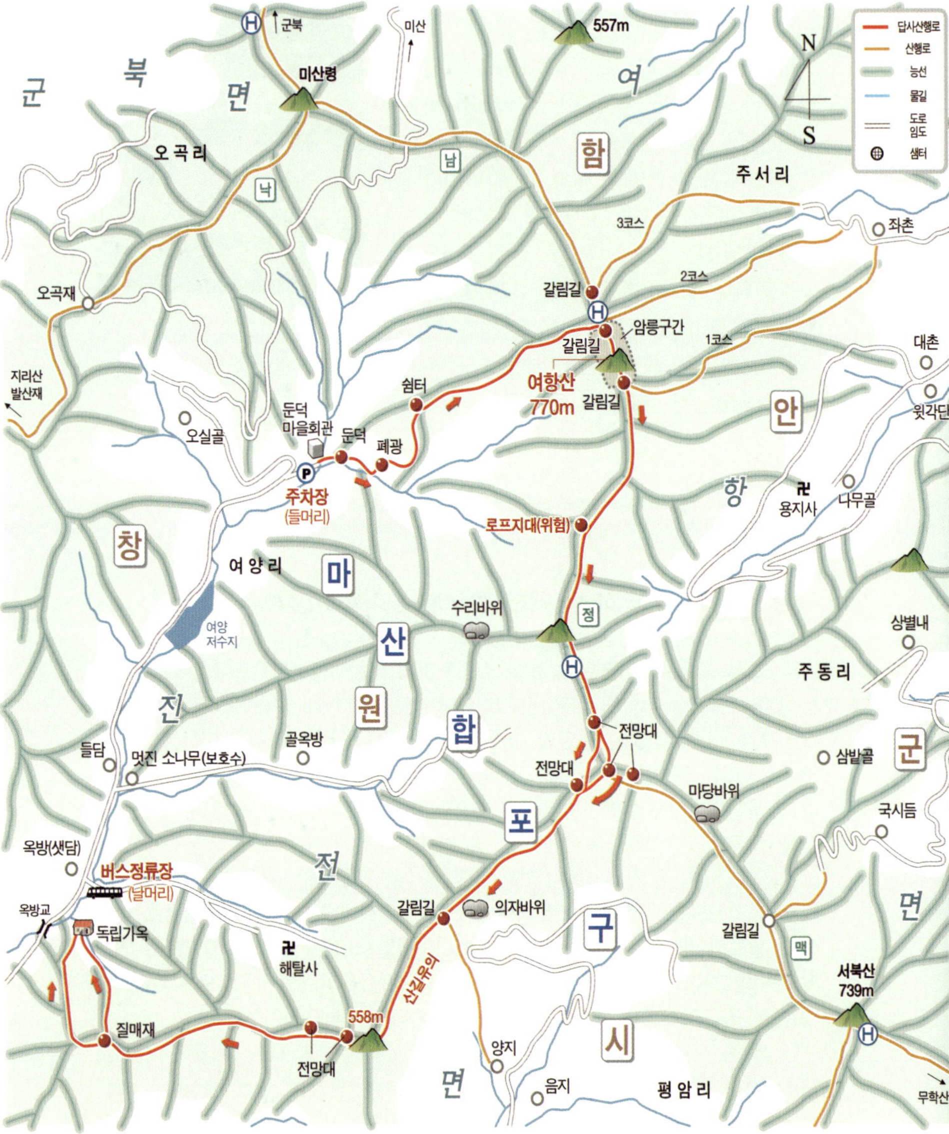

산행코스: 창원시 마산합포구 진전면 여양리 둔덕마을회관~등산로 안내판~폐광~쉼터~헬기장~여항산 정상~기암절벽(우회로)~헬기장~서북산 갈림길~잇단 전망대~두부바위~의자바위~향나무 숲길~558봉~질매재~독립 민가~옥방마을~둔덕마을

여항산은 조망의 산이라 해도 과언이 아니다. 이를 대변하듯 정상석 옆에는 조망안내도가 설치돼 있다. 서북산 봉화산 무학산으로 이어지는 낙남정맥 산줄기와 진주 월아산, 의령 자굴산, 저 멀리 지리산 천황봉과 남해바다까지 확인된다.

낙남정맥에 지리산까지
가히 황홀한 전망대

 흔히 산줄기는 지자체 간 경계 역할을 한다. 이 때문에 경계에 솟은 봉우리는 딱히 어느 한 곳에 속한다고 주장할 수 없는 것이 해당 지자체 간 불문율이다.
 오래전 울산 울주군이 이러한 불문율을 어겨 화를 자초한 적이 있었다. 군은 이웃한 밀양 청도 양산과 아무런 협의 없이 지자체 간 경계에 솟은 가지산 재약산 천황산 영축산 고헌산 등을 넣어 '울주 7봉'이라 명명, 자기네 산이라고 주장한 것이다. 양산 밀양 울산(울주) 경주 청도 등 5개 시군에 걸쳐 있는 1000m 이상의 9개 산군을 가리키는 '영남알프스'라는 공동상품이 있는데도.

이웃한 지자체가 강력히 반발하는 것은 당연지사. 여기에 지역 언론과 악계 또한 현명하지 못한 처사라고 목소리를 높였다. 지금 생각해보면 당시 발표 전 비난받을 것이라는 사실이 불 보듯 뻔했는데도 울주군이 왜 그런 무리수를 뒀는지 이해가 안 된다.

이를 만회하기 위함인지 울주군은 2019년부터 영남알프스 9봉 완등 인증사업을 시작하면서 참가자가 날로 증가해 주말이면 인증사진을 찍기 위해 가지산 등 9개 봉우리 정상석 앞에서 줄을 서는 진풍경이 벌어지고 있다.

지자체 간 경계를 이루지만 어느 한 지자체의 산이라고 해도 크게 무리가 없는 경우도 왕왕 있다. 비근한 예가 바로 경북 청도와 경산의 경계에 위치한 대왕산이다. 이곳에는 경산에서 세운 정상석과 일제 강점기 때 경산 남산면민의 항일 투쟁을 기념한 '항일 대왕산 죽창 의거 전적비'가 경산 쪽을 바라보고 서 있다. 여기선 산 너머 위치해 청도 땅은 보이지 않고 발아래 경산 쪽 남산면의 여섯 개 자연부락이 선명하게 눈으로 확인된다.

경남 함안과 창원의 경계에 위치한 여항산(770m)도 같은 맥락이다. 창원 마산합포구 진전면과 인접한 여항산의 함안 쪽 면(面) 이름이 '여항'인 데다 '여항'이라 명명된 사연도 설득력이 있다.

조선 선조 때 함주도호부사(현 함안군수)로 부임한 정구는 함안은 남고북저라 풍수지리적으로 나라를 배반할 기운이 있어 최남단에 위치한 이 산에 '배 여(艅)'자와 '배 항(航)'자를 붙여 여항산이라 명명했다. 배가 닿는 포구를 뜻하게 해 실제 지형은 높지만 이름을 통해 지형을 낮췄다. 대신 함안의 정북에 위치한 지역을 '산을 대신한다'는 의미인 대산(代山)이라 명명해 지형을 높여 풍수지리상의 균형을 맞추었다.

오래전 여항산 정상에 오르려면 밧줄에 의지해야 했지만 지금은 덱 계단이 설치돼 예전만큼 힘들이지 않고 오를 수 있다. 덱 계단 아래에는 예전에 사용하던 밧줄이 그대로 남아 있다.

산꼭대기를 보고 포구를 연상해 이름을 붙이고, 평지를 산으로 바꿔 불경스러운 땅을 보통의 땅으로 바꾼 선인들의 지혜에 그저 감탄할 따름이다. 이 때문인지 여항산 정상의 암봉은 배의 돛을 닮았다고 전해온다.

이쯤 되면 여항산을 함안의 산이라 해도 크게 무리는 없으리라. 해서 지금까지 여항산 산행은 십중팔구 여항면 주서리 좌촌마을이 들머리였다. 이미 함안 쪽 기존 코스를 모두 소개한 산행팀은 이번엔 함안 여항면과 경계를 이루는 마산합포구 진전면에서 여항산으로 오르는 원점회귀 산길을 개척했다.

산행은 창원 마산합포구 진전면 여양리 둔덕마을회관~등산로 안내판~폐광~쉼터~헬기장~여항산 정상~기암절벽(우회로)~헬기장~서북산 갈림길~잇단 전망대~두부바위·의자바위~향나무

창원 마산합포구 진전면 여항산 들머리 입구에는 폐광이 위치해 있다.

숲길~558봉~질매재~독립 민가~옥방마을~둔덕마을 순. 순수하게 걷는 시간은 5시간 30분 정도. 산길은 다소 거칠고 묵었지만 그렇다고 근접 못할 산은 결코 아니다.

둔덕마을회관에서 개울을 따라 포장로로 오른다. 느티나무 정자 앞에서 갈림길. 오른쪽으로 간다. 150m쯤 오르면 좌측에 폐동(銅)광(동굴)이 보이면 들머리는 바로 찾았다. '여항산 3.5km' 이정표도 서 있다.

산행은 폐광 입구 왼쪽 대숲으로 오르며 시작된다. 전체적으로 된비알이지만 못 오를 만큼 힘들지는 않다. 우측으로 보이는 능선이 곧 오를 낙남정맥 길. 등로 주변에는 공룡발자국 화석이 흔히 발견되는 수평층, 일명 책바위들이 널려 있다. 25분 뒤 너른 쉼터. 이장한 묘지 터다. 바로 옆에는 네댓 그루의 운치 있는 아름드리 소나무가 쉼터바위를 에워싸고 있다.

여항산 정상에서 조망을 살펴보는 필자.

푹신푹신한 솔가리 길. 호흡을 가다듬고 다시 오름길로 접어든다. 10분 뒤 주능선이 코앞이다. 11시 방향은 푹 꺼진 미산령, 1시 방향 기암절벽이 여항산 정상인 듯하다.

밧줄에 의지하며 진달래 터널을 오르면 주능선인 헬기장에 닿는다. 함안군이 세운 산불조심 깃발이 펄럭인다. 왼쪽은 미산령, 산행팀은 오른쪽 서북산 여항산 방향으로 간다. 여항산은 불과 200m 거리지만 절반이 암릉 구간이다. 워낙 전망이 빼어나 조망 안내판이 서 있다.

서북산 봉화산 광려산 무학산 천주산으로 이어지는 낙남정맥과 정상석 마주 보는 방향으로 진주 월아산과 장군대산, 그 우측 뒤로 지리산도 확인된다. 서북산 우측으로 적석산 깃대봉, 미산령 방향으론 오곡재 오봉산 괘방산 방어산 자굴산도 시야에 들어온다. 가히 황홀한 전망대다.

여항산에는 암릉길 이외에도 제법 경사가 심한 낙엽길도 있어 곳곳에 밧줄이 매어져 있다.

암릉 길로 직진 가능하지만 취재 당일 바람이 심하게 불어 산행팀은 약간 되돌아가 우회로로 하산했다. 이어 10m쯤 되는 바위틈새 절벽을 밧줄에 의지해 내려오니 이번엔 엄청난 규모의 기암절벽이 기다린다. 추락사고 위험이 있다는 안내판이 보여 왼쪽으로 우회한다. 정면 돌파한 이창우 대장은 안내판만큼 그리 위험하지는 않다고 한다.

　또다시 헬기장을 지나면 갈림길. 통상 왼쪽은 서북산 가는 낙남정맥 길이지만 산행팀은 이 길로 올랐다. 멋진 전망대가 바로 기다리기 때문이다. 왼쪽으로 서북산 가는 갈림길이 보이지만 무시하고 전망대에서 주변 산세를 감상한 후 왔던 길로 10m쯤 되돌아 나와 왼쪽으로 내려서면 애당초 갈림길 우측 길과 곧 만난다. 참고하길.

　이후 잇단 전망대를 지나면서 능선이 우측으로 휜다. 인적이 드문 산길은 거칠고 묵었지만 정감은 더욱더 간다. 등로 왼쪽 3m 지점에 두부처럼 갈라진 바위가 있고, 그 왼쪽 끄트머리에는 의자바위가 눈길을 끈다. 이 구간은 산길이 바위 틈새로 숨어있어 여간 신경이 쓰이지 않는다.

　조림한 듯한 향나무 숲 터널도 지난다. 함안 평암리 양지마을 쪽 탈출로도 만나지만 원점회귀를 위해 직진한다. 이때부터 굴곡이 심한 능선길이지만 사실 길이 없어 개척해 나간다. 20여 분 오르락내리락하니 마침내 무명봉의 정점인 558봉. 여기서 우측으로 능선을 타고 바위 틈새를 비집고 잡풀을 헤치고 내려선다.

　지성이면 감천이라 했던가. 어느 순간 나무를 벤 흔적이 곳곳에 미미하게 발견된다.

　가만히 따라가 보니 등산로를 내기 위한 것이 아니겠는가. 15분 뒤 조그만 공덕탑을 만나고, 다시 10분 뒤 등로 우측 숲 사이로 마을이 보인다. 사실상 산행 막바지다.

마침내 푹 꺼진 안부, 일명 질매재다. 방법은 두 가지. 하나는 정면의 낮은 봉우리로 올라 우측으로 하산할 수 있으며, 또 하나는 질매재에서 바로 우측으로 산허리를 타고 내려선다. 후자는 도중 산길이 사라져 개척하다시피 해서 결국 옥방마을 독립가옥에서 만난다. 길 건너 옥방마을에선 이곳을 별도로 논실이라 부른다. 여기서 들머리 둔덕마을까지는 35분 걸린다.

 떠나기 전에

- 함안 여항산이 창원 여항산으로 표기된 이유는

조망안내도 뒤편은 함안군 여항면이다. 여항산의 노멀 등산로는 모두 여항면 주서리 좌촌 마을에서 시작된다.

이 글을 읽는 경남 함안군민들이 섭섭해하는 것이 눈에 선하다. 산 이름이 조선시대에 명명된 연유부터 이 산이 여항면에 있다는 점 등 여러모로 여항산이 함안의 산이라는 증거는 이루 셀 수 없이 많기 때문이다.

하지만 국제신문 산행팀은 산을 소개할 때 들머리를 기준으로 표기하기 때문에 이번 여항산 소개는 창원 여항산으로 나갈 수밖에 없음을 새삼 밝혀두며 심심한 유감을 표하는 것으로 양해를 구한다.

참고로 창원 마산합포군 진전면 둔덕마을에서 오른 여항산 등산로는 1999년 1, 2월 700여 명이 동원된 공공근로사업의 일환으로 정비됐다.

여항산의 원래 이름은 요강산이라고도 불린다. 실제 여항산 서북산 봉화산 능선이 멀리서 보면 요강처럼 생겼기 때문이다. 산 아래 여항면 주서리 주민들은 이 산이 갓 쓴 사람이 요강 위에서 오줌을 누는 형상이라 산발치에 봉성저수지가 생겼다고 한다.

암봉으로 이뤄진 여항산은 갓의 윗부분을 닮아 갓봉우리·갓더미산·갓덤으로 불린다. 한편으로 갓대미산으로도 통칭한다. 그 사연이 재밌다. 여항산과 서북산은 6·25전쟁 때 낙동강 방어선으로 육군과 인민군의 치열한 전투가 벌어진 전장이다. 당시 미군들은 이 여항산 정상 쪽으로만 오르면 싸늘하게 주검이 돼 내려왔다. 해서 미군들은 항상 여항산을 향해 'God demn!'을 외쳐대 결국 '갓대미산'으로 불리게 됐다고 한다.

 교통편

- 경남대 정문 앞에서 75, 76번 타고 둔덕마을회관 하차

부산 서부시외버스터미널에서 마산남부시외버스터미널행 버스는 오전 6시, 7시 25분, 이후 30~40분 간격으로 출발한다. 들머리 둔덕마을회관에 가기 위해선 400m 정도 거리의 경남대 정문 앞 버스정류장으로 이동해 시내버스 75번(오전 9시) 76번(오전 8시30분)을 탄다. 버스 시간을 맞추기 어려우면 진동환승센터로 가서 타는 방법도 있다. 경남대 정문 앞에서 진동환승센터로 가는 버스는 많다. 진동환승센터에선 75-1번을 타고 둔덕마을회관에서 내린다. 오전 6시30분, 8시30분, 11시.

날머리 옥방마을 버스정류장에서 76번(오후 4시30분, 오후 8시, 10시55분)을 타고 경남대 정문 맞은편에서 내려 남부터미널로 이동한다. 남부터미널에서 부산서부시외버스터미널행 버스는 20~30분 간격으로 있고 막차는 밤 9시55분에 출발한다. 노포동 종합터미널행 버스도 있다. 오후 4시30분, 6시20분, 7시20분, 9시(막차). 도시철도 1호선 동래역에도 정차한다.

옥방마을에서 75-1번(오후 7시, 8시30분) 버스를 타고 진동환승센터에 내려도 된다. 진동환승센터 맞은편 시외버스정류장에서 부산서부시외버스터미널행 버스는 오후 5시30분, 5시40분, 6시5분, 7시, 7시35분, 8시10분, 9시10분(막차)에 있다.

승용차를 이용할 경우 내비게이션에 창원시 마산합포구 진전면 둔덕안담길 27 '둔덕마을회관'을 목적지로 해서 찾아가면 된다. 합천에도 같은 이름의 마을회관이 있으니 마산합포구 진전면 둔덕마을회관임을 확인해야 한다. 이번 등산 코스의 들머리와 날머리는 2.5km 정도 거리여서 30분 정도 걸어야 한다.

창원 백암산~서북산

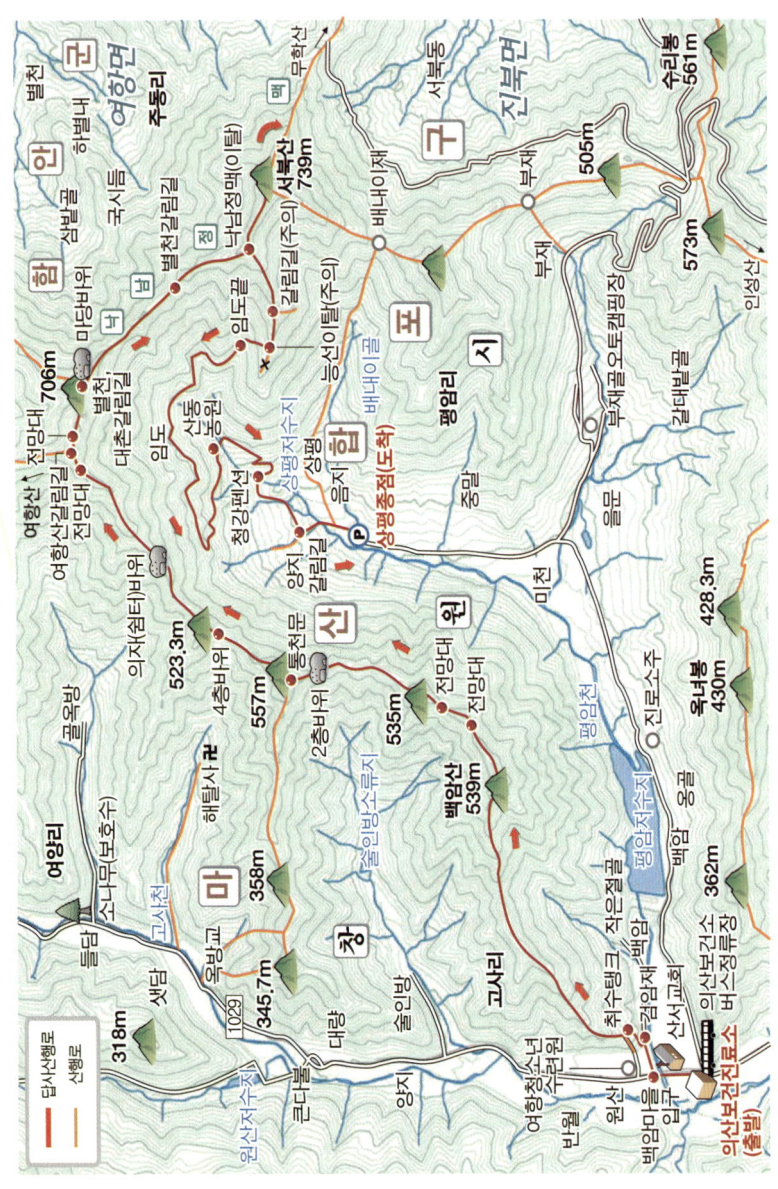

산행코스: 창원시 마산합포구 진전면 의산보건진료소~백암마을 입구~재실(산길 진입)~백암산~2층 바위~통천문~4층 바위~쉼터바위~이정표 삼거리~별천마을 갈림길~마당바위~약수터산장 갈림길~갈림길~서북산 정상~직전 갈림길에서 좌회전~임도~상평종점 버스정류장

백암산을 지나 낙남정맥과 합류한 뒤 서북산으로 향하는 도중 만난 마당바위에서 이창우 산행대장이 함안군 여항면 일대를 살펴보고 있다.

치열했던 6·25 격전지
붉은 민둥산 봉우리 푸른 숲 우거져

 창원 마산합포구와 함안 여항면의 경계에 위치한 서북산. 이 산은 낙동강 방어 전투가 치열했던 1950년 8월 미 25사단 5연대 중대장이었던 로버트 티몬스 대위 등 연합군이 인민군과 치열한 격전을 벌인 전장이다. 전투는 산의 주인이 19번이나 바뀔 정도로 치열했다. 인민군이 퇴각하면서 전투는 끝났지만 티몬스 대위는 이 산에서 전사했다. 전투가 끝나고 이 산을 떠나던 미군은 너무 많은 군인이 전사하자 진절머리가 나 '갓뎀 마운틴(신이 저주한 산)'이라고 했단다. 지금도 갓데미산이라 불린다.

서북산 정상에는 이곳이 6·25 전쟁 당시 치열한 격전지임을 알려주는 서북산 전적비와 커다란 정상석이 각각 서 있다.

 이후 1994년 그의 아들 리처드 티몬스가 주한 미8군 사령관이 되어 서북산에 흩어진 아버지와 미군의 유해를 발굴했다. 전적비에는 '티몬스 대위 외 100여 명의 넋을 기리기 위해 그의 아들 리처드 티몬스 중장과 제39사단장 하재평 소장을 비롯한 사단 장병 및 지역 주민들의 뜻을 모아 1995년 11월 전적비를 건립했다'고 적혀 있다.

 당시 치열한 전투의 기운이 남은 탓일까. 이번 산행은 쉽지 않았다. 10km가 넘는 코스인데다 창원 마산합포구 진전면 고사리에서 오르는 길은 거의 사라져 개척산행을 해야 했다. 하산길도 마찬가지다. 해서, 유경험자 없이 초보자들끼리는 이 코스를 산행하지 않기를 당부한다. 체력 소모가 크기 때문에 자칫 길을 잃을 수도 있기 때문이다.

산행은 마산합포구 진전면 의산보건진료소~백암마을 입구~재실(산길 진입)~백암산~2층 바위~통천문~4층 바위~쉼터바위~이정표 삼거리~별천마을 갈림길~마당바위~약수터산장 갈림길~갈림길~서북산 정상~직전 갈림길에서 좌회전~임도~상평종점 버스정류장 순. 총산행 거리는 13.5km, 순수하게 걷는 시간은 6시간 정도의 강행군이다.

의산보건진료소에서 출발한다. 기증비가 하나 눈에 띈다. 2009년 세워진 기증비에는 '㈜세정그룹 박순호 회장이 보건진료소를 신축할 때 의료기 및 사무집기를 기증했다'고 적혀 있다. 박 회장은 이곳 진전면 고사리 인근인 여양리 옥방마을 출신이다.

직진한다. 곧 만나는 갈림길에서 왼쪽 둔덕마을 방향으로 간다. 산서교회를 지나 다리 건너 오른쪽으로 간다. 100m쯤 가다 왼쪽 재실(검암재) 쪽으로 간다. 재실 왼쪽, 철성 이씨묘 옆 산길로 들어서며 산행을 시작한다.

곧 갈림길. 직진해 마을상수원 취수 탱크가 있는 쪽으로 올라 왼쪽으로 꺾는다. 우거진 숲을 20m쯤 가면 밧줄이 보이는 산길이 나온다.

묘지를 지나면서 일순간 길이 사라진다. 능선에서 크게 벗어나지 않는 선에서 찬찬히 살피며 길을 만들어 오른다. 349봉을 지나 묵묵히 오르면 백암산(539m)에 닿는다. 조그만 정상석 하나 달랑 있을 뿐이다. 정상석 뒤로 나아가면 코앞의 535봉과 왼쪽 저 멀리 여항산이 확인된다. 아직 서북산은 시야에 들어오지 않는다.

바윗길을 30분쯤 걸으면 왼쪽에 전망대바위. 오른쪽 상데미산, 정면 오봉산, 왼쪽으로 방어산과 개방산, 그 왼쪽으로 봉우리 2개가 V자형을 이루고 있다. 진주의 장군대산과 월아산이다.

2층 바위를 만난다. 사다리꼴을 뒤집어 놓은 형상인데 바위에 층이 나 있다. 여기서 15분 뒤 통천문과 만난다. 통천문 지붕에는

백암산을 지나 여항산 방향으로 가는 도중 557봉 직전에 바위 틈 사이로 열린 통천문을 지난다.

'노아의 방주'가 걸려있는 듯하다. 통천문을 통과해 바위 사이로 오른다. 밧줄 정도는 있었으면 좋을 법하다. 30분 뒤 4층 바위를 만난다. 바위 위에 올라서지만 조망은 별로다. 여기서 20분 뒤 널찍한 바위 여러 개가 모여 있는 쉼터 바위에 선다. 서너 명이 누울 수 있을 것 같다.

전망대를 지나 만나는 삼거리에서 처음으로 이정표(왼쪽 여항산(2km) 오른쪽 마당바위(0.4km))를 본다. 주변에 리본도 제법 눈에 띈다. 살짝 오른쪽으로 꺾어 전망바위에서 적석산과 인성산을 본 후 마당바위 방향으로 간다. 별천마을 갈림길에선 오른쪽 서북산(1.9km) 쪽으로 간다. 전망바위를 지나면 제법 넓고 편평한 바위에 선다. 마당바위다. 대부산과 봉화산이 시야에 들어온다. 여기서 15분이면 약수터산장 갈림길. 이제 서북산 정상은 0.6km 남았다.

서북산(739m) 정상에는 이곳이 한국전쟁의 치열한 전장임을 알려주는 서북산 전적비와 커다란 정상석

이번 산행의 날머리 상평마을. 조그만 다랑이 논이 눈길을 끄는 전형적인 산골마을이다.

그리고 헬기장, 이정표가 서 있다. 조망도 빼어나다. 가곡 '가고 파'를 떠올리게 하는 마산 앞바다와 진해만이 시원하게 펼쳐진다.

이제 하산할 시점. 오른쪽은 배내이재·가야사(2.1km) 방향, 직진하면 대부산 봉화산 방향. 산행팀은 왔던 길을 되돌아 나와 직전 갈림길에서 왼쪽으로 내려간다. 낙남정맥에서 이탈하는 구간으로 본격 하산길이다. 삼거리를 지나 걷다 보면 능선을 이탈하는 구간이 나온다. 참고하길. 이어 임도까지 200m 정도는 길이 희미해 유의해야 한다. 능선 이탈 지점부터 임도에 닿을 때까지는 리본을 꼼꼼히 묶어놨다. 임도에서 상평저수지 등을 지나 상평종점 버스정류장까지는 대략 4km다.

 교통편

- 경남대 정문 앞에서 75, 76번 타고 의산보건진료소에서 하차

부산 서부시외버스터미널에서 마산남부시외버스터미널행 버스는 오전 6시, 7시25분 이후, 30~40분 간격으로 출발한다. 들머리 의산보건진료소에 가기 위해선 400m 정도 거리의 경남대 정문 앞 버스정류장으로 이동해 시내버스 75번(오전 9시) 76번(오전 8시30분)을 탄다. 버스 시간을 맞추기 어려우면, 진동환승센터로 가서 타는 방법도 있다. 경남대 정문 앞에서 진동환승센터로 가는 버스는 많다. 진동환승센터에선 75-1번을 타고 의산보건진료소 앞에서 내린다. 오전 6시30분, 8시30분, 11시.

날머리 상평종점 버스정류장에서 75번(오후 5시, 8시30분, 11시20분)을 타고 경남대 정문 맞은편에서 내려 남부터미널로 이동한다. 남부터미널에서 부산 서부시외버스터미널행 버스는 20~30분 간격으로 있고 막차는 밤 9시55분에 출발한다. 노포동 종합터미널행 버스도 있다. 오후 4시30분, 6시20분, 7시20분, 9시(막차). 도시철도 1호선 동래역에도 정차한다.

상평종점에서 75-1번(오후 4시10분, 6시40분, 10시20분)은 진동환승센터에 간다. 진동환승센터 맞은편 시외버스정류장에서 부산 서부시외버스터미널행 버스는 오후 5시30분, 5시40분, 6시5분, 7시, 7시35분, 8시10분, 9시10분(막차)에 있다.

승용차를 이용할 경우 내비게이션에 경남 창원시 마산합포구 진전면 의산삼일로 195 '의산보건진료소'를 목적지로 해서 찾아가면 된다. 이번 등산 코스의 들머리와 날머리는 4km 정도 거리여서 대중교통을 권한다.

고성 구절산

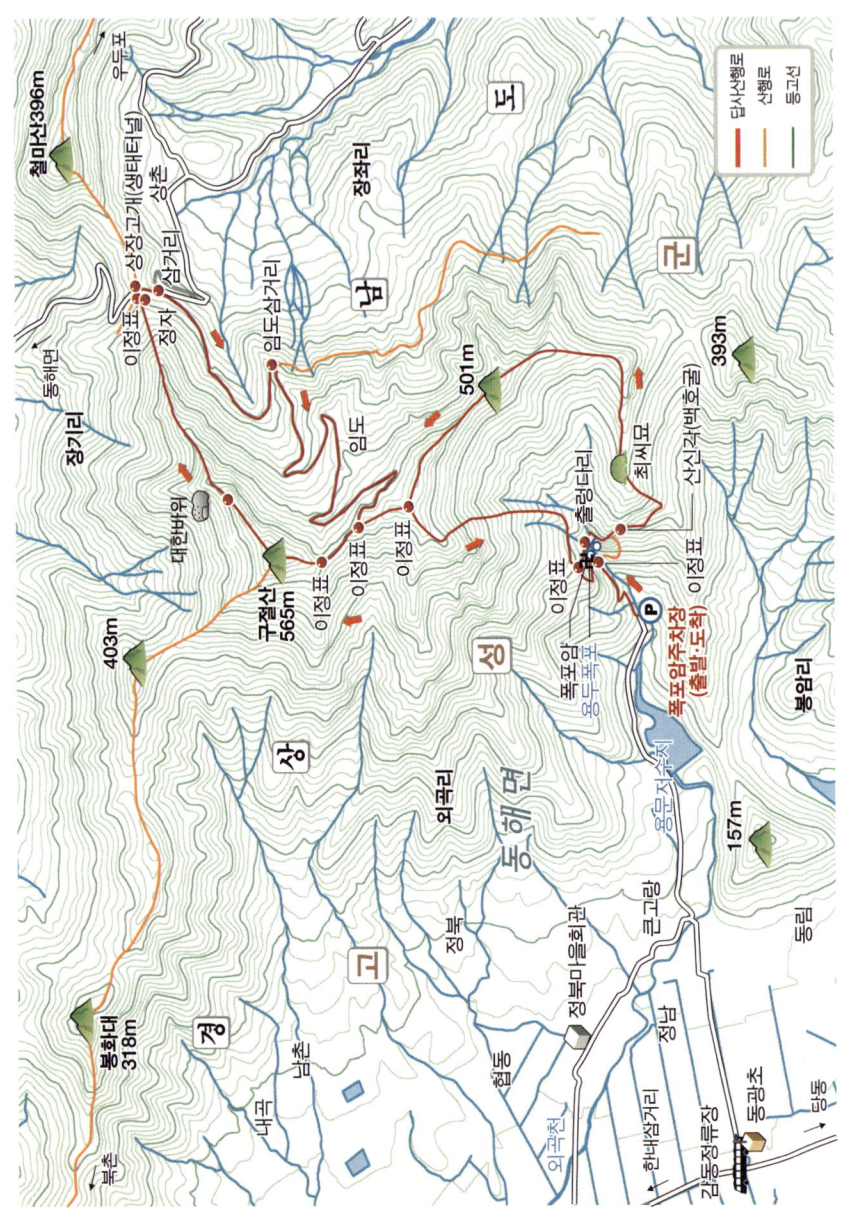

산행코스: 고성군 동해면 폭포암 주차장~구절산(흔들바위)·구절산(백호동굴)갈림길~폭포암~흔들바위~좌선대~구절산·출령다리 갈림길~출령다리~구절산·폭포암 갈림길~산신각(백호굴)~구절산·폭포암 갈림길~구절산·상장임도 갈림길~구절산 정상~상장고개(생태터널)~구절산 임도 입구~구절산·상장임도 갈림길~구절산·폭포암 갈림길~출령다리·산신각 갈림길~폭포암~주차장

물줄기 아홉 번 꺾인 용두폭포
그 위 출렁다리…여기가 선계네

비 온 뒤 경남 고성군 구절산 용두폭포에는 '작은 금강산'의 선경이 펼쳐진다. 폭포암을 감싼 천길 단애와 아홉 번 꺾이며 비류직하는 용두폭포, 그 위로 출렁다리까지 한데 어울려 한 폭의 산수화를 보는 듯하다.

산행하면서 평소 어렴풋이 알고 있던 역사의 현장을 발아래 두고 걸을 때의 희열감은 오랫동안 뇌리에 남는다. 물론 한 번쯤은 그 현장을 평면적으로 다녀와 봤겠지만, 산 정상에서 입체적으로 내려다보는 기분에는 비할 바가 못 된다. 바로 '공룡나라' 경남 고성군의 동쪽 끝 동해면에 위치한 구절산 정상에서 바라본 당항포(만)를 두고 한 말이다.

당항포는 임진왜란 당시 이순신 장군의 당항포해전을 빼놓고 이야기할 수 없다. 1592년 6월 5일, 앞서 있었던 당포해전 때 도주한 왜선이 당항포에 머무르고 있음을 탐지한 이순신 장군이 왜선을 공격했다. 이순신 장군에 밀리던 일본군은 반대편 바다로 도주하려 했지만 지도에 표시된 바닷길이 육지로 막혀있다는 사실을 뒤늦게 알고 결국은 전멸하고 말았다. 목숨만 겨우 건진 왜장은 '속았다'고 분개했고, 이후 당항포 바다는 속은 갯가라는 의미의 '속씻개'라는 닉네임이 붙었다.

구절산 산행 때 놓쳐선 안 될 곳이 또 하나 있다. 용두폭포(구절폭포)가 바로 그것이다. 해발 600m에도 미치지 못한 구절산은 계곡이 깊지 않아 평소에는 물이 거의 흐르지 않는다. 제주 엉또폭포나 청도 지룡산 나선폭포처럼 평소에는 폭포라 부르기 민망하지만 비 온 뒤 그 이름에서 알 수 있듯 아홉 번이나 꺾이며 낙하하는 물줄기의 장관은 작은금강산이나 설악의 그것에 견줘도 손색이 없다.

폭포 아래에서 만난 고성의 한 군민은 "비 온 뒤 바로 달려오면 흙탕물만 보게 된다"며 "하얀 포말을 일으키며 떨어지는 용두폭포

구절산 정상에서 상장고개로 향하다 만난 전망대에서 내려다본 당황만(포) 전경. 이곳은 임진왜란 때 이순신 장군이 승리한 당황포해전의 전장이다.

용두폭포 아래에서 본 풍광. 비 온 뒤 바로 오면 흙탕물이 내려오기 때문에 최소 하루 뒤에 와야 깨끗한 폭포수를 볼 수 있다.

의 환상적인 풍광을 보려면 비 온 뒤 이틀 뒤에 와야 한다'며 비밀을 귀띔했다.

 구절산의 볼거리인 흔들바위 출렁다리 백호굴 좌선대 등은 폭포암 주변에 다 몰려 있다. 일반 탐방객들은 주차장에서 흔들바위~좌선대~출렁다리~백호굴을 거쳐 주차장으로 되돌아오는 40분 코스를 걷는다.

폭포암의 명물 흔들바위. 소원을 빌면 들어줘 소원바위로도 불린다.

    산행팀은 여기서 더 나아가 구절산 정상과 철마산으로 이어지는 상장고개를 찍고 임도로 다시 폭포암으로 하산하는 코스를 걸었다.
    구체적 경로는 경남 고성군 동해면 폭포암 주차장~구절산(흔들바위)·구절산(백호동굴)갈림길~폭포암~흔들바위~좌선대~구절산·출렁다리 갈림길~출렁다리~구절산·폭포암 갈림길~산신각(백호굴)~구절산·폭포암 갈림길~구절산·상장임도 갈림길~구절산 정상~상장고개(생태터널)~구절산 임도 입구~구절산·상장임도 갈림길~구절산·폭포암 갈림길~출렁다리·산신각 갈림길~폭포암~주차장 순. 총거리는 약 8.5km이며, 4시간 정도 걸린다.
    폭포암 주차장을 나와 오른쪽 폭포암으로 향한다. 비 온 뒤 우측 계곡은 물보라를 일으키며 암반을 타고 흐르는 폭포의 물기둥이 예사롭지 않다. 평소엔 폭포인 줄 모르지만 유량이 급증하면 두 개의 폭포가 형성된다고 한다. 머리를 들면 저 멀리 하늘에 걸린 듯 출렁다리가 공중에 떠 있다. 10분이면 108계단 중간의 갈림길에서 오른쪽으로 발걸음을 옮겨 용두폭포를 보고 대웅전을 향한다. 폭포 바로 아래에서 바라보는 흰 포말을 일으키는 물줄기는 위압감을 느낄 정도로 힘이 넘친다. 낙하하는 물줄기는 천 길 단애와 기암괴석과 한데 어우러져 일대 장관이다.

대웅전을 지나면 나 홀로 밀어도 약간 움직이는 흔들바위. 기도하면 소원을 들어줘 소원바위라고도 한다. 천 길 단애와 기암괴석에 둘러싸인 용두폭포와 한데 어우러진 출렁다리의 장관을 한눈에 볼 수 있는 폭포암 최고의 뷰포인트는 좌선대 바위 직전 전망대. 사진을 찍기 위해 사람들이 줄을 설 정도다.

곧 갈림길. 왼쪽 오르막길은 구절산(1.5km) 가는 길, 산행팀은 오른쪽 출렁다리 쪽으로 간다. 용두폭포 위를 가로지르는 높이 50m, 길이 33m의 출렁다리는 고성의 새로운 명물로 소문이 자자하다. 나 홀로 걸어도 약간 흔들리는 출렁다리에 서면 동해면 외곡리, 거류면 감서리 벌판과 거류산과 통영 벽방산까지 시원하게 펼쳐진다.

출렁다리를 건너 우측으로 간다. 곧 만나는 갈림길에서 구절산(2.4km) 방향으로 직진한다. 오른쪽은 폭포암과 주차장에서 올라오는 길. 바위 절벽 아래에 산신각으로 사용 중인 백호굴을 지나면서 본격적인 산행이 시작된다.

구절산 산행을 위해 이동 도중 지나는 다리(간사지교)에서 이창우 산행대장이 구절산을 바라보고 있다.

산허리를 돌아 된비알 길을 잠시 오른다. 구절산 정상(1.8km)을 알리는 표지목과 최씨 묘를 지나면 암반 전망대가 곳곳에 나오며 산길은 완만해진다. '삼거리 아래 500m 지점' 표지목을 지나면 구절산·폭포암 갈림길. 출렁다리에서 45분. 이제 오른쪽 구절산(0.6km)으로 향한다. 5분이면 만나는 임도 갈림길에서 직진한다. 오른쪽은 상장(1.9km) 방향.

임도 막바지에서 직진해 바윗길과 덱 계단을 올라가면 시야가 확 트이는 구절산 정상. 정상석과 산불초소가 있다. 정상에선 일망무제의 조망이 펼쳐진다.

발아래 이순신 장군이 닭의 목처럼 길고 좁은 지형을 이용해 왜선 26척을 격침한 당항포 속씻개로부터 우측으로 마산 진동 앞바다, 진해 앞바다, 가덕도 등대, 거제도와 통영, 그리고 저 멀리 욕지도까지 보인다. 당항만에서의 성냥갑만 한 30여 척의 고깃배가 하얀 포말을 일으키며 나아가는 모습이 인상적이다.

당항만 뒤로 고성 천왕산과 연화산, 그 뒤로 합천 황매산과 지리산 천왕봉도 확인된다. 서쪽으로 남해 금산 사량도 옥녀봉, 고개

를 돌려 남쪽으론 거제 가조도 옥녀봉과 대금산도 펼쳐진다.

하산은 오른쪽 상장고개(1.0km)·철마산(1.5km) 방향으로 잡는다. 왼쪽은 북촌(3.9km) 방향. 곧 남북으로 당항만과 당동만 바다 조망이 시원하게 열리는 암릉에는 안전 시설물이 설치됐다.

30분이면 상장고개 생태터널. 정자를 지나자마자 만나는 갈림길에선 아무런 표시가 없는 오른쪽으로 꺾는다. 직진하면 철마산(0.5km)·우두포(7.1km) 방향이다.

이제 도로에 내려가면 갈림길. 오른쪽 콘크리트 임도로 간다. 10분이면 만나는 임도 삼거리에서 다시 오른쪽으로 꺾는다. 지그재그 임도를 30분 정도 더 가면 앞서 거쳤던 임도 갈림길에서 왼쪽 폭포암(1.2km)에서 왔던 길을 되짚어간다. 6분이면 나오는 삼거리에서 오른쪽 폭포암(흔들바위·1.1km) 방향으로 내려간다. 30분 정도 가파른 산길을 내려가면 갈림길. 왼쪽 출렁다리 방향 대신 오른쪽으로 간다. 8분이면 폭포암을 지나고 여기서 300m 내려가면 주차장에 도착한다.

출렁다리에서 바라본 풍광. 왼쪽 저 멀리 통영 벽방산, 정면 뾰족한 봉우리가 거류면 거류산이다. 발아래 용문저수지와 폭포암 주차장도 보인다.

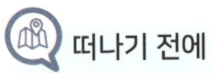 **떠나기 전에**

- 당항포대첩 일등 공신 기생 월이, 댕항포해전관에서 볼 수 있어

　고성군 당황포관광지 내 당항포해전관에 가면 당항포대첩의 일등 공신으로 전해오는 야사 속 인물인 기생 월이의 얘기를 확인할 수 있다. 월이는 훗날 충절의 기생 논개를 넘어 '조선의 잔 다르크'로 불린다.
　스토리는 대충 이렇다.
　임진왜란 전 왜군은 남해안 바닷길을 사전 조사하기 위해 승려로 가장한 첩자를 조선에 보낸다. 몇 달간 지도를 작성하며 임무 수행에만 골몰했던 첩자는 고성 땅 옛 무학동 무기정 기생집에서 모처럼 진득하니 회포를 푼다.
　얼마쯤 취했을까. 사경이 될 무렵 한 기생의 품에 녹아떨어졌는데 그녀가 바로 월이였다. 술에 취해 쓰러진 남자의 가슴팍에서 비단보를 발견한 월이는 깜짝 놀란다. 장차 조선을 침략할 전술과 바닷길 공략도, 육로의 도주로가 상세히 그려진 지도가 숨겨져 있었던 것이다. 일본의 첩자임을 알아챈 월이는 당항만이 바다로 이어진 것처럼 정교하게 지도를 그려 다시 남자의 품에 넣었다.
　임진년 6월 5일 조선을 침략한 왜군은 월이가 조작한 지도만 믿고 당항포에서 이순신이 이끄는 조선 수군과 전투를 벌인다. 이순신의 전략에 밀린 일본군은 반대편 바다로 빠져나가려 했지만 지도에 표시된 바닷길을 찾을 수 없었다. 퇴로가 막힌 일본군은 결국 전멸한다.
　당시 왜선은 산산조각이 났고 물 위에 떠 오른 왜적의 머리 수백 두가 썰물에 밀려 소포 쪽으로 밀려왔다. 이후 머리가 밀려왔다고 해서 이곳을 '두호'라 부르게 된다.

특히 월이가 그린 지도를 따라간 왜장은 '속았다'고 분개해 이후 당항포 앞바다는 속은 갯가라는 뜻의 '속씻개'라는 지명이 붙는다.

월이는 이후 지상으로 공격해 온 왜군에게 붙잡혀 장렬한 최후를 맞이한다.

논개에 가렸던 월이의 충절은 420여 년이 지나서야 고성지역 향토시인이자 작가인 정해룡 선생에 의해 재조명된다. 정 선생은 2012년 펴낸 역사소설 '조선의 잔 다르크 월이'를 통해 역사의 뒤안길에 사라졌던 월이를 세상 밖으로 끄집어냈다.

그는 "논개는 적장 하나만 끌어안고 죽었으나 월이는 왜선 26척과 3000여 명의 수군을 대파한 일등 공신"이라며 영국과의 100년 전쟁 때 조국 프랑스를 구한 소녀 잔 다르크에 견준다.

당항포해전관에 가면 월이 이야기를 담은 고증자료, 소개 글 그리고 8분여 짜리 영상물을 볼 수 있다.

한 가지 더. 고성군 동해면 구절산 폭포암으로 가는 도로변에 돌탑이 도열해 있다. 알고 보니 폭포암 가는 도중 위치한 그린농원 이찬수(73·사진) 대표의 작품이다. 대대로 불자 집안의 후손인 그는 현재 73개의 돌탑을 조성했으며 앞으로 108개까지 돌탑을 만들 계획이다.

초등학교 교장으로 정년 퇴임한 그는 폭포암을 위해 사유지인 이 도로를 무료 개방했다. 폭포암 부지도 원래 이 씨 집안 소유였으나 돌아가신 할아버지가 절에 무상 기부했다. 등산로가 사유지여서 입장료와 주차비를 받는 양산 무지개폭포 인근 모 농원과 대비되는 대목이다. 다행히 최근 양산시가 사유지 경계에 펜스를 설치해 무지개폭포 계곡 쪽으로 진입할 수 있게 됐지만.

교통편

- 버스정류장서 들머리 폭포암까지 멀어 대중교통 불편, 승용차 이용을

이번 구절산 산행은 원점회귀 코스인 데다 버스정류장에서 폭포암까지 거리가 멀어 대중교통보다는 승용차 이용이 편리하다.

부산 서부터미널에서 고성시외터미널행 시외버스는 오전 6시부터 30분 간격으로 운행한다. 고성터미널에서 폭포사를 가려면 '한내·화당·안정'행 군내버스를 타고 감동정류장에서 내린다. 오전 7시50분, 8시50분, 9시50분, 10시45분, 11시45분. 감동정류장에서 폭포사 주차장까지는 걸어서 30분 걸린다.

산행 후 감동정류장에서 고성터미널행 군내버스는 오후 3시, 4시, 5시, 6시, 7시(막차)에 있다. 고성터미널에서 부산 서부터미널행 시외버스는 20분 간격으로 오후 8시40분까지 운행한다.

승용차를 이용할 경우 경남 고성군 동해면 외곡1길 535 폭포암을 내비게이션 목적지로 하면 된다.

의령 남산 둘레길

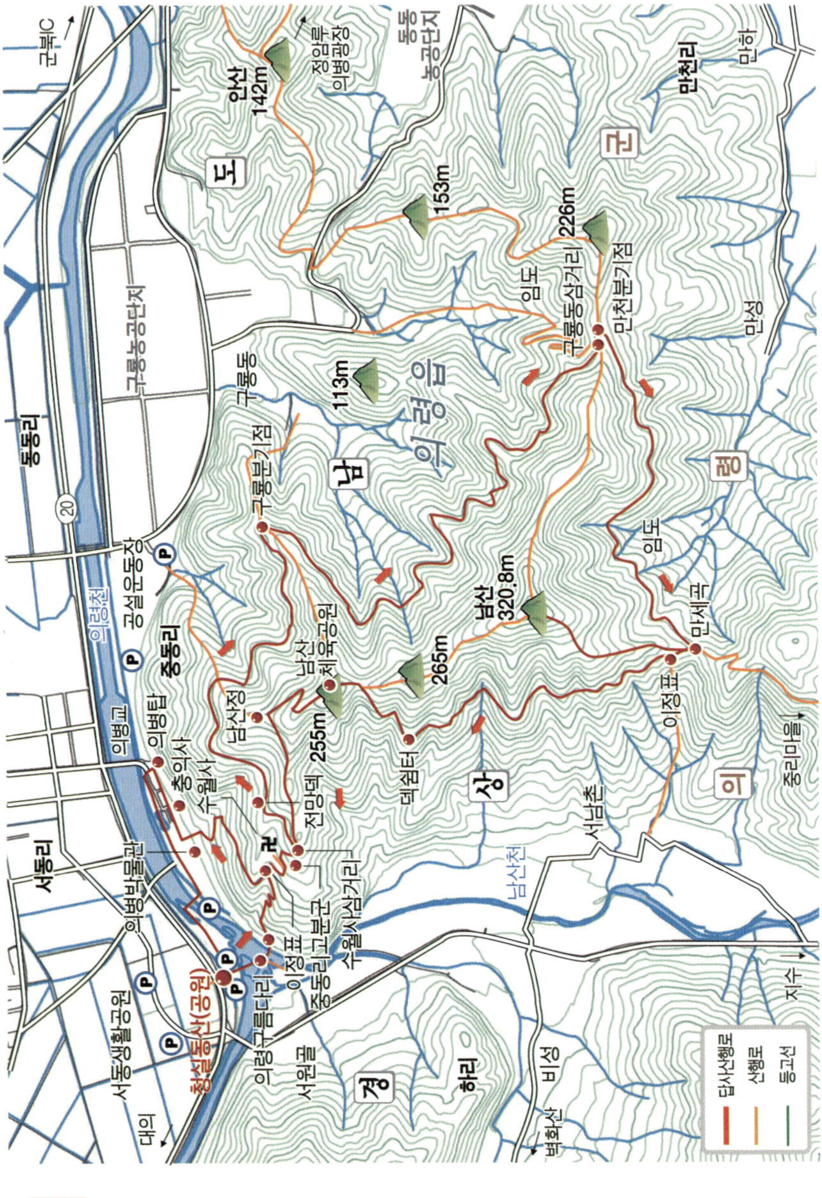

산행코스: 의령군 의령읍 청실동산~의령구름다리~충익사·체력단련장 갈림길~수월사 입구~중동리고분군~수월사 갈림길~덱 전망대~구룡분기점~구룡동 삼거리~만천분기점~임도~만세곡 갈림길~남산 정상~만세곡 갈림길~서남마을·남산체력단련장 갈림길~덱 쉼터~남산 정상~남산체육공원 갈림길~남산체육공원~남산정~수월사 갈림길~충익사·체력단련장 갈림길~충익사·의병박물관~잠수교~청실동산

의령 남산둘레길은 10km 남짓한 거리에다 온가족이 함께할 수 있을 정도로 완만한 오솔길이 이어진다. 구룡분기점을 지나 아름드리 송림 길을 걷고 있는 이창우 산행대장.

의병의 고장 변화무쌍 오솔길
온가족 삼림욕하며 거닐어볼까

경남 의령의 관문인 남강 정암나루에는 솥을 빼닮은 바위가 있다. 바로 솥바위, 정암(鼎巖)이다. 물 위로 반만 드러나 있고 수면 아래에는 솥다리처럼 세 개의 큰 기둥이 받치고 있다고 한다.

솥바위와 관련, 예부터 이런 전설이 전해온다. 솥바위를 중심으로 반경 20리(8km) 이내에서 큰 부자(인물)가 나온다는 전설이다. 그 지점은 솥바위 밑의 다릿발 세 개가 뻗어난 방향이다. 실제로 삼성그룹 창업자인 고 이병철 회장의 출생지가 의령군 정곡면 중교리(솥바위에서 8km)이고, LG그룹 고 구인회 회장은 진주시 지

의령군 정암리 남강 한가운데 위치한 솥바위(鼎巖). 예부터 이 솥바위를 중심으로 반경 8km 이내에서 큰 부자가 나온다는 전설이 내려온다.

수면(7km)에서 태어났다. 효성그룹 고 조홍제 회장은 함안군 군북면(5km)이 고향이다. 이병철 회장은 호암(湖巖), 구인회 회장은 연암(軟巖)이란 호를 써 공교롭게도 '바위'를 품고 있다. 이게 다 솥바위와 무관하지 않다는 것이다.

정암리 일대에 알부자가 많고 인심이 좋은 것도 솥바위 때문이라 한다. 주민들은 섣달그믐이면 솥바위에 금줄을 치고 치성을 올린다. 외지인의 발길도 끊이지 않는다. 이쯤 되면 솥바위가 숫제 보물단지다.

의령은 의병의 고장이기도 하다.

전국에서 최초로 의병을 일으킨 망우당 홍의장군 곽재우가 의병 1000여 명을 이끌고 남강을 건너 곡창지대 호남으로 가려던 왜적 2만 명과 싸워 크게 승리한 역사의 현장이다. 이를 기리기 위해 의령 관문 주변 정암마을에 의병광장을 조성, 곽재우와 휘하 17장수의 위패를 모신 충익사와 의병탑, 의병박물관을 세웠다. 이 모든 게 해발 320m의 야트막한 남산에 안겨 있다.

근래 전국적으로 걷기 열풍이 불면서 지자체마다 둘레길 만들기에 심혈을 기울이고 있다. 의령군도 남산을 가볍게 한 바퀴 도는 삼림욕장 같은 둘레길을 조성했다.

이번에 소개하는 의령군 의령읍 남산 둘레길은 10㎞ 남짓한 거리에다 가족산행을 해도 좋을 만큼 산길이 완만해 둘레길의 장점을 모두 갖춘 가족 나들이에 안성맞춤인 코스다. 코스 말미에는 의령이 의병의 고장임을 알려주는 역사 현장을 볼 수 있고, 산행 후 의령관문 인근의 솥바위를 보며 잠깐이나마 부자가 되는 꿈도 꿔보자.

구체적 여정은 의령군 의령읍 청실동산~의령구름다리~충익사·체력단련장 갈림길~수월사 입구~중동리고분군~수월사 갈림길~덱 전망대~구룡분기점~구룡동 삼거리~만천분기점~임도~만세곡 갈림길~남산 정상~만세곡 갈림길~서남마을·남산체력단련장 갈림길~덱 쉼터~남산 정상·남산체육공원 갈림길~남산체육공원~남산정~수월사 갈림길~충익사·체력단련장 갈림길~충익사~의병박물관~잠수교~청실동산으로 돌아오는 원점회귀 코스. 총 10.5㎞이며, 3시간 30분 정도 걸린다.

남산천과 의령천이 만나는 곳에 세워진 의령구름다리. 색상이 붉은 이유는 홍의(紅衣)를 입은 곽재우 장군을 기리기 위해서다.

출발지는 의령천과 남산천이 합류하는 청실동산(공원). 주차장에 차를 대고 바로 의령구름다리로 향한다. 다리는 주탑을 중심으로 세 방향으로 뻗어 있다. 주탑의 18개 고리는 충익사의 의병탑을 형상화한 것으로, 이는 곽재우 장군과 휘하 17 의병장을 상징한다. 색상이 붉은 이유는 여러 전투에서 홍의(紅衣)를 입은 곽재우 장군을 기리기 위해서다.

주탑에선 남산 접근을 위해 왼쪽으로 간다. 남산 종합안내도가 세워진 갈림길에서 왼쪽으로 가자마자 만나는 덱 계단을 오른다. 수월사 방향이다. 직진 방향의 의병박물관은 돌아올 때 둘러본다. 지그재그 산길을 오르면 콘크리트 임도와 만난다. 오른쪽 체력단련장(985m) 방향으로 간다. 왼쪽은 충익사에서 올라오는 길이다.

수월사 입구를 지나면 흙길로 바뀐다. 이 지역의 가야시대 비밀을 밝혀줄 의령 중동리고분군을 지나 수월사 삼거리 이정표에서 왼쪽 남산 둘레길(3.5km) 방향으로 간다. 편안한 오솔길이다. 송림 길을 걷다 보면 전망 덱이 나온다. 저 멀리 자굴산과 한우산 풍력단지와 발아래 의령읍 전경이 펼쳐진다.

떡갈나무 등 활엽수 사이로 등로는 구불구불 돌아간다. 초록의 댓잎이 바람에 '파르르' 운치 있게 떠는 대숲도 지난다. 수월사

남산둘레길 초반에 만나는 마냥 걷고 싶은 대나무 숲길.

삼거리에서 25분이면 사거리 갈림길인 구룡분기점에 닿는다. 왼쪽은 구룡마을, 오른쪽은 남산체육공원 방향. 산행팀은 만천분기점(2.0km) 방향으로 직진한다.

활엽수림과 송림이 번갈아 나타나는 평탄한 산길은 계곡을 잇는 무지개다리를 잇따라 지난다. 일순간 왼쪽으로 조망이 열린다. 저 멀리 화왕산 영축산 능선이 펼쳐진다. 30분이면 어린 편백 숲을 지나 구룡동 삼거리에 도착한다. 여기서 둘레길은 두 갈래로 나뉜다. 오른쪽은 남산 정상(0.8km)에 오른 후 만세곡 갈림길로 내려가는 길, 산행팀은 왼쪽 구룡동(0.8km) 방향으로 꺾은 뒤 만천분기점에서 오른쪽 만세곡(1.2km) 갈림길로 곧장 가는 임도를 걷는다. 왼쪽으로 방어산 백이산 숙제봉 오봉산 여항산 봉화산 광려산 등 함안 진주 창원지역 여러 봉우리가 확인된다. 발아랜 남강이다.

20분이면 철탑이 세워진 만세곡 갈림길에서 남산 정상을 향한다. 이번 산행에서 처음으로 된비알 구간 510m를 힘겹게 오른다. 15분이면 남산 정상. 정상석과 삼각점이 있다. 왼쪽은 체력단련장, 오른쪽은 만천분기점 방향. 조망이 좋지 않아 왔던 길로 되돌아가 만세곡에서 오른쪽 남산체육공원(1.4km) 방향으로 꺾는다. 곧 서남마을 갈림길에서도 남산체력단련장 방향으로 직진한다. 남산의 서쪽 사면은 이전과는 달리 상당히 가파른 데다 암석을 깨 산길을 만들다 보니 잔돌이 널브러져 있어 꽤 미끄러우니 조심하자.

송림 아래 덱 쉼터를 지나면 주능선에 올라 왼쪽 남산체육공원에 도착한다. 만세곡 갈림길에서 20여 분. 오른쪽은 남산 정상 방향, 산행팀은 의병박물관(1.46km)으로 직진해 임도로 내려간다. 남산정 앞과 수월사 갈림길을 차례로 지나 앞서 산행팀이 올라왔던 출렁다리 갈림길에서 충익사(440m) 방향으로 직진한다. 충익사~의병탑~의병박물관을 잇따라 지나 의령천에 놓인 잠수교를 건너 청실동산에 도착한다. 남산체육공원에서 40분 걸린다.

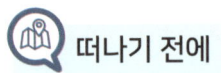

떠나기 전에

– 의령 남산 둘레길 '금상' 주변 볼거리 '첨화'

충의각

경남 의령 남산 둘레길 주변 볼거리를 간단하게 정리해본다.

남해고속도로 군북IC를 나오면 전통 한옥 지붕 형태의 의령 관문이 나타난다. 정암루는 의령 관문 오른쪽 작은 언덕 위에 위치한 작은 정자. 유유히 흐르는 남강의 풍광이 수려하다. 발아랜 의병 승전지로 유명한 정암진(나루)과 반경 8km에서 부자가 난다는 전설이 있는 정암(솥바위)이 있다.

의령천을 끼고 남산에 안겨 있는 의병광장 쪽엔 볼거리가 더 많다. 맨 먼저 남산의 푸른 숲을 배경으로 우뚝 선 의병탑을 만난다. 홍살문을 지나면 충익사로 들어선다. 충익사는 곽재우 장군과 휘하 17 의병장, 그리고 수많은 무명 의병의 위패를 모신 사당. 충익사에선 의병 창의일인 매년 4월 22일 추모 제향을 드린다. 충익은 곽재우 장군의 시호.

충익사로 가기 전 왼편에 단청이 화려한 다포팔작식 목조건물이 시선을 끈다. 곽재우 장군과 17 의병장에게 사후에 내려진 관직명 등을 봉안하고 있는 충의각

의병탑

이다. 충의각은 건물 어느 한 곳에도 쇠못을 치지 않은 우리나라 전통 양식으로 지어졌다. 충익사로 가기 전 넓은 정원에는 500년 된 모과나무도 빠뜨리지 말자.

의병박물관도 빠뜨리지 말자. 곽재우 장군이 입었던 붉은 도포 자락을 형상화해 직선과 곡선이 절묘하게 한데 어우러진 모습으로 설계됐다. 보물로 지정된 곽재우 장군의 장검과 말안장 등 다수 유물과 임진왜란 정암진 전투가 벌어진 현장을 재현한 디오라마 등을 볼 수 있다.

또 한 가지. 의령군은 삼성 창업자인 고 이병철 회장의 고향이라는 점을 내세운 '재벌가의 고향'이라는 점과 정암리 솥바위를 중심으로 반경 8㎞ 안에 거부가 탄생한다는 전설 등을 토대로 의령에 '부(富)'가 있다는 사실을 국내외에 알리기 위해 올해 10월 28~30일 '리치리치 페스티벌'을 개최한다. 군은 이 첫 축제가 반응이 좋으면 정례화한다는 방침이다.

의령을 찾으면 반드시 맛봐야 할 음식이 있다. 의령 소바, 소고기국밥, 망개떡이다. 군북IC에 그리 멀지 않아 마니아들은 일부러 고속도로에서 나와 먹고 갈 정도다.

의령 소바는 이름 그대로 일본식 메밀국수다. 해방 이후 일본에서 의령으로 돌아온 귀환 동포 여인이 먹을 것이 마땅찮은 마을 사람들에게 일본의 소바를 우리 식으로 팔았던 것이 지금에 이르고 있다. 의령전통시장을 중심으로 4집 정도 유명한 집이 있다. '온소바' '냉소바' '비빔소바'에 최근 비빔소바에 냉육수를 자작하게 부어 넣은 '섞어소바'까지 가세했다.

소고기국밥은 의령군청 근처에 있다. 70년 전통의 종로식당과 수정식당이 유명하다. 특히 종로식당은 고 박정희 대통령이 먹었다고 해 '대통령 국밥'으로 불린다. 명물 망개떡은 의령전통시장 등에서 맛볼 수 있다.

 교통편

- **의령버스터미널서 들머리 청실동산까지 도보로 20분**

대중교통편과 승용차 모두 이용할 수 있다. 부산 서부터미널에서 합천행 직행버스를 탄 뒤 의령에서 내린다. 오전 7시, 8시30분, 10시20분. 1시간 10분 소요. 의령터미널에서 들머리 청실동산까지는 걸어서 20분쯤 걸린다. 의령터미널을 나와 오른쪽 '의병로6길'을 간다. 1037번 지방도와 만나면 왼쪽으로 간다. 20번 국도인 서부삼거리에서 건널목을 건너면 정면으로 충익사와 의병박물관이 보인다. 오른쪽으로 구름다리가 보이는데 그곳 아래가 청실동산이다.

의령터미널에서 부산행 시외버스는 오후 3시15분, 3시55분, 4시45분, 6시5분, 7시50분(막차)에 출발한다.

승용차를 이용할 경우 '경남 의령군 의령읍 벽화로 644-16'을 내비게이션 목적지로 하면 된다. 구름다리 아래 양쪽으로 꽤 넓은 주차장이 있다. 주차비는 무료.

창녕 마분산~개비리길

산행 코스: 창녕군 남지읍 남지수변 억새전만대~창나루전망대~육남매나무~마분산 정상~목동의 이름 새긴 돌~삼거리봉~분기점(상)갈림길~개뚜골고개~영아지 쉼터~영아지전망대~영아지 개비리길 입구~야생화쉼터~죽림쉼터~옹달샘쉼터~용산양수장~남지수변 억새전망대

창녕 남지 개비리길의 야생화쉼터 전망대에 서면 영남의 젖줄 낙동강에 시원하게 펼쳐진다. 태백 황지에서 발원한 낙동강은 상주에서 비로소 강다운 면모를 갖춘 후 창녕·합천보를 지나면서 강폭이 더욱 넓어져 호수처럼 잔잔하게 흐른다.

낙동강변 아슬아슬 벼랑길
알고 보니 누렁이의 모정길

　우포늪과 따오기의 고장으로 널리 알려진 경남 창녕에 아름다운 옛길도 있다. 영남의 젖줄 낙동강을 따라 걷는 '남지 개비리길'이다. 이래 봬도 국가지정문화재인 명승이다.
　이 길은 남지읍 용산리 용산마을에서 신전리 영아지마을까지 낙동강변의 마분산(180m) 바위 절벽 중간에 난 오솔길이다. 길이 2.7㎞, 높이 수십 m의 벼랑 중간에 열린 오솔길인 개비리길은 폭이 1m 안팎으로 한 사람이 겨우 지나다닐 만큼 좁지만 낙동강과 그 위로 우뚝 솟은 거무스름한 빛깔의 단애가 한데 어우러져 보기

창녕 남지 개비리길. 낙동강변의 아슬아슬한 벼랑에 나 있는 이 길은 알고 보니 누렁이의 모성애로 인해 주민들에게 발견됐다.

드문 절경을 연출한다. 낙동강변을 따라 열린 자전거길이 남지읍에 들어선 후 마분산 개비리길 대신 반대쪽 산등성이 쪽으로 우회하는 이유가 바로 여기에 있다.

여기서 잠깐. 개비리길, 이름이 정말 독특하다. '비리'는 벼랑의 경상도 사투리인데, 개비리길은 '개가 다니는 벼랑길'을 뜻한다. 여기에는 어미 개의 모성애와 관련된 전설이 서려 있다.

남지읍 영아지마을의 한 노인이 키우던 누렁이가 새끼를 11마리나 낳았다. 그중 한 마리가 유독 작은 탓에 형제들로부터 따돌림을 받아 어미 젖도 제대로 못 얻어먹었다. 이를 안타깝게 여긴 노인은 강아지들을 시장에 내다 팔면서 따돌림당한 놈만 남겨 놓았다. 마침 산 너머 이웃 마을 알개실로 시집간 딸이 친정에 다니러 왔다가 그 강아지를 보고는 키우겠다며 가져갔다. 그다음 날부터 매일

남지수변 억새전망대. 이 덱을 따라가면 낙동강과 남강이 합류하는 기음강을 잘 관찰할 수 있다.

한 번씩 어미 누렁이가 딸의 집에 나타나 새끼에게 젖을 먹이는 게 아닌가. 신기하게 여긴 마을사람들이 어느 눈 내린 겨울날 누렁이를 뒤따라가 보니 폭이 좁고 가팔라 눈이 쌓이지 않는 벼랑길로 왕래하고 있었다. 이때부터 사람들은 높은 산 고개를 넘는 대신 개가 다닌 비리로 다니게 됐다. 해서, 이 길에 '개가 다닌 벼랑길'을 뜻하는 '개비리'라는 이름이 붙었다고 한다.

그런데 개라는 말에는 '강가'라는 뜻도 있다. 그러니까 강가 벼랑 위에 난 길을 의미하기도 한다. 이를 미루어 원래 이곳에 벼랑길이 나 있었는데 좁고 위험해 잘 다니지 않다가 누렁이 이야기가 알려지면서 널리 알려지게 된 것으로 보인다.

오래전엔 소금과 젓갈을 등에 진 등짐장수가 이 길을 오갔고, 주민들이 남지읍내로 장을 보러 갈 때나 학생들의 등굣길로 애용됐

여양 진씨 재실인 회락재가 있었다는 죽림쉼터.

다. 대동여지도 등 조선시대 고지도와 일제강점기 지형도에 옛길 경로가 기록됐을 만큼 유서가 깊다.

이후 새 도로가 조성되면서 개비리길은 더는 찾는 이가 없어 묻혔다. 그러다 창녕군은 2015년 창녕 생태습지 관광 체험코스 조성사업으로 개비리길을 정비하면서 인기 생태 탐방로로 거듭나 오늘에 이르고 있다.

산행 출발지인 남지수변 억새전망대 앞은 남강이 낙동강 본류에 몸을 섞는 지점이다. 이 구간만 따로 '강이 갈라진다'는 뜻인 기음강(岐音江) 혹은 기강(岐江)이라 불린다.

구체적 여정은 창녕군 남지읍 남지수변 억새전망대~창나루전망대~육남매나무~마분산 정상~목동의 이름 새긴 돌~삼거리봉

~분기점(상)갈림길~개뚜골고개~영아지 쉼터~영아지전망대~영아지 개비리길 입구~야생화쉼터~죽림쉼터~옹달샘쉼터~용산양수장~남지수변 억새전망대로 돌아오는 원점회귀 코스. 총거리는 6.4km, 2시간 40분 정도 걸린다. 낙동강변 풍광이 워낙 빼어난 데다 도중 야생화쉼터 등 볼거리가 많아 산행 시간은 무의미하게 느껴진다. 이정표와 전망대 및 편의시설이 잘 정비돼 있어

들머리 입구에 '낙동강 남지개비리길'을 알리는 설치물과 이정표가 서 있다. '마분산 정상 갈림길(1.69km)·창나루전망대(0.36km)' 방향으로 침목 계단을 오른다. 침목 계단 대신 강변길로 직진하면 개비리길이지만 산행팀은 마분산을 반시계 방향으로 돌아 그 길로 돌아올 예정이다. 참고하길.

15분이면 정자가 있는 창나루전망대. 남강이 낙동강 본류와 만나는 기음강의 모습이 한눈에 보인다. 오랫동안 걷고 싶은 편안하

이번 마분산~개비리길 코스의 들머리.

고 완만한 송림 숲길이 이어진다. 독특한 육남매나무와 삼형제소나무를 지나 15분이면 마분산 정상 갈림길. 왼쪽은 영아지주차장(1.7km)·영아지전망대(1.48km) 방향, 산행팀은 직진한다. 이내 마분산 정상. 부산 출신 산악인 '준·희' 최남준 선생이 부착한 '화왕지맥 180m' 표지판이 정상을 지키고 있다.

마분산과 개비리길 주변은 임진왜란 때 격전이 벌어졌던 수난의 현장이다. 임란이 발발하자 의병을 일으킨 망우당(忘憂堂) 홍의장군 곽재우 장군은 개비리길이 있는 마분산(馬墳山)에 토성을 쌓고 왜적과 싸워 승리를 거뒀다. 당시 망우당은 왜적의 총탄에 맞아 죽은 자기 애마를 토성 안에 묻었는데, '마분(말 무덤)'이란 산 이름은 여기서 유래됐다.

정상에서 직진하면 바로 우횟길과 만나 마분산 갈림길(상) 방향으로 직진한다. '목동의 이름 새긴 돌'을 지나 삼거리봉에서 왼쪽 영아지 쉼터(1km) 방향으로 간다. 오른쪽은 도초산(1.7km) 방향.

낙동강 본류와 남강이 몸을 섞는 지점으로, 낙동강 전체 구간 중 이곳이 특히 아름답다. 흔히 이 구간만 따로 '강이 갈라진다'는 의미로 기음강 혹은 기강이라 불린다.

마분산에는 줄기가 여러 개인 소나무가 특히 많아 이를 마분송이라 부른다. 임란 때 곽재우 장군은 마분송에다 의병 옷을 입혀 의병 수가 많아 보이게 했다고 한다.

이어 만나는 임도 입구에서 '영아지마을(1.05km)·영아지 쉼터(0.77km)' 방향 임도도 있지만 왼쪽 흙길로 간다. 6분이면 임도인 개뚜골고개에 도착, 왼쪽 영아지 쉼터(0.3km) 방향으로 간다. 정면의 산줄기는 우슬봉(1.6km) 능선.

정자가 있는 영아지 쉼터에서 임도를 벗어나 왼쪽 영아지 전망대(0.2km)로 향한다. 임란과 6·25의 상처를 말없이 그저 품으며 지역민들의 젖줄 역할을 하는 낙동강을 바라보며 영양지전망대를 지나 송림길을 내려간다.

영아지주차장 갈림길에서 직진하면 영아지 개비리길 입구에 도착한다. 이제부터 낙동강 조망을 즐기며 본격적으로 개비리길을 걷는다. 개비리길은 산과 강을 거스르지 않고 난 길이다. 강물이

홍의장군 곽재우의 붉은 돌 신발과 낙동강변의 원두막. 이번 코스의 막바지로 대개 원두막에서 숨을 한 번 돌린다.

산을 안으면 같이 돌고, 휘어지면 같이 물러나 걷는다.

　벼랑을 끼고 오솔길을 걸으며 바라보는 낙동강의 품은 포근하다. 일부 구간 바위 벼랑에는 낙석 방지용 철망을 둘렀지만. 야생화쉼터에선 강가로 접근이 가능하다.

　늘 푸른 덩굴나무인 마삭줄이 지천인 구간도 지난다. 야생화쉼터에서 5분이면 죽림쉼터에 선다. '쏴~쏴' 하며 우는 댓잎 소리에 마음을 씻는다.

　동천교와 금천교를 차례로 지나 다시 벼랑 길이 이어진다. 옹달샘쉼터에서 너른 길로 바뀐다. 용산양수장, '홍의장군 붉은 돌 신발'이 놓인 강변의 원두막을 지나면 시나브로 남지수변 억새전망대에 도착한다.

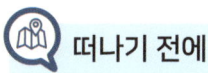
떠나기 전에

- 창녕 남지 낙동강변, 6·25전쟁의 참혹한 격전지

개비리길 주변은 6·25전쟁 때 격전이 벌어졌던 수난의 현장이기도 하다.

부산을 점령하기 위해 창녕으로 밀고 내려온 북한군에 맞선 낙동강 최후의 방어선으로, 아군이 배수진을 치고 싸운 끝에 가까스로 저지할 수 있었지만 강이 피로 물들 정도로 큰 희생을 치렀다.

인근의 낙동강을 가로질러 놓인 남지철교는 등록문화재다. 1933년 완공된 근대식 교량인 남지철교는 6·25 전쟁 당시 북한군의 도하를 막기 위해 1950년 9월 8일 미

군이 중앙부를 폭파한 민족의 애환이 서려 있다. 이후 여러 차례의 보수와 보강 공사를 거쳐 교통로로 사용되다 1993년 정밀안전진단 결과 차량 통행이 금지됐다. 지금은 도보와 자전거로만 오갈 수 있다.

들머리인 남지수변 억새전망대 옆에는 눈길 끄는 안내판(**사진**)이 하나 있다. 낙동강 전투가 한창인 이곳에서 M26 퍼싱 전차를 이끌고 나 홀로 9시간 동안 낙동강을 건너려는 250명의 적군을 사살하고 3개의 기관총 진지를 파괴한 미 육군 제2 보병사단 어니스트 R. 코우마 상사의 영웅적 공로를 담겨 있다.

이러한 공로로 그는 미 의회 명예훈장을 받고 이후 후배 군인을 양성하는 훈련 교관으로 활동하며 31년간 미 육군에 복무했다. 그는 사후 켄터키주 녹스 기지에 안장됐다.

교통편

- 부산 서부버스터미널서 창녕행 시외버스 타고 남지 하차

대중교통편과 승용차 모두 편리하다.

부산 서부터미널에서 창녕행 시외버스를 타고 남지에서 내린다. 마분산·개비리길 입구인 용산마을 남지수변 억새전망대까지는 약 4.4㎞이며 걷거나 택시를 이용한다. 서부터미널에서 남지행은 오전 7시부터 매시 정각에 출발하며 1시간 걸린다. 산행 후 남지터미널에서 부산행 시외버스는 매시 정각에 출발한다. 막차는 오후 8시.

승용차를 이용할 경우 개비리길 출발 지점(창나루주차장) 주소인 '경남 창녕군 남지읍 용산리 160-2'를 내비게이션 목적지로 하면 된다.

능선과 골짜기를 누비며 촘촘하게 엮은 근교산 길라잡이

지은이 이흥곤
산행대장 이창우
펴낸곳 (주)국제신문 문화사업국 출판부
디자인(편집) 김소담
표지 디자인 서상균
일러스트(지도) 김동건 박미라 변근영
사진보정 김성학

출판등록 1990. 2. 20 제02-13-19
초판인쇄 2022년 11월 24일
초판발행 2022년 11월 30일

주소 부산광역시 연제구 중앙대로 1217
전화 051-500-5234
팩스 051-500-5299

ISBN 978-89-87024-83-7
값 17,000원

이 책에 실린 내용은 무단으로 전재 및 복제할 수 없습니다.

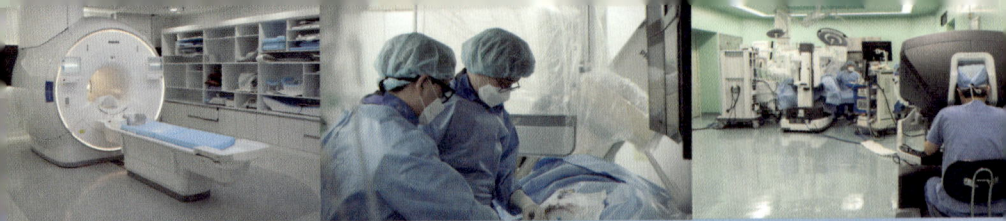

부산광역시 기장군 장안읍 좌동길 40

동남권원자력의학원
암센터·연구센터
방사선비상진료센터
암예방건강증진센터

진료예약: 080-476-5000 검진센터: 080-448-5000

보건복지부 인증 의료기관
인증기간: 2020.12.27 ~ 2024.12.26

동남권원자력의학원
www.dirams.re.kr

佑元國際物流株式會社
WooOne Int'l Logistics Co., Ltd.

SWM
engineered for tomorrow

swmintl.com

한국 AGENT

會長
崔 文 植
010-6623-8000

지역 중심, 고객 중심, 치료 중심, 대동병원의 중심 가치

77년간 지켜온 대동의 가치,
대동병원은 고객의 만족을 최상의 가치로 생각합니다.

협진진료 시스템
20개 진료과 10개 센터

since 1945
동부산 거점 지역병원

지역응급의료센터
24시간 응급의학과 전문의 상주

내과 Internal Medicine	외과 General Surgery	산부인과 Obstetrics&Gynecology	소아청소년과 Pediatrics
정형외과 Orthopedics	신경외과 Neurosurgery	성형외과 Plastic Surgery	이비인후과 Otorhinolaryngology
비뇨의학과 Urological Section	피부과 Dermatology	신경과 Department of Neurology	정신건강의학과 Neuropsychiatry
가정의학과 Family Medicine	재활의학과 Rehabilitation Medicine	치과 Dental Clinic	영상의학과 Radiology
마취통증의학과 Anesthesiology	병리과 Department of pathology	진단검사의학과 Laboratory Medicine	응급의학과 Emergency Medicine

위치안내 부산 동래구 충렬대로 187 (지하철 동래역 2번 출구에서 2분거리)
인터넷예약 www.ddh.co.kr   예약상담 1877-0075   종합건강검진센터 051-550-9300

대동병원
DAEDONG HOSPITAL

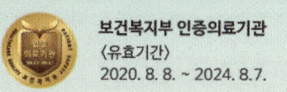
보건복지부 인증의료기관
(유효기간)
2020. 8. 8. ~ 2024. 8. 7.

몸과 마음이 편안한 병원이 되겠습니다

동의병원

- 뇌혈관센터
- 뇌신경센터
- 심혈관센터
- 관절센터
- 슬관절센터

- 당뇨갑상선센터
- 인공신장센터
- 소화기내시경센터
- 자궁근종센터
- 재활치료센터

- 스포츠재활치료센터
- 최소침습척추수술센터
- 비수술척추치료센터

동의대부속 한방병원

- **중풍뇌질환센터**
  중풍, 뇌경색, 중풍전조증, 파킨슨병
- **안면신경마비센터**
  안면마비, 와사풍, 근시, 사시
- **한방척추관절센터**
  허리디스크, 손발저림, 관절염, 추나

- **면역·보양센터**
  식욕부진, 빈혈, 소화불량, 허약체질 개선
- **한방치매신경센터**
  치매, 파킨슨병, 인지장애
- **한방암센터**
  항암부작용 관리, 전이 및 재발 예방, 재활

- **한방소아과**
  잦은 감기, 비염, 축농증, 발달장애
- **한방여성의학센터**
  난임, 생리통, 생리불순, 수족냉증
- **한방피부비만센터**
  아토피, 두드러기, 여드름, 탈모, 메디컬스킨케어

부산광역시 부산진구 양정로 62 (우 47227)
대표전화 : 051) 867-5101 | 응급실 : 051) 850-8777
진화 예약 : 051) 850-8530 | 인터넷 예약 : www.demc.kr

현대엔지니어링

센텀 리치벨트의 비전에서 워터프론트의 가치까지!

힐스테이트 센텀 더퍼스트

- 전매 무제한 (계약금 10%완납시)
- 1차 계약금 1,000만원 (2차:1개월내 잔금)
- 중도금 전액 무이자

주식회사 센트럴시티 | 대표 황미영

051.731.1113

주거형 오피스텔 총 447실 (61m, 76m, 84m)

센트럴시티 · 신한자산신탁 · 현대엔지니어링

힐스테이트

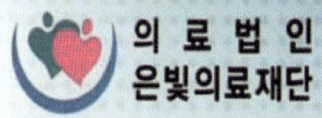

참사랑 투석 재활 요양병원
의료법인 은빛의료재단

혈액투석 / 재활전문 전담의료기관

▸ **500병상** 규모의 전문의료진 집중 진료
▸ **200여평**의 **재활치료센터 운영** (재활 전문의상주)
▸ **전담병동** 운영하는 **인공신장센터 운영** (신장내과 전문의 상주)
▸ 일반요양 / 재활병동 / 투석병동 / 중증병동 / 항생제내성균전담병동 운영

환자안전 기준을 포함한 국제 수준(ISQua)의 인증기준
보건복지부 인증의료기관 지정병원

고통이 편리한
동래참사랑요양병원

광안리 바다 한눈에 보이는 광안 참사랑요양병원

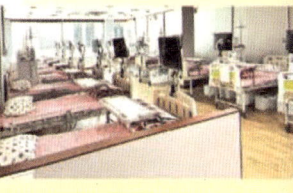

광안 참사랑 입원 상담
051-751-1515
010-5007-4751

인공신장센터·재활치료센터 혈액투석 집중 병동 운영·중추신경계 집중치료 병동 운영

고통이 편리한
동래 참사랑 요양병원

부산동래구 충렬대로 258/수안역 8번출구 3분거리
인공신장센터·재활치료센터·중증수술 후 관리·치매요양관리

입원 상담 **010-8515-7766**

동래참사랑 입원 상담
051-553-0050/010-8515-7766

SINHAN STEEL

기술로 고객의 행복을 위해 미래를 준비하는 기업

신한스틸은 지역사회와의 동반성장 및 환경 친화적인 기업경영을 통하여
21세기를 선도하는 세계일류기업으로 성장해 나갈 것이며
고객의 가치를 최우선 으로 생각하는 기업이 되겠습니다.

**고객과 함께하는
비지니스 가치창출**

**원스탑 온라인
철강유통 솔루션**

**CONNECT
BUSINESS WITH US**

SINHAN STEEL CO.,LTD.

고객맞춤
TOTAL STEEL SERV
신한스틸

호포갈비는 행복합니다

우리는 믿습니다.
한우를 대중화시킬 수 있다고

10만 한우농가에 희망찬 미래를!
소비자에게 즐거운 현재를!

대표이사 **허 훈**

우리 가족의 식탁
모두가, 함께하도록

OCEAN LOGICS
(주)오션로직스

대표이사 **이 수 계**
010-3864-4989

| (주) 동 북 아 물 류 |
| (유) 홍 진 기 업 사 |
| 영 남 기 업 (주) |
| 영 남 특 수 육 운 (주) |
| (주) 계 수 물 류 |

48822 부산광역시 동구 중앙대로 180번길 6-13, 605호(초량동 초량빌딩)
TEL. 051-646-0908 **FAX** 051-646-0902 **E-MAIL .** oss56711@hanmail.net

 **(주)골든웰산업**

미래는 청정 자연에너지로 사는 시대

태양광과 물이 만나 친환경 그린 수소에너지 생산
에너지 자립형 그린수소 발전시스템으로 생활 혁명이 시작됩니다.

워터스테이션으로 생산한 전기 에너지 활용 분야

- **일상 생활**
  단독주택, 별장, 창고, 축사, 농막, 농업용 비닐하우스, 소규모 스마트팜
- **소규모 수소연료발전단지**
  소규모 에너지 자립형 마을 구축, 집단주거시설(아파트, 오피스텔)
  업무 및 상업용 빌딩, 대규모 스마트 팜
- **전기자동차 충전기, 수소전기차 수소 공급 충전기, 산소 발생 공기청정기**
- **모빌리티**
  전기 자동차, 전기 오토바이, 전기 자전거
- **대규모 수소연료발전단지 구축으로 지역 에너지 공급 산업**
- **사찰 에너지 문제 해결 / 하동 칠불사 시범 구축 중**
- **풍력과 결합한 그린 수소에너지 생산 가능**
- **세계 수출 – 중국, 동남아시아, 미국, 유럽 등**

 신재생에너지 친환경 그린수소 에너지 생산
 우수한 내열성 -10~+50°C에서 안정적으로 운영가능
 국산화 디자인 및 제품개발 국산화

Waterstation 시스템 개요

| 취수 및 고도 정수처리를 통한 수원확보 | > | 태양전지를 통해 전력을 생산, 생산된 전력으로 수전해장치를 가동, 수소 생산 | > | 생산된 수소를 정제 및 저장하고, 연료전지를 통해 전력 생산 | > | 배터리 관리시스템을 통해 배터리에 생산된 전력 저장 후 필요시 공급 |

대표이사 이 욱 태

'내 맘의 근교산(하)' 발간을 진심으로 축하합니다

" 산은 인간의 모든 희노애락을 넉넉히 받아줍니다.
그 어떤 인생의 스승보다 더 깊은 가르침을
편견 없이 가르쳐줍니다. "

김형준 19기 회장

정석민 19기 사무총장

국제아카데미 19기 김형준 회장 외 원우 일동

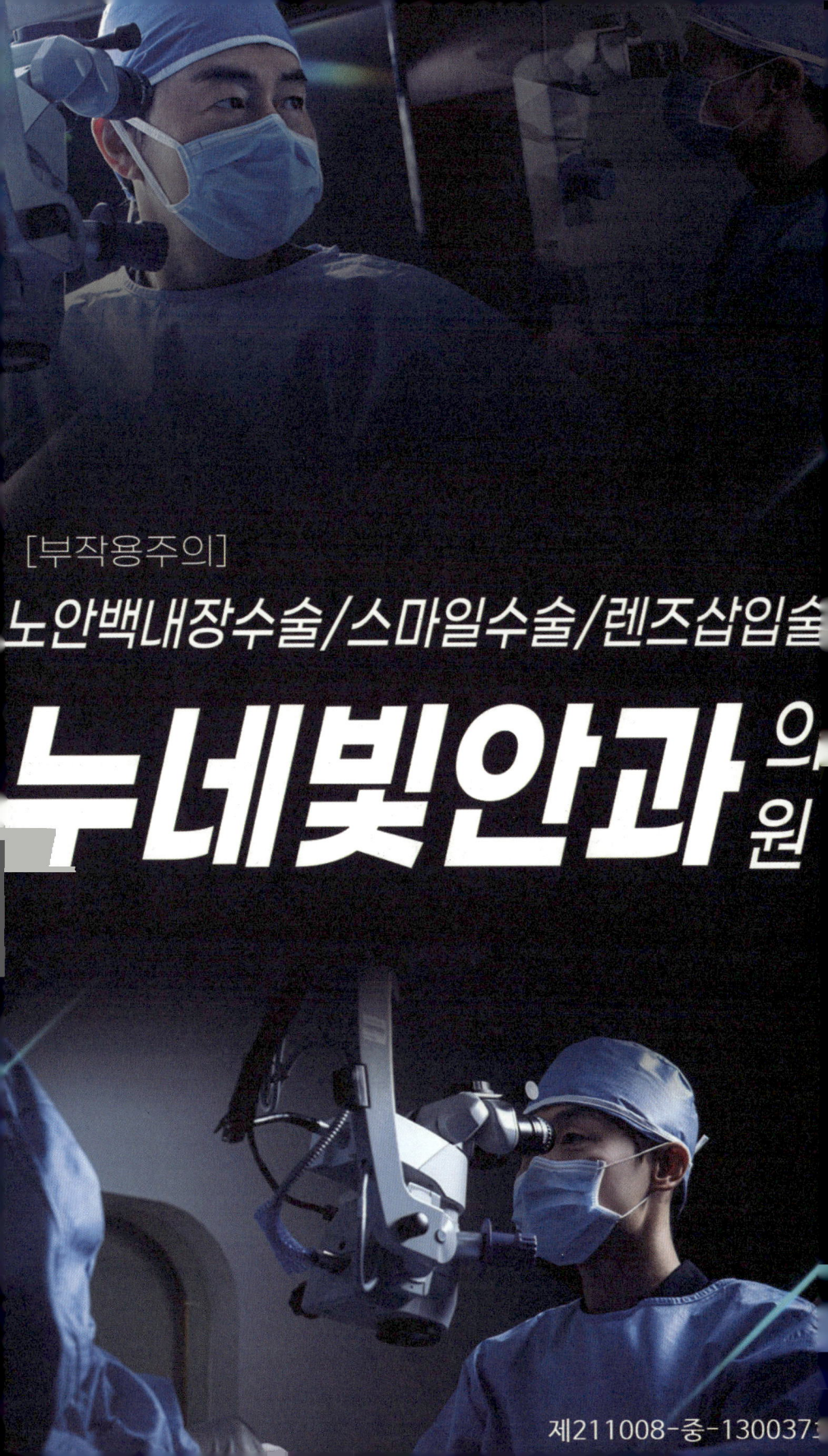

자연, 인간 그리고 모험

코오롱스포츠는 시대를 초월한 영원한 테마인 자연과 인간의 교감이 충실한 아웃도어 의류 상품의 본질을 실현하려고 노력하는 정통 아웃브랜드입니다.

공무원연금 카드 지정대리점

코오롱스포츠 남포점 ☎ 257-2128

홍 선 화 사장